中华译学馆

莫言题

以中华为根 译与学并重
弘扬优秀文化 促进中外交流
拓展精神疆域 驱动思想创新

中华译学佑言传字与

丁酉年冬月许钧撰罗卫东书

中华译学馆·中华翻译家代表性译文库

许　钧　郭国良 / 总主编

赵元任 卷

戎林海 / 编

ZHEJIANG UNIVERSITY PRESS

浙江大学出版社

·杭州·

图书在版编目（CIP）数据

中华翻译家代表性译文库. 赵元任卷 / 戎林海编.

杭州：浙江大学出版社，2024.9. -- ISBN 978-7-308

-25435-9

Ⅰ. C53；I11

中国国家版本馆 CIP 数据核字第 202470CA91 号

中华翻译学馆 真言题

中华翻译家代表性译文库·赵元任卷

戎林海 编

出 品 人	褚超孚
丛书策划	张 琛 包灵灵
责任编辑	仝 林
责任校对	杨利军
封面设计	闰江文化
出版发行	浙江大学出版社
	（杭州市天目山路 148 号 邮政编码 310007）
	（网址：http://www.zjupress.com）
排 版	浙江大千时代文化传媒有限公司
印 刷	杭州高腾印务有限公司
开 本	710mm×1000mm 1/16
印 张	21.5
字 数	280 千
版 印 次	2024 年 9 月第 1 版 2024 年 9 月第 1 次印刷
书 号	ISBN 978-7-308-25435-9
定 价	88.00 元

总　序

考察中华文化发展与演变的历史,我们会清楚地看到翻译所起到的特殊作用。梁启超在谈及佛经翻译时曾有过一段很深刻的论述:"凡一民族之文化,其容纳性愈富者,其增展力愈强,此定理也。我民族对于外来文化之容纳性,惟佛学输入时代最能发挥。故不惟思想界生莫大之变化,即文学界亦然。"[①]

今年是五四运动一百周年,以梁启超的这一观点去审视五四运动前后的翻译,我们会有更多的发现。五四运动前后,通过翻译这条开放之路,中国的有识之士得以了解域外的新思潮、新观念,使走出封闭的自我有了可能。在中国,无论是在五四运动这一思想运动中,还是自1978年改革开放以来,翻译活动都显示出了独特的活力。其最重要的意义之一,就在于通过敞开自身,以他者为明镜,进一步解放自己,认识自己,改造自己,丰富自己,恰如周桂笙所言,经由翻译,取人之长,补己之短,收"相互发明之效"[②]。如果打开视野,以历史发展的眼光,

① 梁启超. 翻译文学与佛典//罗新璋. 翻译论集. 北京:商务印书馆,1984:63.
② 陈福康. 中国译学理论史稿. 上海:上海外语教育出版社,1992:162.

从精神深处去探寻五四运动前后的翻译,我们会看到,翻译不是盲目的,而是在自觉地、不断地拓展思想的疆界。根据目前所掌握的资料,我们发现,在 20 世纪初,中国对社会主义思潮有着持续不断的译介,而这种译介活动,对社会主义学说、马克思主义思想在中国的传播及其与中国实践的结合具有重要的意义。在我看来,从社会主义思想的翻译,到马克思主义的译介,再到结合中国的社会和革命实践之后中国共产党的诞生,这是一条思想疆域的拓展之路,更是一条马克思主义与中国革命相结合的创造之路。

开放的精神与创造的力量,构成了我们认识翻译、理解翻译的两个基点。在这个意义上,我们可以说,中国的翻译史,就是一部中外文化交流、互学互鉴的历史,也是一部中外思想不断拓展、不断创新、不断丰富的历史。而在这一历史进程中,一位位伟大的翻译家,不仅仅以他们精心阐释、用心传译的文本为国人打开异域的世界,引入新思想、新观念,更以他们的开放性与先锋性,在中外思想、文化、文学交流史上立下了一个个具有引领价值的精神坐标。

对于翻译之功,我们都知道季羡林先生有过精辟的论述。确实如他所言,中华文化之所以能永葆青春,"翻译之为用大矣哉"。中国历史上的每一次翻译高潮,都会生发社会、文化、思想之变。佛经翻译,深刻影响了国人的精神生活,丰富了中国的语言,也拓宽了中国的文学创作之路,在这方面,鸠摩罗什、玄奘功不可没。西学东渐,开辟了新的思想之路;五四运动前后的翻译,更是在思想、语言、文学、文化各个层面产生了革命性的影响。严复的翻译之于思想、林纾的翻译之于文学的作用无须赘言,而鲁迅作为新文化运动的旗手,其翻译动机、翻译立场、翻译选择和翻译方法,与其文学主张、文化革新思想别无二致,其翻译起着先锋性的作用,引导着广大民众掌握新语言、接受新思想、表达自己的精神诉求。这条道路,是通向民主的道路,也是人民大众借助掌握的新语言创造新文化、新思想的道路。

回望中国的翻译历史,陈望道的《共产党宣言》的翻译,傅雷的文学翻译,朱生豪的莎士比亚戏剧翻译……一位位伟大的翻译家创造了经典,更创造了永恒的精神价值。基于这样的认识,浙江大学中华译学馆为弘扬翻译精神,促进中外文明互学互鉴,郑重推出"中华译学馆·中华翻译家代表性译文库"。以我之见,向伟大的翻译家致敬的最好方式莫过于(重)读他们的经典译文,而弘扬翻译家精神的最好方式也莫过于对其进行研究,通过他们的代表性译文进入其精神世界。鉴于此,"中华译学馆·中华翻译家代表性译文库"有着明确的追求:展现中华翻译家的经典译文,塑造中华翻译家的精神形象,深化翻译之本质的认识。该文库为开放性文库,入选对象系为中外文化交流做出了杰出贡献的翻译家,每位翻译家独立成卷。每卷的内容主要分三大部分:一为学术性导言,梳理翻译家的翻译历程,聚焦其翻译思想、译事特点与翻译贡献,并扼要说明译文遴选的原则;二为代表性译文选编,篇幅较长的摘选其中的部分译文;三为翻译家的译事年表。

需要说明的是,为了更加真实地再现翻译家的翻译历程和语言的发展轨迹,我们选编代表性译文时会尽可能保持其历史风貌,原本译文中有些字词的书写、词语的搭配、语句的表达,也许与今日的要求不尽相同,但保留原貌更有助于读者了解彼时的文化,对于历史文献的存留也有特殊的意义。相信读者朋友能理解我们的用心,乐于读到兼具历史价值与新时代意义的翻译珍本。

许　钧

2019 年夏于浙江大学紫金港校区

目　录

第一编　儿童文学

第二编　科普文

第三编　歌　曲

第四编　语言学

第五编　哲　学

导　言

江山代有才人出，各领风骚数百年。

——赵翼①

　　赵元任(1892—1982)是一位享誉世界的杰出学者。他学问博大精深，兴趣爱好广泛，在数学、物理学、哲学、音乐、摄影，尤其是语言学等领域都有突出的建树，被誉为国际语言学大师、中国现代语言学之父、中国的"舒伯特"。他精通英文、法文、德文和日文，通晓多种中国地方方言；他一生专注于语言学的研究，取得了举世瞩目的学术成就。他曾是清华国学院的四大导师之一(其他三人是梁启超、王国维和陈寅恪)、美国语言学会会长、美国东方学会会长、美国艺术与科学院院士。不仅如此，他还是一位出色的翻译家，曾为英国学者伯特兰·罗素(Bertrand Russell)和美国学者约翰·杜威(John Dewey)做过口译；在笔译方面——包括英译汉、法译汉和汉译英——也取得了令人瞩目的成就，其中，尤以他翻译的《阿丽思漫游奇境记》《阿丽思漫游镜中世界》为要。他的翻译实践量虽不算非常大，涉及的领域却比较广泛，有文学类、科学类的翻译，也有语言学类、哲学类的翻译。在一生的语言研究和翻译实践中，他对翻译问题有着独特的语言学家的视野，形成了他自己的翻译观。在我国翻译历史的长河中，他的翻译实践及翻译思想熠熠生辉。

---

①　赵翼(1727—1814)，赵元任的六世祖，清代文学家、史学家。

一、生平介绍

赵元任,江苏常州人,1892 年 11 月 3 日(清光绪十八年九月十四日)生于天津市紫竹林。赵元任 4 岁时一家随祖父迁到了祁州,9 岁时返回常州,居城中青果巷。赵元任 14 岁时入常州局前街"洋学堂"溪山小学,接受新式教育,开始系统地学习中文、历史、代数、几何、化学以及英文等课程。在溪山小学读书期间,他开始对自然科学产生浓厚的兴趣,并开始记日记,此后这一习惯一直坚持长达 76 年之久。他在溪山小学读书只有一年时间,可是对赵元任来说,这一年非常重要。"他自己把这一年称为身心发展的转折点。"①15 岁时,赵元任入南京江南高等学堂预科学习 3 年。1910年 7 月,赵元任参加清华庚款赴美留学考试,成绩优异,名列第二,赴美国康奈尔大学学习,主攻数学。1915 年,赵元任入哈佛大学攻读哲学博士学位。在哈佛的岁月里,他选修了语言学方面的课程,还选修了梵语。1920 年,赵元任回国,受聘为清华学校讲师。1920 年 10 月至 1921 年 7 月,英国著名哲学家罗素应邀到中国做系列演讲,赵元任被选作罗素的翻译。后清华学校增办大学部和国学研究院,34 岁的赵元任被聘为国学研究院导师兼哲学系教授,与梁启超、王国维、陈寅恪一起被称为国学研究院的"四大导师"。

1938 年,47 岁的赵元任举家前往美国夏威夷,原准备只住一年,没有想到竟在美国侨居 40 余年,度过了他的后半生。在美国期间,赵元任先后供职于夏威夷大学、耶鲁大学、哈佛大学、密执安(密歇根)大学、加州大学伯克莱(利)分校。1945 年,赵元任作为中国代表团成员(胡适为首席代表)赴英国伦敦出席联合国教科文组织的筹备会。1945 年,54 岁的赵元任当选为美国语言学会会长;1960 年,69 岁的赵元任当选为美国东方学会会长。1967 年,加州大学授予他"教授研究讲师"(Faculty Research Lecturer)称号,这是该校授予教职员的最高荣誉。

---

① 苏金智. 赵元任传:科学、语言、艺术与人生. 南京:江苏文艺出版社,2012:6.

1973 年，赵元任夫妇回国探亲访问，受到周恩来总理的亲切接见。周总理说，在清华读书的时候，他曾经考虑去跟赵元任学语言，但由于赵元任当时在给罗素当翻译，未曾实现，也未曾见到赵先生。赵元任听了非常高兴，风趣地答道：幸亏没有跟我学语言，不然中国可就少了一个好总理。① 1981 年，赵元任在大女儿赵如兰的陪同下再次回国探亲访问，受到邓小平同志的亲切接见，北京大学授予他名誉教授称号。

1982 年 2 月 24 日，赵元任因心脏病发作，医治无效，与世长辞，享年91 岁。据赵如兰的回忆，赵元任"去世的前一晚，他还在用他那沙沙的嗓子，用常州音读'……星垂平野阔，月涌大江流……'"②。

二、语言学家

赵元任是享誉世界的语言学家。

美国哥伦比亚大学奥斯特里茨（Austerlitz）1973 年根据学术思想的来源，把美国有代表性的语言学家按照时间先后和资格分为十代，赵元任被列为第四代代表性语言学家。③ 在中国，傅斯年、罗常培等称赵元任为汉语语言学之父。他对中国现代语言学的贡献是多方面的，可以说涉及了汉语的每一个领域：普通语言学、方言调查与研究、汉语语音研究、汉语语法研究、社会语言学等等。

（一）普通语言学研究

赵元任系统阐述普通语言学观点的是《语言问题》一书。全书十六讲，系统阐述了语言学及跟语言学有关的各种基本理论问题。第一讲，语言学跟跟语言学有关系的些问题；第二讲，语音学跟语音学的音标；第三

---

① 石湾."教我如何不想他"：赵元任回乡记.中华读书报，2012-08-01(07).

② 赵元任.赵元任生活自传.北京：中国华侨出版公司，1989：赵如兰女士原序.

③ 赵世开.美国语言学简史.上海：上海外语教育出版社，1989：4.

讲,音位论;第四讲,词汇跟语法;第五讲,四声;第六讲,上加成素;第七讲,方言跟标准语;第八讲,何为正音;第九讲,语史跟比较语言学;第十讲,语言跟文字;第十一讲,外国语的学习跟教学;第十二讲,英语的音系跟派别;第十三讲,实验语音学;第十四讲,一般的信号学;第十五讲,各种信号的设计;第十六讲,从信号学的立场看中国语文。

(二)方言调查与研究

赵元任开辟了一个现代汉语方言调查与研究的新时代。1926 年,在调查的基础上,他在《清华学报》(第三卷第二期)上发表了《北京、苏州、常州语助词的研究》,这是我国语言学史上第一篇用现代语言学的方法系统研究汉语助词的论文,也是第一篇深入比较方言语法的文章。1927 年,赵元任和他的助手杨时逢开始了对吴语的调查,这是中国第一次大规模的方言调查,有计划,有目标,成系统。之后,他们又进行了几次全国性的方言调查。赵元任在方言调查与研究方面的杰出贡献在于他创造了一套为调查而设计的科学方法,用于记录、整理、归纳和分析调查材料。他创制的《方音调查表格》(后改名为《方言调查字表》),至今仍为方言调查工作者所使用。他在这方面的主要成果有《现代吴语的研究》《湖北方言调查报告》《湖南方言调查报告》《南京音系》《钟祥方言记》《中山方言》《绩溪岭北方言》《常州方言》《台山语料》等等。

(三)汉语语音研究

汉语语音研究可粗略分为两大方面:一是历史语音学的研究,二是静态语音学的研究。① 赵元任在这两大方面都做出了贡献。著名音韵学家张世禄说:"赵元任先生是我国采用新观点新方法新材料研究汉语音韵的前驱者之一。"②1934 年,赵元任发表了《音位标音法的多能性》一文。这

---

① 苏金智. 赵元任学术思想评传. 北京:北京图书馆出版社,1999:110.
② 转引自:苏金智. 赵元任学术思想评传. 北京:北京图书馆出版社,1999:110-111.

是一篇名震中外的论文,是音位理论研究上的重大贡献。1957 年,美国著名语言学家马丁·朱斯(Martin Joos)将这篇论文全文收进他主编的 *Readings in Linguistics*(《语言学选读》)中,并评价说:"我们很难想到有比赵元任的这篇文章更好的对早期音位学具有指导意义的单篇论文了。"①我国著名语言学家李荣说:"赵先生是理论跟实际并重的语言学家。写《多能性》这篇文章时,作者正在当年,那广博的知识,恰当的实例,深入的见解,谨严的逻辑,妥帖的文字,充分证实'名下无虚士',议论不同凡响。"②赵元任的其他重要成果有《中国音韵学研究》(译作)与《国语留声片课本》《国音新诗韵》《北平语调的研究》《中国字调跟语调》等等。

(四)汉语语法研究

1948 年,赵元任出版了 *Mandarin Primer*(《国语入门》)一书。该书运用美国结构主义的理论和方法分析了汉语语法的特点,建立了新的语法体系,奠定了此后一个时期结构主义汉语语法研究的理论基础和基本格局。多年以后,他在《国语入门》的基础上,运用结构主义语言学的理论和方法,对汉语语法进行了全面、系统、深入和细致的研究,成就了其语法研究的代表作 *A Grammar of Spoken Chinese*(《中国话的文法》,亦作《汉语口语语法》),奠定了从 20 世纪 50 年代后期到 90 年代国内居于主流地位的结构主义汉语语法的基础。③ 在《语法体系及其他》中,吕叔湘对这本书有这样的评价:"赵元任的《汉语口语语法》,这本书原名叫作《中国话的文法》(丁邦新的译本就用的这个名字,是香港中文大学出版的)。这部书的第四章形态类型,第五章句法类型,第六章复合词,第七章体词,这几章里面搜罗的事例的详细程度都是以往的语法书赶不上的。例如量词,就

---

① 转引自:苏金智. 赵元任传:科学、语言、艺术与人生. 南京:江苏文艺出版社,2012:167.
② 李荣. 语文论衡. 北京:商务印书馆,1985:139.
③ 苏金智. 赵元任学术思想评传. 北京:北京图书馆出版社,1999:129.

列举了四百来个。"①赵元任在汉语语法研究方面还有不少高质量的论文，如《汉语语法与逻辑杂谈》《汉语结构各层次间形态与意义的脱节现象》《汉语中的歧义现象》等等。

(五)社会语言学研究

赵元任在社会语言学研究方面虽然没有涉及理论方面的专门研究，但他对一些重要领域的研究是深入的，提出的见解也是精辟的。他在这个领域的贡献主要体现在《中国社会语言学面面观》一书中，该书涉及语言的社会属性、语言变异、语言接触、语言社会应用等方面。

三、音乐家

音乐是赵元任的终身爱好，也是他生活中必不可少的组成部分。他说自己对于艺术的兴趣仿佛是男人对女人的爱，热就热到火苗儿的程度，觉得没有伊，生活全没有光彩似的了。②

赵元任一生创作了不少音乐作品，主要为声乐作品，另有少量器乐作品。据商务印书馆 2005 年出版的《赵元任全集》第 11 卷统计，其数量达 148 首(含未公开发表的手稿)。作品内容大致可以分为八类：第一类是爱国主义歌曲，如《尽力中华》《我是北方人》《我们不买日本货》《苏州河北岸上的大国旗》《看醒狮怒吼》等；第二类是为新诗歌谱写的歌曲，如《新诗歌集》，其中的《教我如何不想他》是脍炙人口、人们耳熟能详的；第三类是反映大众生活和情感的作品，如《卖布谣》《劳动歌》《江上撑船歌》《打夯歌》等；第四类是抨击社会黑暗的歌曲，如《老天爷你年纪大》等；第五类是儿童教育歌曲，如《儿童歌曲集》等；第六类是校歌等，如《清华大学校歌》《云南大学校歌》等；第七类是推广国语和拼音字母的歌曲，如《注音符号歌》

---

① 转引自:苏金智. 赵元任学术思想评传. 北京:北京图书馆出版社,1999:147.
② 苏金智. 赵元任传:科学、语言、艺术与人生. 南京:江苏文艺出版社,2012:63.

《韵母表歌》等;第八类是家庭歌曲,如《唱唱唱》等。

此外,赵元任在音乐创作理论方面也颇有造诣,发表了不少研究文章,如《中国语言的声调、语调、唱读、吟诗、韵白、依声调作曲和不依声调作曲》《常州吟诗的乐调十七例》《歌词中的国音》《关于中国音阶和调式的札记》《中国派和声的几个小试验》等等。

可以说,赵元任为他那个时代的中国音乐界开辟了新纪元。对于赵元任的音乐创作成就,上海音乐学院原院长、我国著名音乐家贺绿汀说:"他的贡献却远远超过许多时尚的作曲家和理论家。""对专业作曲者来说,它①的词、曲、伴奏等方面都有许多值得我们学习的地方。"②

国务院原副总理李岚清在评价赵元任的音乐成就时这样说:

"我认为,成为一位有造诣的音乐家,需要具备四个条件:一是天赋,二是勤奋,三是环境,四是机遇,四者缺一不可。赵元任就是这样一位四项条件具备的人。从他在语言、音韵方面的天赋来看,毋庸置疑,他具备第一个条件。我想补充的是,他像柴可夫斯基一样,脑子里不仅有丰富的乐感和美妙的旋律,音乐创作方面的功底也较深厚。另外,他还与柴可夫斯基类似,有亮丽的歌喉,这是很多作曲家所不具备的。1935年,上海百代唱片公司曾灌制了赵元任演唱自创的歌曲《教我如何不想他》和《江上撑船歌》。说到'环境',赵元任从小就受到传统文化和音乐的熏陶,对音乐产生了浓厚兴趣。在美国学习期间,他不仅有机会选修和声、对位、作曲等课程,学习钢琴,广泛涉猎西欧古典音乐和现代音乐,还亲身参加很多音乐活动,并开始从事音乐创作。可见,音乐虽然不是他的'专业',可他在音乐方面下的功夫,并不亚于科班学音乐的人。赵元任善于抓紧和利用时间高效率学习和写作。他有一个习惯,口袋里总是装着个小本子,上面并排插着四支笔,随时用来记录一些灵感和创意。他的许多歌曲创作灵感都是记录在这样的小本子上的,这些细节可以反映出他的好学和

---

① 指《教我如何不想他》。

② 赵如兰. 赵元任音乐作品全集. 上海:上海音乐出版社,1987:序第1页.

勤奋。至于'机遇',主要来自时代的赐予。那时,我国正处在国危思变的时期,人们已经认识到闭关锁国的危害,认识到必须学习西方先进的文化和科技,音乐也不例外。赵元任积极投身时代的潮流中,抓住了时代给予的诸多机遇。"①

四、翻译家

(一)翻译概况

赵元任的笔译主要涉及科普翻译、文学翻译、语言学翻译等几个方面。此外,赵元任在口译方面同样出色。

1.科普翻译

1914年,第二批留美生在美国成立了"中国科学社",创办了《科学》杂志。在这两项活动中,赵元任都是积极分子和中坚,他不仅为《科学》组稿、撰稿,而且还为《科学》翻译了不少科普文章,以期向国人传播科学思想、科学精神和科学原理。这个时期的赵元任热爱科学,学习科学,并尽最大努力宣传科学,他希望通过自己的努力,在中国建立一种全新的科学文化。② 赵元任为《科学》翻译的科普文章主要有:《科学与经历》《无线电》《海王行星之发见》《烟煤之四害》《七天中三个礼拜口》。

2.文学翻译

《阿丽思漫游奇境记》(*Alice's Adventures in Wonderland*,以下简称《阿丽思》)是19世纪英国作家刘易斯·卡罗尔(Lewis Carroll,原译为路易斯·加乐尔)创作的一部脍炙人口的儿童文学名著,于1865年出版。这是一本为儿童写的笑话书,它语言浅显易懂,叙事对话相间,幽默风趣,

---

① 李岚清. 李岚清中国近现代音乐笔谈. 北京:高等教育出版社,2009:106-107.
② 屠聪艳. 赵元任:活跃在语言学领域的科学先驱. 科学,2004(4):38-42.

图文并茂,是"除《圣经》之外,流传最广的书籍"①。据说这本书初出的时候,英国女王维多利亚看了就很是喜欢,并嘱咐凡有这个作家写的书,都要给她看。有评论家认为此书的文学价值达到了可与莎士比亚作品和《圣经》媲美的高度。

在美国康奈尔大学读书的时候,经老师赫维茨(Hurwitz)教授的推荐,赵元任接触到了这本《阿丽思》,不看不知道,"一看就完全着了迷"②,后来就"喜欢上路易斯·加乐尔的书了"③。这种喜爱一直保持到他生命的最后。

欣赏完之后,赵元任便萌发了要将此书介绍给更多中国读者的欲望。"我想,要是把它们翻译成中文会很有趣。"④后来在胡适的鼓励下,赵元任便着手《阿丽思》的翻译。那是1921年上半年的事,当时英国著名学者罗素(1920年10月中旬来华)正在中国讲学,赵元任是罗素的翻译。由于罗素在1921年3月到河北保定去演讲,"讲堂里没有取暖设备,他演讲的时候还是脱掉大衣。结果他回北京以后染上了致命的肺炎,几乎因此死掉"⑤。趁这个空隙(罗素大概治疗休养了三个多月),赵元任夜以继日地翻译,终于完成了任务。虽然1920年回国后,赵元任忙于教学、研究、写作、翻译、访客、应酬等各种活动,但是他念念不忘的、"最感兴趣的还是翻译《阿丽思漫游奇境记》"⑥。《阿丽思》译本于1922年1月由商务印书馆出版,这是该书世界上第一个中文全译本。

《阿丽思漫游镜中世界》(*Through the Looking Glass and What Alice Found There*)是19世纪英国作家刘易斯·卡罗尔创作的第二部"阿丽思"系列儿童书,于1871年出版。赵元任开始翻译此书是在1929年,断

---

① 转引自:戎林海,戎佩珏. 从"翻译适应选择论"视阈看赵元任译《阿丽思漫游奇境记》// 戎林海. 赵元任翻译研究. 南京:东南大学出版社,2011:12.

② 苏金智. 赵元任传:科学、语言、艺术与人生. 南京:江苏文艺出版社,2012:53.

③ 列文森. 赵元任传. 焦立为,译. 石家庄:河北教育出版社,2010:113.

④ 列文森. 赵元任传. 焦立为,译. 石家庄:河北教育出版社,2010:113.

⑤ 列文森. 赵元任传. 焦立为,译. 石家庄:河北教育出版社,2010:85.

⑥ 赵元任. 赵元任生活自传. 北京:中国华侨出版公司,1989:126.

断续续,一直到 1931 年 1 月上旬才全部译完,据说总共花了约 250 个小时,当时该书译名为《走到镜子里》。这个译本是赵元任自己认为很重要的一个译本,也是赵元任很得意的一个译本。该书原本可以在 1932 年出版,但由于当时的商务印书馆毁于"一·二八淞沪抗战"战火,这本译著的最后清样也被烧毁。1937 年赵元任在长沙时就开始整理残稿并补译残缺的部分,重译序诗(prefatory poem)等诗歌。后来一有时间,赵元任就对译文加以修改,对不满意的地方进行重译。1968 年,这部译著作为《中国话的读物》(*Readings in Sayable Chinese*)第二册,在美国正式出版,这距离 1932 年已经过去了整整 36 年! 赵元任本人对这个译本非常满意,他在寄出的第四封信件中说:"我把双关语译成双关语,韵脚译成韵脚,在《阿丽思漫游奇境记》里我没有能做得这么好。"[1]国内正式出版这部译著是 1988 年,不过不是单独出版,而是附在《阿丽思漫游奇境记》之后,并将译名改为《阿丽思漫游镜中世界》,该版本采用了英汉对照的形式,由商务印书馆出版。

3.语言学翻译

赵元任主持翻译了《中国音韵学研究》一书,该书是著名的瑞典汉学家高本汉(Bernard Karlgren)撰写的一本皇皇巨著。赵元任接触到此书是在 1921 年,读后印象深刻。赵元任认为这本书"是对中国音韵的第一次定量的解释,因为中国人对我们所谓的韵书(实际上是字典)的大多数研究,或多或少是建立在抽象的基础上的,就像是代数,而不是算数。高本汉在很多抽象的术语上能给你具体的数值"[2]。赵元任和罗常培等翻译了该书,"李方桂翻译了一部分,……罗常培,他的法文不太好,在翻译某些章节的时候,我们得用有蜡盘的那种口授留声机……我把法文译成中文,罗常培把它整理成更加严谨的句子"[3]。所有改编和加译者注的地方,

---

① 赵新那,黄培云.赵元任年谱.北京:商务印书馆,1998:448.
② 列文森.赵元任传.焦立为,译.石家庄:河北教育出版社,2010:153.
③ 列文森.赵元任传.焦立为,译.石家庄:河北教育出版社,2010:154.

赵元任主要负责语音学和方言材料方面的内容,罗常培主要负责音韵方面的内容。全书文字的可读性、体例的一致性、内容的恰当性等都由赵元任负责。

"《中国音韵学研究》的翻译并不是一般的翻译工作,而是一件需要付出大量学术研究的艰苦工作。在赵元任的主持下,翻译人员同高本汉商量,商定了五条翻译原则:第一,将全书作一忠实能读之翻译;第二,改其错误;第三,加入新材料;第四,改用国际音标注音;第五,一部分重编。"①另外,除了序言之外,译者还增加了"译者提纲""字体及标点体例""名辞表""音标对照及说明""常引书名简称表"等内容。《中国音韵学研究》法文版在1915—1926年分四次出版,赵元任主持翻译的中文版于1940年首次出版,1948年再版,1987年商务印书馆根据再版本进行了影印。

除了《中国音韵学研究》,赵元任还翻译了一些语言学方面的文章,如《高本汉的谐声说》《上古中国音当中的几个问题》等等。

4. 其他笔译

赵元任还翻译了一些剧本和歌曲,如话剧《软体动物》《野玫瑰》以及《最后五分钟》(编译跟定谱,附北平语调的研究)等等;歌曲《有个弯腰驼背的人》《湘江浪》《鲜花》《小鳄鱼》等等。此外,赵元任还将他夫人杨步伟写的《一个女人的自传》翻译成了英文在美国出版,取名为 *Autobiography of a Chinese Woman*,也花了不少时间帮助他夫人将《中国食谱》翻译为英文。

5. 口译

"五四"时期,一批具有国际视野的文化学者在北京成立了"讲学社",每年邀请一位西方学者来华讲学。讲学社一共请了四位外国学者来华讲学:美国哲学家杜威、英国哲学家罗素、德国哲学家杜里舒(Driesch)和印度文豪泰戈尔(Tagore)。

---

① 苏金智. 赵元任传:科学、语言、艺术与人生. 南京:江苏文艺出版社,2012:165.

罗素是 20 世纪著名的哲学家和思想家,在数理逻辑、分析哲学和语言哲学等方面卓有建树。他来到中国的时候,适逢赵元任也刚刚从美国留学归来——赵元任当时被清华聘为讲师,教授数学和物理。1920 年 8 月 19 日,赵元任接到讲学社请他当罗素翻译的邀请。"给罗素当翻译难度很大,这不仅是他讲的内容涉及面广,还因为他经常脱稿演讲。演讲之前他把大纲给赵元任看,其他就什么都没有了。罗素有讲稿,但并不完全按照讲稿讲。罗素语言诙谐幽默,喜欢用双关语,这也是他们两人的共同点。为了做好翻译,赵元任花了大量时间跟罗素讨论有关问题,事先也同有关人士探讨了某些术语的用词问题。"①

此外,赵元任还在胡适有事时替他为杜威(当时也在北京)担任翻译。

(二)有关翻译的论述

在翻译理论研究方面,赵元任的主要观点和论述见于四篇文章:《官话字母译音法》《再论注音字母译音法》《论翻译中信、达、雅的信的幅度》和《谈人工翻译》。前两篇文章分别发表在《科学》1920 年第六卷和 1923 年第八卷上,集中讨论了翻译西方人名和地名的麻烦和困难,提出了自己的主张和思想,这对当时人名和地名翻译中存在的混乱状况起到了很好的指导作用。

《论翻译中信、达、雅的信的幅度》这篇文章脱胎于赵元任的英文演讲稿,题目是"Dimensions of Fidelity in Translation"。这是赵元任 1967 年在美国加州大学举行的一年一度教授研究演讲活动上发表的演说,后来,他将原来的英文稿译为中文,并在翻译过程中对文章做了些修改,补充了一些例子。

《谈人工翻译》的原文为英文,题目为"Translation without Machine",是 1962 年赵元任在第九届国际语言学家大会上的演讲稿。2010 年,这篇

---

① 苏金智. 赵元任传:科学、语言、艺术与人生. 南京:江苏文艺出版社,2012:87.

英文演讲稿由常州工学院的冯雪红翻译为中文,经由戎林海审校后正式发表。①

(三)翻译思想

什么是翻译?古今中外有许许多多既相同而又不同的理解与表达。对一般人而言,将一种语言的口头语或书面语的意义转换成另一种语言的口头语或书面语的活动或过程就是翻译。翻译的目的是,便于使用不同语言的人们进行交流和沟通。

对学者而言,翻译涉及的因素很多,不仅有语言上的,还有文化上的;不仅有内容上的,还有形式或风格上的。美国翻译家和理论家奈达(Eugene Nida)在其《翻译理论与实践》一书中指出,翻译是指在译语中用最切近而又自然的对等语再现源语信息,首先是在语义上,其次是在文体上。

不同的历史时期、不同的政治、不同的文化、不同的译者或翻译赞助人,对翻译的目的与作用起着不可估量的决定性影响。翻译可以是为了信息的沟通,可以是为了文化的交流,可以是为了某一个政治目的,可以是为了宗教的传播,可以是为了审美需求,也可以是为了生存……

对赵元任来说,翻译意味着什么?有什么样的作用?应该采用什么样的方法?译到什么程度就算是比较好的翻译呢?

1.关于翻译的目的与作用

赵元任的翻译思想主要见于他的《阿丽思漫游奇境记》的"译者序"和他的《论翻译中信、达、雅的信的幅度》一文,也体现在他丰富的翻译实践及译作之中。就翻译的目的而言,赵元任坚持认为,翻译应该"为我所用""洋为中用"。1914 年,赵元任与任鸿隽、胡适等友人曾经在美国的康奈尔创办"中国科学社"并编辑出版一个科学杂志《科学》。他为该杂志撰写了大量文章、科学小品以及新闻等,还翻译了不少国外的科学小品文和介绍

---

① 详见:戎林海.赵元任翻译研究.南京:东南大学出版社,2011:173-186.

科学的优秀文章,这些内容均属于大众科学(popular science)。赵元任为什么要翻译这些文章呢？他的翻译目的是什么？简言之,是为了宣传和普及科学知识,把科学传播到中国来,提高国人对科学的认识,从而激励更多的中国人爱科学、用科学、研究科学,并以科学来振兴民族,振兴中华。在翻译过程中,他还十分注意作品的选择。

在赵元任看来,翻译的另一个目的与作用是唤起更多人学习外语的兴趣,使读者读了译文之后产生强烈的读一读原文的欲望。赵元任在《阿丽思漫游奇境记》的"译者序"中说:"最好是丢开了附属品来看原书。翻译的书也不过是原书附属品之一,所以也不必看。"①这一观点与钱锺书先生的看法不谋而合。钱锺书在《林纾的翻译》一文中说:"翻译本来是要省人家的事,免得他们去学外文、读原作的,却一变而为导诱一些人去学外文、读原作。它挑动了有些人的好奇心,惹得他们对原作无限向往,仿佛让他们尝到一点儿味道,引起了胃口,可是没有解馋过瘾。他们总觉得读翻译像隔雾赏花,不比读原作那么情景真切。"②英雄所见略同,由此可见一斑。不过,赵元任的这一观点比钱锺书的早了几十年。

2. 关于翻译的标准

严复对翻译提出的"信、达、雅"三字要求,一直被我国翻译界奉为圭臬,虽然也有不同的声音,但基本上都是"信、达、雅"的阐述、解释或翻版,说得绝对一点,自严复以来,无人提出过一个能超越"信、达、雅"的翻译标准。在翻译标准问题上,赵元任显然也是全面接受了严复的"信、达、雅"的理论,但他又没有简单地全盘肯定,而是以一分为二的辩证的态度来看待"信、达、雅"。比方"雅",赵元任说:"不过说起雅的要求来,虽然多数时候是个长处,可是如果原文不雅,译文也应该雅吗？……雅的程度固然是

---

① 加乐尔. 阿丽思漫游奇境记 附:阿丽思漫游镜中世界(英汉对照). 赵元任,译. 北京:商务印书馆,1988:译者序第 10 页.
② 钱钟书. 林纾的翻译//《翻译通讯》编辑部. 翻译研究论文集(1949—1983). 北京:外语教学与研究出版社,1984:268.

增加了,可是信的程度减低了。"①再比方"达",赵元任认为,"多半时候是个长处……可是一个小说家描写各种人物在辞令上的个性的不同,要是一个译者把人人的话都说的一样的流利通畅,那么达是达了,可是对于原意就'失信'了"②。所以对于"信、达、雅",赵元任既不迷信也不盲从,他认为,翻译应根据翻译之内在要求,考虑各种复杂因素,区分各种不同情况,采用适宜的翻译策略,服务于既定的翻译目的,求得最佳的翻译效果。

对赵元任来说,"信"是翻译中最最基本的条件与要求,没有信就谈不上翻译,不信就不能称为翻译。然而,"信"又是有幅度的,受到很多因素的制约与影响。在《论翻译中信、达、雅的信的幅度》一文中,赵元任从各种角度探讨了翻译里"信"的幅度,比如语言与非语言、语境、情况、借用语、范畴、音调、节律以及韵等等,以此说明诸如此类的因素都会影响译文的"信"度。他认为,"信"度是相对的,不是绝对的;译文的"信"度随翻译过程中的具体情况和需要而此消彼长、此高彼低、此大彼小。这种对翻译标准"信"的辩证观和相对论是赵元任翻译思想的精髓所在。③

3. 关于翻译的策略

细细考察翻译的历史,在各国的翻译实践中,译者所采用的翻译策略主要有两种:一个是"归化"(domestication),一个是"异化"(foreignization)。所谓"归化",就是用目的语文化中的一些文化因子来替代源语文化中的一些文化因子;而"异化"则是在翻译过程中尽量保持原文文化因子的原样,是什么就是什么,不加任何修改或文饰。"归化""异化"这两个概念是美国翻译理论家韦努蒂(Lawrence Venuti)提出来

---

① 赵元任. 论翻译中信、达、雅的信的幅度//《翻译通讯》编辑部. 翻译研究论文集(1949—1983). 北京:外语教学与研究出版社,1984:405.

② 赵元任. 论翻译中信、达、雅的信的幅度//《翻译通讯》编辑部. 翻译研究论文集(1949—1983). 北京:外语教学与研究出版社,1984:405.

③ 戎林海. 论赵元任的翻译观//戎林海. 赵元任翻译研究. 南京:东南大学出版社,2011:3.

的。其来源可以追溯到德国施莱尔马赫(Friedrich Schleiermacher)。1813 年,施莱尔马赫在其论文《论翻译的方法》中曾提起两种方向相反的翻译方法:要么译者尽可能地让原作者安居不动,让读者去接近作者;要么译者尽可能地让读者安居不动,让作者去接近读者。[①]

归化策略的选择主要是为了"读者关怀",为读者提供便利,使译作容易得到读者的接受,在读者心中产生共鸣,从而使译作更好地完成"传播"、延长原作的生命,而这正是翻译的一项固有使命。异化策略主要是为了保存原作的文化基因和不一样的风土人情,向读者介绍与展示异国情调,让读者最大限度地了解不同文化的内容及其魅力,从而真正发挥翻译在跨文化交流中的不可替代的作用。归化、异化策略各有优劣,翻译过程中究竟运用哪一种策略还是交叉使用这两种策略,必须视翻译语境和译者、译作的具体情况而定。

在翻译《阿丽思漫游奇境记》和《阿丽思漫游镜中世界》的过程中,赵元任适度运用了归化的策略,利用一些具有汉文化特质的词语或表达法,制造出中国读者(尤其是儿童读者)熟悉的阅读环境,匠心独运,使译本更接地气,更有价值,更有生命力,从而成为经典译作。比如 you(看官)、every Christmas(过年)、condemn you to death(见阎王)、like a snout(像个八戒)、What day of the month is it?(今天初几?)。

4.关于翻译的方法与途径

在大量的翻译实践和活动中,赵元任为求得译文的最大可能的"信",十分讲究翻译的策略和方法。比方翻译中的"直译"和"意译",他主张两者必须有机地融合在一起。他说:"直译是照字面一一翻译,意译是取最相近而译语中较通行的语句来翻译。比方英国的死胡同儿口上贴着 No Thoroughfare,可以直译作'没有通路',美国街上就贴着 Not a Thorough Street,直译是'不是一条通街',或者文一点儿叫'非通衢'。可是意译成中国街上贴的字就是'此路不通'了。从一方面看起来所谓

---

① 转引自:戎林海. 新编实用翻译教程. 上海:上海外语教育出版社,2010:37.

直译乃是一种细颗粒的翻译,意译是粗颗粒的翻译。如果光是翻译的颗粒细,而结果功用不相当,或语句不通顺,那么信的总分数就不能算高。"①

在翻译《阿丽思漫游奇境记》时,赵元任说:"翻译的法子是先看一句,想想这句的大意在中国话要怎么说,才说得自然;把这个写了下来,再对对原文;再尽力照'字字准译'的标准修改,到改到再改就怕像外国话的时候算危险极度。"②

5.关于机器翻译

1933 年,苏联发明家特罗扬斯基(ПП.Троя Нский)设计了用机械方法把一种语言翻译成另一种语言的机器,并在同年 5 月登记了他的发明。机器翻译发展经历了几个重要时期:第一个时期是 1954—1970 年,这个时期是机器翻译试验到 ALPAC(美国科学院的语言自动处理咨询委员会)报告发表后的草创期;1970—1976 年是复苏时期;1976 年至今是繁荣期。③

赵元任对机器翻译的看法见于他在 1964 年发表的《论人工翻译》这篇文章。他认为,机器翻译的大致发展阶段是:(1)1965 年以前,书面语和口语的翻译都是人工完成的;(2)书面语的机器翻译将始于 1965 到 1970 年,但是仍然没有适用于口语的机器翻译;(3)同时适用于口语和书面语的机器翻译将会在 1970 年到 1975 年开始发展。对照一下冯志伟 2004 年的描述,可见赵元任 40 年前的预测是何等的高明,何等的富有远见。

赵元任对翻译的观察与研究也多半是从语言学角度出发的,可以说他的翻译观是语言学派的翻译观;但与此同时,他的翻译思想又是传统

---

① 赵元任. 论翻译中信、达、雅的信的幅度//《翻译通讯》编辑部. 翻译研究论文集(1949—1983). 北京:外语教学与研究出版社,1984:408.

② 加乐尔. 阿丽思漫游奇境记 附:阿丽思漫游镜中世界(英汉对照). 赵元任,译. 北京:商务印书馆,1988:凡例第 1 页.

③ 冯志伟. 机器翻译研究. 北京:中国对外翻译出版公司,2004:12-13.

的,与许多翻译理论家如严复、林语堂、胡适、傅雷、林以亮、瞿秋白、钱锺书的主张一脉相承;然而,他的不少观点又很现代,显然是从国外现代语言学中汲取了不少有营养的成分。他的《论翻译中信、达、雅的信的幅度》一文发表于 1969 年,当时他已经 78 岁高龄了。这里我们也可以看出,他对翻译问题是深思熟虑的。"信"非常重要,但它是有幅度的;"信"固然是第一要素,但有时为了"要达原书原来要达的目的的起见,只可以稍微牺牲点准确的标准"①。总而言之,他的翻译观是辩证的、灵活可变的,是他翻译实践的理论升华。

五、编选说明

本书根据赵元任的翻译所涉,分为五编:第一编为儿童文学,第二编为科普文,第三编为歌曲,第四编为语言学,第五编为哲学。通过这五编,读者可以得到一个比较全面和清晰的印象:赵元任的翻译作品虽然不怎么丰厚,但涉及面广,彰显了赵元任作为语言学家、音乐家、翻译家的广博的知识面及其多才多艺。

儿童文学,选取了《阿丽思漫游奇境记》和《阿丽思漫游镜中世界》的全文。这是赵元任作为翻译家的顶峰之作,且全文并不长。如果节选的话,不足以让读者领略其翻译之生花妙笔。

科普文,选取了赵元任翻译的四篇文章:《科学与经历》《海王行星之发见》《煤烟之四害》《七天中三个礼拜日》,这些文章都发表在当年的《科学》杂志上,这次编选按照时间顺序排列。

歌曲部分选择了《有个弯腰驼背的人》《湘江浪》《鲜花》三首,所选歌曲歌词的翻译,很简洁,其中既有英译汉,也有汉译英,这样读者可以领略到赵元任在翻译歌词时是如何考虑将字、词的发音和音乐的音符有

---

① 加乐尔. 赵元任. 阿丽思漫游奇境记 附:阿丽思漫游镜中世界(英汉对照). 赵元任,译. 北京:商务印书馆,1988:凡例第 1 页.

机结合的问题了。

语言学,首先选取了《高本汉的谐声说》一文。原文中有不少音标,编者花了大量的时间进行了复原,但恐仍有错讹,请读者不吝指正。此外,还从《中国音韵学研究》中节选出了一部分,该部分篇幅长短合适,且内容也比较适合现代读者阅读。

哲学,选取了《罗素月刊》上刊发的《哲学问题》《中国的到自由之路》《宗教之信仰》《心的分析》四篇。通过阅读,读者可以体会到赵元任在给罗素做翻译时的不易(知识面很广),尤其是一些专门术语的翻译。

在编选过程中,我们也注意到语言演变的问题。因为时代差异,译文中部分文字和标点符号用法与现行用法不尽一致。对于与今日用法有出入的字词,我们以尽量不改动原文为准则,只对少量排印错误和严重影响理解的字词进行了校订,如将"刚人"改为"刚才"、"济得不堪了"改为"挤得不堪了"、"鸵鸵"改为"渡渡鸟"、"猪槽子"改为"猪槽子"、"把两个膀子超着"改为"把两个膀子抄着"等,而对"像"与"象"、"倒"与"到"、"地"与"的、得"、"做"与"作"、"困"与"睏"、"模仿"与"摹仿"、"带"与"戴"、"驼背"与"驮背"、"摇晃"与"摇幌"、"敦布"与"墩布"、"厉害"与"利害"、"稀奇"与"希奇"、"皱眉"与"绉眉"、"自个儿"与"自各儿"、"耷拉"与"搭拉"、"啦"与"拉"、"待"与"呆"、"那末"与"那么"、"撅"与"噘"、"斤斗"与"筋斗"、"哪"与"那"等的混用,均保留了编选底本中的用法,此处不一一列举。这种处理方法也体现了时代语言特征。对于与今日用法有出入的标点,我们以尽量不改动原文为准则,只对错误比较明显且严重影响理解的标点进行了校订,其余与现行用法有出入但不影响理解的标点则不予以改动。对于底本中的繁体字,除了第四编语言学部分的例字,其他皆改为简体字。在译名方面,赵元任译文中的不少人名、地名也与今日通译有较大差异,如"辟次堡"今日通译"匹兹堡"、"铁岂纳"通译"铁钦纳"等等,对此,我们在编选中均保留底本的用法。

本书的编选依据的是商务印书馆 1988 年版《阿丽思漫游奇境记

附:阿丽思漫游镜中世界》、2004 年版《赵元任全集 · 第 14 卷》、2006 年版《赵元任语言学论文集》、1994 年版《中国音韵学研究》,以及上海音乐出版社 1987 年版《赵元任音乐作品全集》;本书在译事年表整理时主要参考了商务印书馆 1998 年版《赵元任年谱》。特向上述著作的编撰者表示感谢。此外,本书保留了底本的注释,若注释后无"——编者注",则默认是来自底本的注释。

第一编　儿童文学

阿丽思漫游奇境记[①]

译者序

会看书的喜欢看序,但是会做序的要做到叫看书的不喜欢看序,叫他越看越急着要看正文,叫他看序没有看到家,就跳过了看底下,这才算做序做得到家。我既然拿这个当做作序的标准,就得要说些不应该说的话,使人见了这序,觉得它非但没有做,存在,或看的必要,而且还有不看,不存在,不做的好处。

《阿丽思漫游奇境记》是一部给小孩子看的书。在英美两国里差不多没有小孩没有看过这书的。但是世界上的大人没有不是曾经做过小孩子的,而且就是有人一生出来就是大人,照孟夫子说,大人的心也同小孩子的一样的,所以上头那话就等于说英国人,美国人,个个大人也都看过这书的。但是因为这书是给小孩子看的,所以原书没有正式的序。小孩子看了序横竖不懂的,所以这个序顶好不做。

《阿丽思漫游奇境记》又是一部笑话书。笑话的种类很多,有的是讥

---

① 〔英〕路易斯·加乐尔著,底本选自:加乐尔.阿丽思漫游奇境记 附:阿丽思漫游镜中世界(英汉对照).赵元任,译.北京:商务印书馆,1988.——编者注

刺的,例如法国的 Voltaire,有的是形容过分的,例如美国的 Mark
Twain,有的是取巧的,例如相传金圣叹做的十七言诗,有的是自己装傻子
的,例如美国的 Artemua Ward,还有种种名为笑话而不好笑的笑话,例如
从各国人的眼光里,评判别国人的笑量和审笑官能,……这样例如下去,
可以例如个不完。但是这部书里的笑话另是特别的一门,它的意思在乎
没有意思。这句话怎么讲呢？有两层意思:第一,著书人不是用它来做什
么寓言的,他纯粹拿它当一种美术品来做的。第二,所谓"没有意思"就是
英文的 Nonsense,中国话就叫"不通"。但是,凡是不通的东西未必尽有意
味。假如你把这部书的每章的第一个字连起来,成"阿越这来那她那靠他
阿"十二个字,通虽不通了,但是除掉有"可做无意味不通的好例"的意味
以外,并没有什么本有的意味在里头。"不通"的笑话,妙在听听好象成一
句话,其实不成话说,看看好象成一件事,其实不成事体。这派的滑稽文
学是很少有的,有的大都也是摹仿这书的。所以这书可以算"不通"笑话
文学的代表。从前 Artemua Ward 在一群迂夫子跟前演说,他们听了莫
名其妙,以为这位先生的脑子大概有点毛病,过后有人告诉他们说
Artemua Ward 是一个滑稽家,他演说的都是些笑话;他们回想想,果然不
错,于是乎就哈哈哈地补笑起来。要看不通派的笑话也是要先自己有了
不通的态度,才能尝到那不通的笑味儿。所以我加了些说明,警告看书的
先要自己不通,然后可以免掉补笑的笑话。以上是关于笑话的说明。但
是话要说得通,妙在能叫听的人自己想通它的意味出来,最忌加许多迂注
来说明,在笑话尤其如此。所以本段最好以删去为妙。

　　《阿丽思漫游奇境记》又是一本哲学的和论理学的参考书。论理学说
到最高深的地方,本来也会发生许多"不通"的难题出来,有的到现在也还
没有解决的。这部书和它的著者的其它书在哲学界里也占些地位。近来
有个英国人叫 P.E.B. Jourdain 的做了一本罗素哲学趣谈书,他里头引用
的书名,除掉算学的论理学书以外,差不多都是引用这部《奇境记》和一部
它的同著者的书,可见它的不通,一定不通得有个意思,才会同那些书并
用起来。至于这些哲理的意思究竟是些什么,要得在书里寻出,本序不是

论哲学的地方,所以本段也没有存在的必要。

《阿丽思漫游奇境记》的原名叫 *The Adventures of Alice in Wonderland*,平常提起来叫"Alice in Wonderland",大约是一八六七年出版的。它的著者叫路易斯·加乐尔(Lewis Carroll)。这个人虽然不是"不通"笑话家的始祖,但是可以算"不通"笑话家的大成。他曾经做的这一类的书有许多部,其中最有名的就是现在翻译的这部和一部叫 *Through the Looking Glass* 的。这第二部书的名字咱们可以译它作《镜里世界》,也是一部阿丽思的游记。路易斯·加乐尔是一个小孩子的朋友,他自己虽然没有子女,但是他的亲近的小朋友非常之多。所以他懂小孩子的性情,比一般做父母的还要深些。他所写成书的那些故事,他曾经在牛津对他的小朋友常讲着玩。但是有一层:这些听故事的小孩子虽然真有,可是路易斯·加乐尔这个做故事的并没有其人。你们试在《大英百科全书》里查姓加乐尔名字叫路易斯的,一定查不到这个人。这话怎么说呢?试在索引里查查看,就知道《阿丽思漫游奇境记》著者的真名字是查尔斯·路维基·多基孙(Charles Lutwidge Dodgson),他做玩意儿书的时候才叫路易斯·加乐尔。但是他是以笔名出名的,所以甚至于做他的传的人 S. D. Collingwood 也题他的传叫 *The Life and Letters of Lewis Carroll*,1898。多基孙的生死年是一八三二初到一八九一初,就是前清道光十一年末到光绪二十三年。他的行业是牧师和算学教师。谁也料不到他是做这类书的人。后来人知道了路易斯·加乐尔就是他,他还假装着不承认。他在算学里也稍微有点贡献,不过没有他的"不通"派滑稽文那么出名。从前《奇境记》这部书初出的时候,英国女皇维多利亚看了非常赞赏它,就命令人们记得把这人以后再做的书随出随送上去。谁晓得底下一部书一送上去就是一部又难又无味的代数学方程式论! 这都是揭破人家笔名秘密的结果。所以咱们最好还是就记得路易斯·加乐尔,不再提多基孙这个真名字,免得和算学多生事节。既然最好不再提多基孙这个名字,那么这段里多基孙这个名字本来应该不提,所以这段讲多基孙的序也应该完全删掉。

《阿丽思漫游奇境记》这故事非但是一本书,也曾经上过戏台。戏本是 Saville Clarke 在一八八六年编的。近来美国把它又做成影戏片。又有许多人仿着这个故事做些本地情形的笑话书。例如美国康桥哈佛大学的滑稽报在一九一三年出了一本《阿丽思漫游康桥记》,勃克力加州大学在一九一九年又出了一本《阿丽思漫游勃克力记》。以后也说不定还会有《阿丽思漫游北京记》呢。但是一上戏台或一上影片的时候,这故事就免不了受两种大损失。一,戏台上东西的布置和人的行动都很拘束,一定和看过原书人所想像惯的奇境的样子相冲突。这原书里 John Tenniel 的插画的名声是差不多和这书并称的。所以戏台上改变了原来的样子,看过书的人看了它一定失望。二,影戏的布景固然可以自由得多,不过用起人来装扮成动物,也是很勉强的事情;但是它最大的损失是在影戏总是哑巴的缺点。① 像平常影戏里在前景后景当中插进许多题词进去,更不会念得连气,所以书里所有的"不通"的笑味儿都失掉了。那么说来说去还是看原书最好,又何必多费麻烦在这序里讲些原书的附属品呢?

《阿丽思漫游奇境记》这部书一向没有经翻译过。就我所知道的,就是庄士敦(R. F. Johnston)曾经把它口译给他的学生宣统皇帝听过一遍。这书其实并不新,出来了已经五十多年,亦并不是一本无名的僻书;大概是因为里头玩字的笑话太多,本来已经是似通的不通,再翻译了变成不通的不通了,所以没有人敢动它。我这回冒这个不通的险,不过是一种试验。我相信这书的文学的价值,比起莎士比亚最正经的书亦比得上,不过又是一派罢了。现在当中国的言语这样经过试验的时代,不妨乘这个机会来做一个几方面的试验:一,这书要是不用语体文,很难翻译到"得神",所以这个译本亦可以做一个评判语体文成败的材料。二,这书里有许多玩意儿在代名词的区别,例如在末首诗里,一句里 he,she,it,they 那些字见了几个,这个是两年前没有他,她,它的时候所不能翻译的。三,这书里有十来首"打油诗",这些东西译成散文自然不好玩,译成文体诗词,更不

---

① 按,当时只有无声电影(或称默片),故译者这样说。——原出版者注

成问题,所以现在就拿它来做语体诗式试验的机会,并且好试试双字韵法,我说"诗式的试验",不说"诗的试验",这是因为这书里的都是滑稽诗,只有诗的形式而没有诗文的意味,我也本不长于诗文,所以这只算诗式的试验。以上所说的几句关于翻译的话,似乎有点说头,但是我已经说最好是丢开了附属品来看原书。翻译的书也不过是原书附属品之一,所以也不必看。既然不必看书,所以也不必看序,所以更不必做序。(不必看书这话,其实也是冒着一个"不通"的险说的,因为在序的第一段里,我就希望看序的没有看到这里早已跳过了去看正文,看到入了迷,看完了全书,无聊地回过头来翻翻,又偶尔碰到这几句,那才懊悔没有依话早把全书丢开了不念,给译书的上一个自作自受的当呢!)

一九二一年六月一日赵元任序于北京

凡 例

一、读音:读音不拘哪种方音但是除几处特别叶韵外,最好全用标准音。

二、读诗的节律:诗里头有两字快读,只占一字时间的,都印得靠近些。例如第十章第 137 页。

"离开了|英国|海岸|法国就|一哩|一哩地|望着|到"

一句里头"离"字算八分音符,"开""了"两个就都是十六分音符,其余也是同样。这样念起来才有板眼。

三、语体:叙事全用普通语体文,但是会话里要说得活现,不得不取用一个活方言的材料。北京话的用词比较地容易懂些,但是恐怕仍旧有太土气难懂的地方,所以底下又做一个特别词汇备查。这个用词的问题与读音的问题绝不相干,例如书中用"多么"是北京俗词。但是咱们可以照标准音念它"ㄉㄛ˙ㄇㄜ",不必照京音念它"ㄉㄨㄛ˙ㄇㄜ"。

四、翻译:本书翻译的法子是先看一句,想想这句的大意在中国话要怎么说,才说得自然;把这个写了下来,再对对原文;再尽力照"字字准译"的标准修改,到改到再改就怕像外国话的时候算危险极度。但是有时候译得太准了就会把似通的不通变成不通的不通。或是把双关的笑话变成不相干的不笑话,或是把押韵的诗变成不押韵的不诗,或是把一句成语变成不成语,在这些例里,那就因为要达原书原来要达的目的的起见,只可以稍微牺牲点准确的标准。例如第七章里 in the well 和 well in 能译作"井里头""尽尽里头"这种双关的翻译是很难得这么碰巧做得到的。所以到了第九章 The more there is of mine, the less there is of yours,这是没法子直译的,所以只得译它成一句口气相仿佛的话,"所旷愈多,所学愈少"。但是这话的内容,离原文差得很远了。

五、"咱们""我们":英文的 we 字有两个意思。"咱们"是对他们说的,听话的人也在内的。"我们"是对你们或他们说的,听话的人不在内的。例如第二章里阿丽思对那老鼠说:

> "那么要是你不愿意,咱们别再讲猫罢。"那老鼠……道,"哼! 还说'咱们'呢! ……倒好像我也要讲这些事情似的!"

但是底下阿丽思提到她自己家里就说:

> "我们隔壁那个小狗真好啊! 我真想拿它来给你瞧瞧!"

这种"咱们""我们"的区别非但北京有。

六、"他""她""它":在这书的大部分里没有分三性的必要,但是有时候原文里的话是特指这种区别的,就不得不用那些怪字,所以索性就一律把三性译作"他""她""它",复数就加"们"字,成"他们""她们""它们"。假如指各性混杂的,例如皇帝和皇后并称,就援法文成例,亦用"他们"。

七、"的""底""地""得""到":状词用"地",例如"偷偷地瞧她的姊姊""自言自语地说"。含有可能意思的用"得",例如"看得见""吃得下"。含有到某程度的意思的或用"得"或用"到",例如"吃得饱""热得(或热到)她昏昏地要睡",此外一概用"的"。"底"字姑且试试不用。

八、"那""哪":"那"字念去声,专当指示用;"哪"字念上声,专当疑问用。

九、"了""嘞""啦":叙事里用的了字在会话里照真说话自然的声音,分作"了""嘞""啦"三种念法,例如第二章里,阿丽思说,"阿呀,不好啦!我怕我又得罪了它嘞!"

十、标点符号:本书所用标点符号同新版的《水浒》、《红楼梦》相仿佛,不另加详细说明。

第一章　钻进兔子洞

阿丽思陪着她姊姊闲坐在河边上没有事做,坐得好不耐烦。她有时候偷偷地瞧她姊姊看的是什么书,可是书里又没有画儿,又没有说话,她就想道,"一本书里又没有画儿,又没有说话,那样书要它干什么呢?"

所以她就无精打彩地自己在心里盘算——(她也不过勉强地醒着,因为这热天热得她昏昏地要睡)——到底还是做一枝野菊花圈儿好呢?还是为着这种玩意儿不值得站起来去找花的麻烦呢?她正在纳闷的时候,忽然来了一只淡红眼睛的白兔子,在她旁边跑过。

就是看见一只淡红眼睛的白兔子,本来也不是件怎么大了不得的事情;并且就是阿丽思听见那兔子自言自语地说,"嗳呀!啊嗳呀!我一定要去晚了!"她也不觉得这算什么十二分出奇的事情(事后想起来她才觉得这是应当诧异的事,不过当时她觉得样样事情都像很平常似的);但是等到那兔子当真在它背心袋里摸出一只表来,看了一看时候,连忙又往前走,阿丽思想道,"那不行!"登时就站了起来,因为阿丽思心里忽然记得她从来没有见过兔子有背心袋的,并且有只表可以从袋里摸出来的。她忍不住了好奇的心,就紧追着那兔子,快快地跑过一片田场,刚刚赶得上看见它从一个篱笆底下的一个大洞里钻进去。

不管四七二十八,阿丽思立刻就跟进洞去,再也不想想这辈子怎么能再出来。

那个兔子洞先一段是一直往前的,到了一个地方,忽然直往下拐,下去的那么快,阿丽思跑的又那么急,连想停都没来得及想也就顺着洞往一个好象很深的深井里掉了下去。

那口井要不是非常地深,那就定是她掉得很慢,何以呢?因为她掉了半天还掉不完,倒有工夫四面望望,还有空自己问问,"等一会儿又有什么来了,等一会儿要碰见什么了。"她先还往下瞧瞧,要看看到底等会儿会掉在什么上头,可是底下漆黑的,什么都看不见;于是乎她就回头瞧瞧井壁的四周,看见都是些柜子和书架子:有时候又看见这里那里有些地图和画挂在钉子上。她经过一个架子的时候就伸手把一个小瓶子拿了出来;瓶上写的是"橙子玛玛酱",可是里头都空了,好个失望:她不肯把瓶扔掉,因为怕掉到底下去砸死了人,所以想法子等再经过底下一个柜口,巧巧的把它又放了进去。

"呵!"阿丽思自己想道,"我摔过了这么一大回跤。那再从梯子上滚下去可算不得什么事啦!家里他们一定看我胆子真好大啦!哼,哪怕我从房顶上掉下来,我也会一句都不提的!"(这倒怕猜得不错,那样摔下来,自然不做声了!)

掉啊,掉啊,掉啊!这一跤怎么一辈子摔不完了吗?她出声道,"我不晓得现在掉了几英里路嘞,我一定快近地心嘞。让我看:那是有四千英里深呢,我想有呢?"——你想这些事情是阿丽思从学堂里学着背的,现在可惜没有人在旁边听着夸她,都白说掉了,可是练练说说也好——"是啊,是差不多这么远——但是我的纬度是多少嘞?我的经度到了哪儿嘞?"(其实阿丽思一点也不懂得纬度是什么件东西,经度是怎么回事,但是她想那两个名词说在嘴里一定很好听的。)

一会儿她又说话了。她道，"我倒不知道会不会一直掉穿了地球嘞，那怎么呢？掉到那边，遇见了许多倒着站的人，一定很好玩儿！叫倒猪世界，不是吗？"——她这回倒觉得幸亏没有人听着，因为她想不起来书里那个"倒足世界"的名字，又觉"倒猪世界"又不大像——"但是你想我不是得要问他们贵国的名字叫什么吗？泼里寺、麻达姆，①这是新西兰啊，还是澳大利亚啊？"（说着就一头向空中请安——你想想看，在半空中一头往下掉，一头又要请安，你能办得到吗？）"可是要这样问，他们一定把我当个傻孩子，连自己在什么国里都会不知道。不行，这个一定不好意思问人的；或者我会看见在哪儿墙上或是柱上写着：这是新西兰或者这是澳大利亚。"

掉下去呀！掉下去呀！掉下去呀！阿丽思又没有别的事做，所以又自己咕咕叨叨地说话玩。"啊呀，我猜今儿晚上我的黛那一定要想我嘞！"（黛那是她的猫。）我盼望他们开晚茶的时候，会记得黛那的牛奶。我的乖黛那呀，我真想现在你跟我在一块儿呀。可是我怕半空中没有耗子，那末捉个蝙蝠子也好的，蝙蝠子同耗子也差不多的，黛那，你想可不是吗？但是我倒不晓得？猫吃蝙蝠子不吃的？"阿丽思觉得有点睏得慌了，就自言自语地半醒半梦地咕叨，"猫子吃蝙蝠子吗？猫子吃蝙蝠子吗？"有时候说说说乱了，变成"蝙子吃猫蝠子吗？吃子蝙猫蝠子吗？"你想她横竖答不出来这话，所以顺着问，倒着问也还不是一样。她觉得好像睡着了。才梦见和黛那手挽手地同行，正在那里很恳切地问她，"你来，黛那，告诉我老实话：你到底曾经吃过蝙蝠子没有？"正说着那时间忽然地扑通！扑通！她身子一掉，掉在一大堆树枝子和干叶子上，这一跤就此跌完了。

阿丽思一点都没有跌痛，马上一跳就站了起来：她回头往上头瞧瞧，都是漆黑的；她前面又是一条长夹道，还看见前头那个白兔子顺着那条道快快地走。那是一刻也不能缓：嗖地像一阵风似的阿丽思也跟着跑去了，恰恰来得及听得那兔子在转角上说"乖乖！真该扯我的耳朵胡子啦，这多

① 英语"Please，Ma'am"的音译，意为"夫人，请问您……"，此处是故意音译以表现阿丽思的口吻。

晚呀!"那兔子转弯的时候,她追上得已经很近,但是她自己一到了那个角上,那兔子可就不见了:她觉得走进了一间长而低的厅房,顶上挂着一长排的灯盏。

厅的两面都有门,但是门都是锁的;阿丽思沿着一边走下去,再沿着那边走回来,一个一个门都试过来,一个也开不开,她就愁着脸走回到当中,不晓得怎么再能有出去的日子。

忽然间她发现一个三脚的桌子,全是玻璃砖做的;桌上没有别的东西,就是一个小小的金钥匙,阿丽思第一个念头就是想这把钥匙在那些门上许有一个配得上的;可是真倒霉! 不是锁太大,就是钥匙太小,无论怎样,试了一周,一个也开不开。可是再第二回试的时候,她看见了一个上回没有看见的低帘子,帘子后头有一个小门,只不过一尺多高:她把那金钥匙放在锁里试试,果然真配得上,好个高兴呀!

阿丽思就把那小门开开,看见里头有一条小道通进去,只不过像老鼠洞那么大小:她跪了下来,侧着头往里头一瞧,嗳呀,好一个可爱的小花园儿呀! 她真想能走出这间大暗厅,走到那些鲜花清泉里游玩。可是那小门里她连头亦都钻不进去,而且阿丽思想道,"就是我的头钻了进去,要是没有肩膀子,那也不见得有什么大用处。唉! 我愿意我会像个望远镜似的,一缩就缩小,那就好嘞! 我想我会的,只要有谁教我怎样起头,我就会的。"你想,阿丽思近来遇见了这么些出奇的事情,她简直觉得天下没有真做不到的事情了。

白等着在那小门那里,似乎没有什么好处,所以她又走回桌子那里,一半也希望再找着一个别的钥匙,不然或者也许找到一本什么书,里头有教人怎么像望远镜似的变小的诀窍:这会她找到一个瓶子("我刚才一定是没看见在那儿的,"阿丽思说)。瓶颈上系着一个纸条子,上头写着很好看的大字"喝我"。

说"喝我"还不好吗? 但是那个聪明的小阿丽思决不会这样地冒失。她说,"我不! 我要先看看瓶上有没有毒药的字样在上再说;"因为她曾经在书里看过好几件好故事,讲小孩子们怎样不乖就烫了手,怎么被野兽吃掉,还有别的可怕的事情,都是因为他们总不肯记得大人交代的几条很简单的规矩:例如,你要把红的火筷子捏得太长久,手就会觉得太烫的;假如弄刀的时候把刀口弄到皮里太深了,就会有血出来的;她再也不忘记有一条规矩说,假如你把上面写着"毒药"字样的瓶子里的水喝的稍微太多了一点,那就早晚总会觉得那水于你不大相宜的。

然而这一回瓶子上并没有"毒药"的字样在上,所以阿丽思就大着胆尝他一尝,那味儿到很好吃(有点像樱桃饼,又有点像鸡蛋糕,有点像菠萝蜜,又有点像烤火鸡,有点像冰淇淋,又有点像芝麻酱),所以一会儿工夫就唏哩呼噜地喝完了。

＊　　　＊　　　＊

"我身上觉得好古怪,我一定像望远镜似的变小了。"

果不其然:她现在不到一尺高了,她脸上登时就现出喜色,因为她就想到现在她的大小正好可以走进那个花园的小门了。但是她先等几分钟看看她自己还再缩不再缩:她对这层到有点担心;她道,"也许我会尽缩缩到没有了,如同吹灭了的蜡烛的火苗一样,那时候我倒不知道觉得像什么了?"她说着就想摹拟一个吹灭了的蜡烛的火苗的样子,可是想了半天也想不出来,因为她记得从来没有见过这么件东西。

等了一会儿,确实知道了没有出什么别的事,她就打定主意到花园里去;但是可怜的阿丽思呀!她走到那小门跟前,才想起刚才把那小金钥匙忘记在桌上了,她回头走到桌子那儿,又太矮了,再也够不到桌子的上面:她从那透明的玻璃桌子底下,清清楚楚看见那钥匙摆在桌上,她就极力地想从一个桌子腿上爬上去,但是那玻璃真滑,再也上不去;左试右试爬的又累又没法子,那可怜的孩子就坐在地上哭了起来。

阿丽思一边哭着一边自己又说道,"别哭啊,你这孩子,哭它有什么用? 我劝你即刻就住声! 别哭!"她平常自己常劝自己很好的劝话(可是很少听她自己的劝),有时候她骂自己骂得厉害到眼泪都骂出来了;有一回她因为自己玩槌球的时候欺骗了自己,就打她自己的耳光;这个奇怪的孩子最爱装做两个人。"但是现在还装什么两个人呢?"阿丽思道,"唉!

剩下来这点儿我,连一个象样儿的人都不够做了!"

　　不久一会儿她又看见桌子底下放着一个小玻璃匣子:她打开它一看,里头是一块小糕,上头有葡萄干做成很好看的字样,说"吃我"。阿丽思道,"好,我就吃它,假如吃了它我会长大,我就好够到那把钥匙;假如吃了会缩小,我就好打门底下的缝儿里钻进去;所以无论哪样我总归可以进去就是,变大变小我都不在乎!"

　　所以她就吃了一小块,自己急着问道,"往哪一边? 往哪一边? 长嘚吗? 缩嘚吗?"把手就捂着头上,摸摸还是往上还是往下,她真好诧异,怎么半天又不长大,又不缩小,还是那样大小:固然说起来呢,平常人吃了糕的时候,也不过是这样子,但是阿丽思遇见惯了这么些出奇出怪的事情,她竟觉得假如事情都是样样照常的那就又笨又无味了。

　　所以她就正正经经地一口一口地把那块糕都吃完了。

～～ 第二章　眼泪池 ～～

　　"越变越希汉了,越变越切怪了!"①(因为阿丽思自己诧异到那么个样子,连话都说不好了。)"现在我大到象顶大的望远镜那么大嘚! 再会罢,我的脚啊!"(因为她低头一瞧,她的脚远到都快看不见了。)"唉,我的可怜的小脚呀,不晓得以后谁给你们穿袜子穿鞋嘚,宝宝呀? 我知道我是一定不能给你们穿的! 我人已经太远嘚,哪儿还能跑到你们那儿去麻烦呢?你们只好自己去顾自己罢。"但是阿丽思又想道,"我非得要好好待他们才行,不然怕我要他们走到哪儿去,他们偏偏不答应怎么好? 让我看啊:我想我每年过年的时候要给它们买一双新鞋子的。"

――――――――

① "汉"原应作"罕";"切"原应作"奇",此处是表示阿丽思说话走调,音全变了。

她就盘算怎么样送去给它们。她想到"这鞋去的路这么远,一定要交给送信的送去才行;送礼给自己的脚,真笑话极嘞! 还有那送信的地名可不更好玩儿吗!

内右鞋一只送呈

炉挡左近地毯上

阿丽思的右脚查收

(阿丽思顺致爱的问候)

嗳唷! 我这算说的些什么瞎话呀!"

正在说着,她的头碰着了房顶了:现在阿丽思竟有九尺来高了,她连忙就拣起那把小金钥匙,走到那小门那里去。

可怜的阿丽思呀! 她身子趴着低着头,勉强才能拿一只眼睛看那小门里的花园;要说走进去是更差得远了:她坐下来就又哭了起来了。

哭着自己又说道,"像你这么大的孩子,"(可不是吗?)"还这样的哭个不休,怎么害羞都不怕? 你给我立刻就住声。你听见吗? 住声!"但是她哭的越哭越苦,越苦越哭,一盆一盆的眼泪哭个不住。一直哭到她周围成了一个眼泪池,有四寸来深,哭得几乎满厅都是水。

等了一会儿,她听见远处的达的达的小脚步声音,她就忙把眼泪擦擦干,瞧是什么来了。原来就那位白兔子走回来,穿的讲讲究究的,一只手里拿着一双白手套子,一只手里拿着一把扇子:它跑得很急急忙忙的,口里咕叨着,"嗳呀! 那公爵夫人,那公爵夫人! 嗳呀! 我叫她等着我这么久,她见了我不要把我吃掉了!"阿丽思自己也急到这样没法,她无论对谁都愿意求救,所以等到那兔子走近的时候,她就轻轻地,好像害怕似的,开口道,"劳您驾,密斯式——"谁料那兔子好像吃了一大惊,把白手套和扇子松手一丢,拼着命似的飞向暗处跑了去了。

阿丽思就把扇子和手套拾了起来,那时厅里很热,她就一头扇着,一头自己说话:"乖乖! 今天怎么样样事情这么古怪! 昨天不是样样事情还是同平常一样吗? 不晓得我昨儿晚上半夜里变了没有? 让我来想想看:

我今儿早晨起来是不是还是一样的我？我差不多想我记得今儿起来的时候是觉得有点儿两样嘞。可是我要变了不是我，那么得要打听打听我到底是谁呢？啊！这个谜儿才难猜呢！"她想着就把所有她知道是和她同岁的小孩子，一个一个都想一想，看自己是不是变成了她们当中的哪一个。

　　她道，"我知道我一定不是爱达，因为她的头发有那么长的小圈儿，我的头发一点儿都做不起圈儿来；我也知道我不会是媚步儿，因为我懂得许许多多的事情，她是嗳呀，啧啧啧，她什么都不知道！况且到底她是她，我是我，我怎么——嗳唷，我真越想越糊涂啦！等我来试试，看我还记得从前所知道的事情不记得。让我看：四五一十二，四六一十三，四七一十——唉，那样子几时才会到二十呀！无论怎么，那九九表本来没什么'意义'；咱们试试地理看。伦敦是巴黎的京城，巴黎是罗马的京城，罗马是——不对，那都不对，我知道一定都错啦！那恐怕我到底是变了媚步儿嘞！让我来背背'小学语'看。"她就叉着手放在腿上，好像对先生背书似的，就一连背了下去，但是她的声音又哑又奇怪，字说出来也好像不由自主似的："

　　　　小鳄鱼，
　　　　　　尼罗河上晒尾巴。
　　　　片片金光鳞，
　　　　　　洒点清水罢。

　　　　笑咪咪，
　　　　　　爪子摆得开又开。
　　　　一口温和气。
　　　　　　欢迎小鱼儿来。①

————————————

①　这是一首模仿当时流行的说教诗而写的打油诗，意在讽刺英国诗人艾·瓦茨（Isaac Wates，1674—1748）所作的训诫诗《切勿懒惰与胡作非为》。

我觉得这些字都背错啦,一点儿都不对。"说着阿丽思又是眼泪汪汪的了。"那么我到底是变了媚步儿嘞,那么我岂不是要得上她那又冷静又气闷的小房子里去住,差不多连什么玩意儿都没得玩儿,还有,嗳唷!还得要念那么些书!不,我不!我已经打定主意嘞;要是我是媚步儿,我就老呆在这儿底下不上去!那他们再叫我也没有用。他们要是把头伸着往底下叫,'上来罢,宝宝!'我就只往上瞧着对他们说,'那么我是谁?等到你们先告诉了我是谁,要是我喜欢做那个人,我才上来:要不是,我就还在这儿底下待着,等我是了一个别人再看'——可是,哎唷!"阿丽思又呜呜咽咽地哭了起来了,"我到底还想他们真会伸着头来叫我回去呀!我一个人在这儿冷静得好难受呀!"

她说着低着头看她的手,怎么?自己说话的时候不知不觉地她把那兔子的小白羔皮的手套子带了上去了。她想道,"这事情怎么会呢?我一定是又变小了。"她就站起来走到那桌子跟前拿它来量量她自己。一看小了好些,估起来不过二尺来高的光景,而且还正在那里越缩越小呢:她不多时就看出这是手里拿着那把扇子的原因,她就赶忙把它丢下,刚刚来得及逃脱恶运,没有缩得整个儿身子都没了。

"呵!这逃的多么险呀!"阿丽思说着自己想那一变变的真吃惊不小,可是看看自己的身子还好好地在那儿,所以才放心;"现在好进花园啦!"她就飞往小门那里跑去了:可是,啊哟!那小门又关了,那小金钥匙又放在桌上,同刚才一样,"那么这事更坏啦,"阿丽思想道,"你看,我从来没有象这样小过,没有过,从来再也没有!这才糟糕呢,才是糟糕呢!"

正说着间,她的小脚一个不小心一滑,滑跌了下去,立刻霹呀地一声,一池咸水一直没到她的下巴。她的第一个念头还是当着怎么掉在海里,她想道"那么我就好坐火车回去嘞。"(阿丽思生平曾经到海边上去过一次,所以总以为无论到哪个海边上,一定会看见海里有许多浮水机,有许多小孩子拿木勺子挖沙子玩,沙滩后头一排客栈,再后头总是有个火车站。所以她站在咸水里,就想到好坐火车回去。)但是不一会儿阿丽思就看出来这并不是海,是她那时有九尺来高的时候哭出来的眼泪池。

"咳！我后悔我刚才哭得这么多嘞！"阿丽思一头说着一头游着水游来游去,想找个出路。"我想我要淹死在我自己的眼泪里嘞,那样受罚,罚的倒也古怪。可是今儿遇见的事情哪一样不是古怪的呢！"

正在那时她听见不远有个什么东西在那池里浦叉浦叉地溅水,她就游近到那边去瞧瞧是什么:她一看先还当着是一头海象或是一头大河马,后来她记得自己已经是那么小了,所以才看出来那个东西不过是只老鼠,也象她自己似的,一个不小心滑进池子里来了。

阿丽思想道,"我要对这耗子说话不晓得有点儿用处没有？这儿样样事情都这么出奇,我想这耗子多半也会说话:无论怎么试试总归不碍事。"她就开口道:"哦,耗子！你认得这个池子的出路吗？我在这儿浮水浮得累死啦,哦,耗子！"(阿丽思想对老鼠说话,一定要这样称呼才对:她从来没对老鼠说过话,不过她记得在她哥哥的拉丁文法书里头有"主格,一个耗子——领格,一个耗子的——司格,在一个耗子——受格,一个耗子——称呼格,哦,耗子！")那老鼠听了对她瞅了一眼,似乎有一只小眼睛还眨巴了一下,不过它没有说什么。

阿丽思想道,"也许它不懂英国话;我料她一定是法国耗子,跟着威廉大将①来的。"(因为阿丽思虽然念过许多历史,可是问什么事是几时有过的,她一点都不清楚。)所以她就又开口道:"Ou est ma chatte?"(这是她法文课本里的头一句,就是,"我的猫在哪里?")那老鼠听了在水里一跳多高,吓的浑身直抖。阿丽思一看不好,怕伤那小畜生的感情,连忙陪罪道,"阿呀,对不住,对不住！我都忘了你是不喜欢猫的。"

"哼！不喜欢猫呢！"那老鼠尖着嗓子急着嚷道,"要是你做了我,你也喜欢猫吗?"

阿丽思就做安慰它的声腔说道,"那么,大概我也不,你别气。可是,我总想我能把我们的黛那猫给你看看:我想你看见了她,你也一定就会爱

---

① 英语原文作"征服者威廉",指征服英国的诺曼底公爵(? 1027—1087),他于1066年渡海入英,成为英国国王。

猫的。她是好一个乖宝宝呀，"（阿丽思一半好像自言自语似的，一面无精打彩地在那池子里游来游去。）"她又会坐在火旁边咕噜咕噜地念佛，舔舔她的爪子来洗她的脸——谁不爱照应这个又软又可爱的东西呀——而且说起拿耗子来，那是谁也比不上她——阿哟，对不住，对不住！"阿丽思连忙又陪起罪来，因为这回那老鼠浑身的毛都竖了起来了，她觉得这一回一定真得罪了它了。她又道，"那么要是你不愿意，咱们就别再讲猫罢。"

那老鼠听了，从胡子到尾巴尖全身都抖了起来，它尖声叫道，"哼！还说'咱们'呢！可不是吗！倒好像我也要讲这些事情似的！我们一家子总是恨猫：那些又龌龊又下等又卑鄙的东西！你别叫我耳朵里再听见那个名字罢！"

"好，好，我就真不再提拉！"阿丽思就连忙地想找点什么别的话来打岔，"你——你喜欢——喜欢——狗吗？"那老鼠不响，阿丽思就高高兴兴地接着说："我们隔壁那个小狗真好啊！我真想拿它来给你瞧瞧！你可知道它是一个亮眼睛的小猎儿狗，还有，嗳呀，多么长的弯弯儿的黄毛儿呀！而且你随便扔什么东西，它就会把它叼回来，她又会坐起来拜着要它的饭吃，它真是样样都来——可惜它那么些本事我一半儿也不能记起来告诉你——它是一个种田的养的，你知道吗！他说它好有用啊，可以值得一百镑也不算贵！他说它见了耗子就弄死——阿呀，不好拉！"阿丽思后悔又说错了话了，"我怕我又得罪了它嘞！"这回那老鼠简直拼着命背着她游去，在那池子里打起了一大串浪头来。

所以她就做着和蔼的声气对它叫道，"耗子，我爱！你回来呀！要是你不爱猫狗，咱们不再讲它们了！"那老鼠听见这话，又回过头来向阿丽思游过来：它的脸都变白了（阿丽思想它是生了气气出来的）。它低低地声音抖着说道，"咱们上岸上去罢，到了那儿等我来告诉你我的委屈的历史，你听了就会懂得我为什么恨猫恨狗的。"

现在再谈上岸，也是时候了，因为那池子里这一会儿又掉进了许许多多的禽禽兽兽，已经挤得不堪了；里头有一只鸭子和一只渡渡鸟，一只鹦哥儿和一个小鹰儿，①还有许多别的希奇古怪的畜生。阿丽思领着路，全队就跟着她游水到岸上。

第三章　合家欢赛跑和委屈的历史

这一群聚在岸上的真是个怪好看的聚会——湿淋淋的羽毛的些鸟，绒毛都光光地贴服在身上的些兽，大家个个都是湿滴滴地，又不高兴又不好受地站着。

现在第一个问题自然是怎么把身上弄干了好取暖：他们大家就商议了一阵子，一会儿工夫阿丽思就很自自然然地同他们谈起话来了，熟得好像从小就认得他们似的。她竟同那鹦哥儿争辩了半天，辩到后来，惹得那鹦哥儿不耐烦了，它就说，"我到底是你的哥哥，我应该比你知道；"可是阿丽思要是不知道它是几岁，再也不肯承认叫它哥哥，但是那鹦哥绝对不肯告诉它自己的年纪，所以也没别的话好说了。

到后来那老鼠高声说道，"坐下来，你们大家都坐下听我说话，我一会儿就能使得你们大家又干又暖了。"那老鼠在那些动物当中倒像是个要紧人物，它说了，大家就都坐下来成一个大圈，围着那老鼠在当中，阿丽思就很恭恭敬敬地瞅着它听，因为她知道要是不马上就干了暖和起来，她一定会得重伤风。

那老鼠做着个高贵的样子，咳一声道，"呃哼！你们都齐备了吗？我将要给你们的东西是天下再没像这样又干又暖的了。请你们诸位静听，

---

① 此处的小动物如 Duck，Lory 和 Eaglet 和作者的一些熟人的名字谐音，渡渡鸟（Dodo）则是作者和自己开玩笑，因作者有口吃病，常把自己的真姓 Dodgson 念作 Do-Do-Dodgson。

不准吵闹！'威廉大将，其义军本为罗马教王所嘉许，故未久即将英格伦完全臣服，英格伦彼时本缺乏领袖，近年来频遭国内僭篡与夫外邻侵略之乱，亦已成习惯。哀德温与摩耳卡耳，即迈耳西亚与娜司生勃利亚之伯爵①——"

那鹦哥听到这里叫了一声"呃！"身上又打了一个冷战。

那老鼠皱着眉头子却是客客气气地说道，"你说话来着！"那鹦哥连忙赖道，"没有，我没有！"

那老鼠道，"我当你是说话来着。不用管了，让我再讲下去。'爱德温与摩耳卡耳，即迈耳西亚与娜司生勃利亚之伯爵亦宣布附和；而且甚至斯梯根德（即堪透勃列的爱国的大僧正）亦以此为甚好——'"

"以什么为甚好？"那鸭子插口问道。

那老鼠不耐烦地回答道，"以此就是以此，我想你此字总还有点认得罢？"

那鸭子道，"我'此'字认得是认得，可是我遇见以此为甚好的时候，大概'此'字不是一个虾蟆，就是一条虫。② 我的问题是：那位大僧正以什么为甚好？"

那老鼠一点不理会它的问题，就连着说下去，"'遂即偕爱德哥阿司凌往会威廉大将，且献皇冕于彼·威廉之行为，其初尚稍有节制。但其娜曼从者之专横与放肆——'"说到这里，它转过头来对着阿丽思问道，"我爱，你现在觉得怎么拉？"

阿丽思道，"我听你讲得一点儿趣儿都没有，简直象嚼着蜡也似的。"

那老鼠道，"那还不好吗？蜡点在外头都能使得东西又干又热，你吃在嘴里还不干起来热起来吗？"

---

① 他们都是"诺曼征服"时期的英国历史人物，译文所用旧译名如"娜司生勃利亚"（诺森伯利亚）和下文的"堪透勃列"（坎特伯雷）均不改，或许更能表现老鼠故作正经的可笑神气。

② "此"，即英语中的 it，可谓"东西"或"动物"，故鸭子说它遇见"……此……"的时候，多系小动物（"不是一个虾蟆，就是一条虫"）。

阿丽思愁声答道,"不,我还同刚才一样那么又湿又冷,我一点儿都没暖起来。"

那个渡渡鸟听了,就正正经经地站起来道,"既然如此,我就动议散会,再速筹更切实妥善之弥补方策——。"

那个小鹰嚷道,"要说英国话,你用的那些僻奥的名词我一半也都不认得,况且你说的我是绝对不以为然的!"说着就低下头去藏着脸笑:有几个别的鸟也啼唏地笑出声来。

那渡渡鸟被它这么嘲笑,很不高兴,它道,"我刚才要说的就是说要取暖最好还是作一个合家欢赛跑。"

阿丽思看见那渡渡鸟停了半天,好像应该有人说话似的,但是又没有人像高兴说话的,所以她就应酬着问道,"合家欢赛跑可是什么呀?"那渡渡鸟道,"你要知道啊? 那么顶好的讲给你的法子就是来做它一回。"(看官,因为你也许在冬天有时候也要试它一试,所以就给你讲一讲渡渡鸟怎么样办这件事。)

它先画出一道赛跑的路线,像个圆圈似的(它说,"路线的准确形状也不关紧要。"),然后让在会的各位在路线上这里那里随便站着,并没有叫"一,二,三,去!"随便谁随便什么时候可以起首跑,随便谁爱几时停就几时停,所以这样子要看这场赛跑几时算跑完,倒不大容易看得出来,然而跑了差不多半点钟光景,大家跑得都跑干了,那渡渡鸟就忽然叫道,"赛跑完了!"他们大家就气喘喘地挤过来,围着它问道,"那么是谁赢的呢?"

这个问题可是要等那渡渡鸟思量了半天才回答得出来,它坐在那里坐了半天,拿一个指头点在额上(就像常看见的画里的莎士比亚的样子),叫别人在旁边静等着。到末了那渡渡鸟说道,"有嘞,个个人都赢的,而且个个人都要得奖的。"

"那么谁给奖呢?"大家齐声问道。

那渡渡鸟道,"那么自然是她咯,"说着拿一个指头指着阿丽思;马上大家都挤了过来围着她乱嚷,"奖赏! 奖赏!"

阿丽思急得没有主意,慌忙地把手伸到衣兜里摸摸,居然摸出来一匣干糖果来(幸亏那咸水倒还没有湿进去),她就一个一个地分给它们当奖赏。恰巧够一"人"一块。

但是那老鼠道,"她自己不是也应当有个奖赏吗?"

那渡渡鸟答道,"不错,那个自然。"它就转过头来问阿丽思道。"你衣兜里还有些什么?"

阿丽思愁声说道,"我就剩了个针箍儿。"

那渡渡鸟道,"你交给我来。"

它们大家又过来围着阿丽思,那渡渡鸟就很正经地把那个针箍献给阿丽思,口里说道,"我们请您笑纳这件甚雅致的针箍;"它说完了这篇短演说,大家就都喝起彩来。

阿丽思觉得这事实在不通得可笑,可是它们大家的样子都是那么正经,所以她也不敢笑出来,她想不出什么相当的谢答辞,所以她就鞠了一个躬,受着针箍,勉强地装着很正经的神气。

现在还有的事情,就是要得吃那些干糖果:为这事也闹出一点小乱子,因为那些大鸟吃到嘴里,尝都没有尝着,就没有了,都嫌那糖果太小,那些小鸟又嫌它卡在喉咙里太大,非得给人在背上拍两下,咽不下去。不过到后来大家也都吃完了没事了,就坐下来成一个圆圈,又要求那老鼠说点什么给他们听。

阿丽思道,"你不是说你要告诉你的历史吗? 告诉我你为什么恨——那个——那些——C 和 D。"①她末了两个字母轻轻儿地说的,怕回来又得罪了它。

那老鼠对着阿丽思叹了一口气道,"唉! 我的身世说来可真是又长又苦又委屈呀——"

阿丽思听了,瞧着那老鼠的尾巴说,"你这尾是曲啊!② 可是为什么又

---

① 英语 cat(猫)和 dog(狗)的首字母。
② 此处英语原文利用谐音来打趣,老鼠悲苦的 tale(身世)和老鼠的 tail(尾巴)谐音,译文则以"委屈"和"尾曲"的谐音作相应的文字表达。

叫它苦呢!"她就一头听着那老鼠说话,一头在心上纳闷,所以她听的那老鼠讲的"尾曲"的历史是差不多象这个样子的:

火儿狗在屋子

里头遇着个

耗子。狗说

"你别充忙,

咱们去

上公堂。

我不承

认你赖,

谁不知

道你

坏?我

今儿早

晨没事,

咱们同

上公堂。"

耗子答

道,"狗儿,

你这爪

子手儿,

放了我

再说话;

告人无

凭作罢。"

火儿答

道,"不妨。

判官

陪审

我一

人当,全

场一致

送你

去见

阎

王。"①

那老鼠说到这里,对阿丽思很严厉地道,"你不用心听着,你想到哪儿去啦?"

阿丽思很谦虚地道,"对不住,对不住。你说到了第五个弯弯儿嘞,②不是吗?"那老鼠很凶很怒地道,"我没有到!"

阿丽思道,"你没有刀吗?③ 让我给你找一把罢!"(阿丽思说着四面瞧瞧,因为她总喜欢帮人家的忙。)

那老鼠站起来就要走,怒道,"我才不要刀呢。你别这样胡说八道地骂人。"

阿丽思苦求道,"我不是有意的。可是你也真容易生气!"

那老鼠不答她,只叫了一声。

阿丽思追着嚷道,"回来呀! 回来讲完你的历史呀!"别"人"也齐声道,"是啊,请回来呀!"但是那老鼠只象不耐烦似的摇摇头,走得更快一点。

———————————

① 这首诗的英语原文故意排作一条长尾巴状,故译文同。

② 指"尾巴诗"的第五道弯。

③ 此处原文分别为同音字 not 和 knot,译者在此用"到"和"刀"的近音字,并略作意译,请读者在对照英语原文时注意此点。

等到它走到看不见了，那个鹦哥叹道，"唉，真可惜啊，它到底不肯留在这儿。"有一个老螃蟹就趁这机会对它的女儿道，"啊乖乖呀！你瞧瞧这个榜样，以后你自己别再发脾气嘞！"

那小螃蟹拗强着回道，"妈，你别多话了，你这样唠叨就连蛤蜊都会不耐烦起来的！"

阿丽思又好像自言自语地说道，"嗳呀，我还想有我的黛那在这儿好啊。有了她，她就会把那耗子一叨就叨回来嘞！"

那鹦哥道，"恕我问得冒昧，那么黛那是谁呢！"

这句话问得又开了阿丽思的话匣子了。因为她无论什么时候总是愿意谈她的猫的。她道，"黛那就是我们的猫。她逮起耗子来，简直没有比得上她的，你再也想不到她那样本事！而且，嗳呀，我愿意你们会看见她逮鸟儿的本事啊！她一看见一个小鸟转眼就在她肚子里去嘞！"

这一段演说在那聚会里大生出恐慌出来。有的鸟儿立刻就起身走了：一个喜鹊就披起斗篷来，说道，"我不能再不回家了；这晚间的空气于我的嗓子不大相宜！"又一个金丝雀对它的小孩子好像声音发抖说道，"孩子们，还不快家去！现在你们都该已经睡在床上啦！"他们大家都一个一个地藉着因走开了，就剩下来阿丽思一个人在那里。

她愁声说道，"我后悔了又提起黛那来！这儿好像没有谁喜欢她的，而且我明明知道她一定是天下顶好的猫！唉，我的好黛那呀！不晓得这辈子还会再看见你不会嘞！"说到这里，可怜的阿丽思又呜呜地哭起来了，因为她觉得又是冷清，又是不高兴。可是歇了一会儿，她听见远处又是的达的达地脚步的声音来了，她就抬起头用心瞧着，觉得还盼望那老鼠还会改了主意，又愿意回来讲完它的"尾曲"的历史。

～～ 第四章 兔子的毕二爷 ～～

来的不是别"人",可就是那位白兔子,慢慢地走回来,走着又急急地四面张望,好像掉了什么东西似的;她听见它自己咕咕叨叨地道,"那公爵夫人! 那公爵夫人! 乖乖,我的爪子! 乖乖,我的毛和胡子! 她一定会把我杀掉了,这是一定的,尤如'耗子是耗子'那么一定! 唉,我到底会把它掉在哪儿呢,我倒不懂?"阿丽思一听见就猜它是在那里找它扇子和白羔皮的手套,她就很好意地给它四面找找,可是一点都找不着——自从她在池里游水之后样样东西都好像改了样子了,那个大厅和里头的玻璃桌子和那个小门,什么都没有了。

一会儿工夫那兔子就看见了阿丽思在那里找来找去,它就狠狠地对她说道,"嘿! 玛理安! 你在这儿算干些什么呀! 立刻给我跑回家去拿一双手套和一把扇子来! 快! 就去!"阿丽思被它这样吓得糊里糊涂,就顺着它指的那个方向跑去,来也没来得及告诉它认错了人了。

她一边跑着一边自己想道,"他拿我当他的丫头。他回来看出我到底是谁,那才诧异呢! 可是我还是把他的扇子和手套拿给他好——那原说要是我得着的话。"她说着就到了一所小小的很整洁的房子,门上钉着一个铜牌,上头刻的字是"白兔子寓"。她不敲门就走了进去,快快的跑上楼,因为她生怕遇见了真玛理安回来,没有找到那扇子和手套就被她赶出门外。

阿丽思自己道,"这才古怪呢,给一个兔子使唤起来嘞! 我想下回恐怕黛那也要差我送信呢!"她就在心上悬想以后会怎么样子:"假如我的奶妈说,'阿丽思小姐,快点儿来,好预备出去散步去!'我就得要回答,'一会儿就来,奶妈! 可是这会儿我得看守着这个耗子洞不让耗子出来,要等黛那回来了我才能离开。'可是这样子他们一定不会让黛那留在家里的,象这样子差唤人家还要得吗!"

说到这里,她已经走进了一间整整齐齐的小屋子,近窗户有一个小桌子,她正希望着,果然在桌子上看见一把扇子和两三双小白羔皮的手套:她就拿了一把扇子和一副手套,正要走出那屋的时候,她的眼睛忽然碰巧落到镜子跟前一个小瓶上。这一回那瓶上并没有什么"喝我"的字样,可是她依然地把它开开了就放在唇上。她对自己说道,"我知道我一吃什么一喝什么,就一定会有好玩儿的事情出来的;所以我到要看看这一瓶有什么力量,我真愿意我再会长大呀,我老是这一点儿大的小东西,我小得早不耐烦嘞!"

果然如她所愿;而且她再也料不到有这么快:她半瓶没有喝完,头已经顶到天花板了,幸亏早把头低下来,免得把颈子压断。她连忙就把瓶子放下,自己说道,"这尽够啦——我盼望不再长嘞——就象这样,我都已经出不了门嘞。——我倒愿意刚才没有喝那么些嘞!"

唉?后悔也太晚了,她还尽着长了又长,一会儿她非要跪在地下才能呆得下:再过了分把钟,连这样都不行,她就试睡下来把一个胳巴肘子撑在门口那里,那一只胳巴抱着自己的头。她还是要长,后来实在没有法子,就把一只胳巴伸到窗户外头去,把一只脚伸到烟囱里,她对自己说道,"现在看你怎么样,我也再没法子啦。唉!我倒要变成什么啦?"

阿丽思也算运气,她长到这么大,那药性已经发过了,所以她也不再长了:但是这也还是很不舒服的;而且照这样看,再也没有出这屋子的希望,所以无怪乎她觉得非常地发愁。

阿丽思想道,"还是在家里的时候多好,不象这样地一会儿长大,一会儿长小,一会儿给耗子骂,一会儿给兔子使唤。我都有点后悔跑进那个兔子洞嘞——然而——然而——你想想,倒也怪希奇的,哪儿有这样过日子!我真不懂我会是遇着了什么嘞,会变成这样儿!我那时看那些仙人传的时候,我总当着那些事情不会真有的,你看现在我不是就正在一个仙人传里头吗?我想应该有一本书记我的事情的,这应该的!等我长大了,我就来写它;"她又愁声说道,"我现在可不是已经长大嘞吗? 在这儿随便怎么,也没有地方让我再长勒。"

"可是那么,"阿丽思又想道,"我就一直不会比现在再老嘞吗? 这倒也是一个可以安慰的地方——总归不会做老婆子——可是那么——一辈子就老要念书上课! 不! 这样我可不喜欢!"

"嗳,你这傻阿丽思!"她自己回答自己。"你在这儿还能念什么书呢? 连你自己都呆不下了,哪儿还有搁书的地方呢!"

她就这样地自己同自己辩论,一会儿装这一边,一会儿装那一边来驳她,倒说成一个怪热闹的会话;可是过了几分钟,她听见外头有说话的声音,她就住了嘴静听。

那个声音嚷道,"玛理安! 玛理安! 把我的手套立刻拿来!"一会儿就听见楼梯上的达的达地有脚步声音上来。阿丽思知道是那位兔主人回来找她了,她吓得抖得把房子都摇将起来,都忘了她自己实在已经比那兔子大了一千来倍,还有什么怕它的理由?

一刻工夫,那兔子走到了房门口,想开开它;可是这扇门往里开的,因为阿丽思的胳巴肘子撑顶着,所以那兔子再也开不开它。阿丽思听见它自己说道,"那么我就转过来打窗户里进去。"

阿丽思想道,"那不见得!"等了一会儿她觉得好像那兔子已经到了窗户底下了。她就把手忽然揸开,在半空抓了一下,她并没有捞到什么东西,可是她就听见哧地一叫,扑通一声,一下又是豁喇喇许多碎玻璃的声音,她从这个就猜那兔子大概是跌在一个黄瓜藤的架子或是什么东西上了。

再一会儿,就听见很发怒的声音——那个兔子的——"八升! 八升! 你在哪儿?"她就听见一个先没有听见过的口音回道,"我一定是在这儿呢,老爷您那! 我在这儿地底下掘苹果,老爷您那!"

那兔子怒声道,"还掘苹果呢,可不是的! 上这里来! 快来扶我出这个!"(又是碎玻璃的声音。)

"八升,现在你告诉我,窗子里那个是什么东西?"

"那一定是一条胳巴膀子,老爷您那!"

"哼!胳巴,你这笨鹅!谁看见过那样大的胳巴?你看,它把窗户都堵满啦!"

"是!是!一定是堵满拉,老爷您那;可是一条胳巴膀子总还是一条胳巴膀子。"

"那么,无论如何,它没有在那里的理;你去拿掉它!"

这个以后半天没有声音,阿丽思只听见有时候他们打喳喳;一会儿听见说,"一定呀,我也一点不喜欢它,老爷您那,一点儿不!一点儿不!""叫你怎么做就怎么做!你这贱奴才!"等到后来阿丽思又把手一撑,又在半空中一抓。这回听见两声哜哜地叫,又是许多碎玻璃的声音。阿丽思想道。他们黄瓜藤的架子倒真不少!我不晓得他们再要干什么!要说把我从窗里拉出来,我倒指望他们真能做得到呀!我自己是本来不高兴再呆在这儿嘞!

她等了一会儿不再听见什么;到后来来了一辆小车的声音,和许多人说话的声音:"还有一个梯子呢?唉,我本来只有一个能带得来;还有那个在毕二爷那儿——毕二爷快拿来?——来,搁在这个旮旯儿上——不行,先把它们绑在一块儿——还不够一半儿高呢——哦,这还不够,别讲究啦——这儿,毕二爷!接着这个绳头——房顶那块儿吃得住吗?——当心,那里有块松瓦——嘿!掉下来啦!小心着头,底下!"(霹叉一声地响!)"——哼,这是谁闯的祸?——我想是毕二爷——谁下烟囱去?——我才不呢!你下去!——那我不干——毕升得上去——好,毕二爷!老爷说你得要下烟囱去!"

阿丽思想道,"噢!毕二爷是要下烟囱的,是他吗?他们好象把样样事情都推在他身上!你给我多少东西我也不高兴去当毕二爷去;这个炉子口窄是有点儿窄;不过我想我踢倒也能稍微踢踢!"

她把脚尽往底下缩下来,等,等,一直等到有一个小动物在她上头烟囱里乱抓乱滚(她也猜不出是个什么动物);她就一头对自己说,"噢,这就是毕二爷,"一头就把脚往上猛地一蹬,等着看有什么事出来。

她第一听见的就是大家齐声喝，"喂！毕二爷去啦！"接着就是那兔子的声音说道，"接住他，你们，近着篱笆那里！"一下又没有声响，接着又是乱嘈嘈地许多说话的声音——"托着他头——快快勃兰地——别咽死他——现在怎么啦，老伙计！你碰见的什么？快说给我们听听！"

等了半天，听见一个很低的唧哩唧哩的小声气（阿丽思想道，"这是毕二爷。"）说道，"乖乖，我也不知道是怎么的——再也不来嘞，谢谢罢；我现在好一点儿啦——可是我的心还慌得没有定下来，不能对你们细说——我能记起来的就是有什么东西像弹簧似的在我后头'崩'地一下，我就像个旗花似的飞上去嘞！"

大家都齐声道，"可不是吗，老伙计！"

那个兔子的声音又说道，"咱们一定要把这房子烧掉！"阿丽思就尽着力量嚷道，"你们要是这样，我就放我的黛那给你们试试！"

登时就大家一点都不出声。阿丽思想道，"不晓得他们又要干什么嘞！要是他们稍微有一点儿不糊涂，应该想得到把房顶拆掉。"等了一两分钟，他们又跑来跑去，阿丽思只听见那兔子道，"先用一桶再看。"

阿丽思想道，"一桶什么？"可是她用不着久猜，一下工夫就有无数的石子像雹子似的打到窗户上来，有几个都打到阿丽思的脸上。她对自己说道，"这个我非叫他们停不行。"她就嚷道，"你们顶好别再这样儿闹罢！"登时大家又是不敢做声了。

阿丽思看见那些石子子掉在地板上都变成一块一块的小糕。她非常地诧异，她就想出个新念头出来。她对自己说道，"要是我吃它一块，它一定会把我的大小总变一点的；我想我现在既然没法子再变大，那么自然只能会再变小。"

所以她就吃了一块糕下去，果然立刻就缩小起来，好个快活。她就索性再吃，一直等到小到能从门里出来，她就跑出那房子，看见一大群畜牲和鸟在外头等着。那个可怜的小壁虎子（就是毕二爷）在当中，被两个天竺鼠扶着，拿一个瓶子灌它什么东西喝。它们一见阿丽思都对着她冲过来；但她拼着两条腿飞跑，一会儿就跑到一个平安清静的森林子里头。

阿丽思在树林里信步走着想着，"现在我第一桩要紧的事情就是长回我应该有的大小；第二桩就是找一条路，上那个可爱的小花园儿里去。我想这个是最好的计划。"

这个计划听起来固然是不错，又很简单，有条有理的；可是她的难处就是她一点都不知道怎么样动手法子；她正在很关心似的在树里各处张望，忽然在她头上面来了一声很脆的狗叫的声音，她连忙就往上瞧瞧。

一头个儿挺大的小狗睁着两只灯笼大的圆眼睛对着她看，轻轻地伸一只爪子出来好象要挨到她似的。"这可怜的小东西！"阿丽思做着安慰它的声腔说着，极力地想用嘴吹叫儿来哄它；可是她总觉得非常害怕，恐怕那狗儿饿了，也许就把她吃掉，就是哄它也不成。

她不知不觉地拾了一根小树枝，举着给那大狗儿看；那狗登时就四足齐飞，哇地一叫，向那小棍儿猛扑过来，假装着害它的样子；阿丽思就连忙躲在一大株蒲公英后头，几几乎被它冲倒；可是她从那边一现出来，那狗就又对着那棍儿一扑，她这一回跳得这么猛，自己也收不住了，一个毂辘连脚带头地滚了过去；阿丽思见势不好，她想这简直就是同一匹快马耍闹一样，说不定什么时候就被它踩两脚，所以她又躲到蒲公英的那边去；那小狗儿就一阵一阵地对着那小棍儿冲锋，往后退许多，往前跑一点儿，又往后退许多，又往前跑一点儿，一头就汪汪地叫，一直到退到很远，它才坐下来把舌头挂在嘴外头喘气，两只大眼睛半开半闭似的对着阿丽思看。

阿丽思想现在正好乘机逃掉；所以她即刻就起身跑，跑到力也没有了，气也喘不过来了，那小狗的叫听得也很远了，才停下来。

阿丽思靠着一株黄花菜歇歇，拔了一根菜叶子当扇子搧搧。她说道，"可是想想那狗到底是一只怪好的小狗儿！我倒很想刚才我教给它做几套把戏，可就是——可就是我自己身子的大小要先对才行呢！喔唷！我又差一点儿忘记嘞，我现在还要长大回来才行呢！让我看——这到底是怎么个办法子呢？我猜我再吃点什么，或是喝点什么就行啦；可是那最大的问题就是什么呢？"

那个大问题自然就是，"什么？"阿丽思就四面看看各色各样的花和草叶子,可是她找不着什么在现在情形看起来像是应该吃或者应该喝的东西。在她近旁有一棵大蘑菇,同她差不多一般高;她在底下瞧瞧,往两边瞧瞧,往后头瞧,她又想道,"何妨索性也往上头瞧瞧有什么呢?"

她就踮起脚来,伸着脖子,从那蘑菇的边上望过去,她的眼睛恰巧遇见了一个大青毛毛虫的眼睛,那毛毛虫抄着手坐在那蘑菇的顶上,安安静静地抽着一个很长的土耳其水烟袋,一点也不理会阿丽思,好像什么闲事也不高兴问似的。

⸺ 第五章　请教毛毛虫 ⸺

那毛毛虫和阿丽思两个"人"对看了半天不做声:到后来那毛毛虫把烟嘴从嘴里拿出来,慢慢吞吞地,好象要睡似的对她说话。

那毛毛虫道,"你这个人是谁啊?"

这一句不象好好地起头谈天的话,阿丽思有点不好意思地答道,"我——我不大知道,先生,我现在不知道,——无论怎么,我知道我今儿早晨起来的时候是谁,可是自从那时候到这会儿,我想我变嘞好几回嘞。"

那毛毛虫狠狠地道,"你这算什么话? 把你自己都招出来!"

阿丽思道,"我怕我不能把我自己招出来,因为我现在不是自己,您看,先生?"

"我不看!"

"我怕我不会说得再怎么明白嘞,"阿丽思谦虚着说道,"你想,我先不先自己也糊涂嘞;一天里头变了这么些回的尺寸可好不乱人。"

那毛毛虫道,"并不。"

"那么,"阿丽思道,"也许你还没有经过这样;可是等到你变成个蛹子的时候——你知道,你总有那一天——回来又变成个蝴蝶儿的时候,我想你恐怕也要觉得有一点儿古怪罢,不会吗?"

那毛毛虫道,"一点都不。"

阿丽思道,"那么或者你的感觉许是两样的,在我所知道的,那是我一定会觉得古怪的。"

"你!"那毛毛虫撇着嘴道,"你是谁?"

这话又说到刚才起头的地方了。阿丽思有点不高兴这毛毛虫老是说那么很短很短的话。她摆着样子道,"我想你应该先告诉我你是谁。"

那毛毛虫道,"为什么?"

这又是一个难题;阿丽思想想也想不出个为什么,她看那毛毛虫好像是非常不乐意的样子,所以她回头就走。

"回来!"那毛毛虫追叫道。"我有要紧话说!"

这话听来还有望:阿丽思就掉过头走回来。

那毛毛虫道,"别发脾气。"

阿丽思忍着一口气问道,"就是这一句话吗?"

那毛毛虫答道,"不。"

阿丽思想索性等着罢,她又没有别的事情做,或者到底它是有点什么有用的话告诉她听也说不定。等了好几分钟,那毛毛虫尽着一口一口地抽它那水烟,再过了半天,它才把两个袖子筒里的手放开,把烟嘴从嘴里拿下来,说道,"所以你想你变啦,唵?"

阿丽思道,"先生,我怕的就是;我一向记得的东西我都记不得啦——而且我没有连着有十分钟一样大小的!"

"你不记得什么?"那毛毛虫问道。

阿丽思愁声答道,"不是? 我刚才要背'小木鱼儿'背背都背错啦!"

那毛毛虫道,"那么你给我背背'威廉师傅你这么老'看。"

阿丽思就叠着两个胳巴,背道:

> "威廉师傅你这么老,
>
> 你的头发白又白;
>
> 倒竖蜻蜓,你这么巧——

你想这样儿该不该？"

先生答道，"我那时小，
怕把脑子跌去来；
现在脑子我没多少，
天天练武随便摔。"

"威廉师傅你这么重，
浑身长得肥又肥；
倒迁筋斗进门洞——
你这身子可危不危？"

老头答道，"当年轻，
我就用这个油拌灰；
卖给你只算一先令，
搽了就四肢轻如飞，"

"威廉师傅你这么弱，
只该喝点稀溜汤；
吃鸡带骨头还叫饿，
这样你胃口伤不伤？"

威廉答道，"我做知县，
太太总要来帮我忙；
件件案子要拗着我辩，
所以练得我嘴这么强。"

"威廉师傅你这么晃，

你的眼睛花不花?

鳝鱼顶在鼻尖儿上,

这样能耐差不差?"

师傅怒道,"你还不够?

问了又向干甚么?

谁爱听你这咕叨咒?

滚下楼去你快回家!"①

那毛毛虫道:"你背的不对。"

阿丽思虚心地道,"我怕不全对;里头有些字说错啦。"

那毛毛虫决绝地说道,"从头到尾一个字都不对。"说了他们俩又呆等了半天没有话。

那毛毛虫先开口。它道,"你愿意要多大?"

阿丽思忙答道,"我倒也不拘定要多少大;不过,一个人总不喜欢老象这么变,你可知道?"

那毛毛虫道,"我不知道。"

阿丽思没有说话:她一生从来没有被人这样拗着她回嘴过,所以她觉得有点忍不住她的脾气了。

那毛毛虫又问道,"你现在称心不称心呢?"

阿丽思道,"先生,你要是不反对,我还喜欢稍微再大一点儿:这三寸高实在有点不大象样。"

"这很象样的!"那毛毛虫说着,把身子挺着竖了起来(它恰好三寸来高)。

阿丽思用着哀求的声音说道,"可是象这样小,我没有小惯过。"她又

---

① 这是一首打油诗,故意模拟英国"湖畔派"诗人骚塞(Robert Southey,1774—1843)的著名说教诗《老人之慰藉以及如何获取此种慰藉》(The Old Man's Comforts and How He Gained Them),意在讽刺。

想道,我愿意这家伙不这么容易生气!

那毛毛虫道,"你日久就会惯的;"说了就又把那水烟袋的嘴儿搁在嘴里,又抽了起来。

这回阿丽思耐心等着,看它几时再高兴说话。隔了一两分钟,那毛毛虫把烟嘴拿出来,打了一两回呵欠,把身子抖了两下。它就从那蘑菇的顶上爬下来,往草里爬了进去,走的时候不过就说道,"这边会叫你长高,那边会叫你长矮。"

阿丽思听了心中想道,"什么东西的这边?什么东西的那一边?"

说也奇怪:那毛毛虫连阿丽思心中想的话都好象听得见的,它就回答道,"那蘑菇的!"说了它就走不见了。

阿丽思站着对那蘑菇用心看,想法子找出来哪一边是这边,哪一边是那边;可是因为这蘑菇是周围圆得一样的,所以她觉得这是个很难的问题。后来没有别的法子,她就尽量伸出她的胳巴抱着那蘑菇的边,一只手擘了一块下来。

"那么现在哪个是哪个呢?"阿丽思说着就把右手里那块咬了一点来试试它的效验:才吃到嘴里,她就觉得她下巴底下被什么猛地打了一下;它碰到了她的脚了!

她被这样快的变法吓了一跳,可是她知道象现在缩得这样快,那是半刻也不容缓;所以她马上就把那块来吃。可是她的下巴同她的脚压得那么紧,简直都快没有地方再张开嘴了;后来勉强把嘴擘开,塞了一小块左手里的蘑菇。

        *   *   *

"好啦,我的头松动嘞!"阿丽思正说着高兴,又吓起来了,因为她低头一看,连自己的肩膀子都看不见了,只见一条很长很长的脖子从一片绿叶手的海里伸出来。

"这些绿东西是什么呀?我的肩膀可会到哪儿去嘞呢?阿呀,我的手呢,我怎么看不见你呀?"她说着把手动来动去,可是一点也看不见他们,只看见远处树林里稍微有点动罢了。

她既然没有法子手举到头上来,她就试把头低下去看手。她倒居然能把她的长脖子任意弯下去,像一条蛇似的。她正把脖子弯成一条很好看的弯道儿伸到那绿叶子里去找她的手(她近看来才知道那个绿叶子的海就是她刚才游的树林子的顶),忽然听见很响的嗖嗖的声音。她连忙抬起头来,看见一只鸽子飞到她脸上,使劲地把翅膀扑她的脸。

那鸽子嚷道,"长虫!"

阿丽思生气道,"我不是长虫!别跟我闹!"

那鸽子稍微轻声一点说道,"长虫!我说是长虫!"它又叹口气道,"我样样法子都试嘞,怎么什么都不称它们的心!"

阿丽思道,"你说的什么,我一点儿都不懂。"

那鸽子不理会她,接着说道,"我树根也试嘞,我河边儿也试嘞,我篱笆也试嘞;可是,唉,那些长虫啊!没法子巴结它们!"

阿丽思越听越糊涂了,但是她想插嘴也没有用,所以还是等那鸽子说完了再看。

那鸽子道,"倒好象光是孵蛋还不够麻烦似的,还得要整日通夜地看着,不让长虫来!想想看,我三个礼拜,眼睛一闭都没得闭!"

阿丽思有点听出它的话因了,她就安慰它道,"你这被人闹得,真是不幸呀!"

那鸽子又提着嗓子尖着叫道,"我才找到树林顶高的一棵树,我刚才想以为到底可以免掉它们的害了,那它们偏偏地又从天上扭了下来!呃!长虫!"

"然而我不是长虫呀!我告诉你!"阿丽思道!"我是——我是一个——"那鸽子道,"那么,你是什么?哼,我看得出来你在那儿想出什么来哄我!"

阿丽思想她一天经过这些变化,只得半信半疑地说道,"我——我是一个小女孩儿。"

那鸽子做着顶看不起她的声音说道,"这样捣鬼,可不是象真的!在我的时代,那些小女孩儿们我可看得够,可是从没有一个有这样长的脖子的!不是,不是!你是长虫:赖也没用。哼!你再说下去,恐怕还要告诉我从来没尝过蛋呢!"

阿丽思这个孩子很老实,所以她就说道,"蛋我尝是尝过的;可是长虫吃蛋,小女孩儿,也是吃蛋的,你可知道。"

那鸽子道,"我不信;而且就是果然这样,我就说她们也就是一种长虫罢了。"

这句新鲜话,说得把阿丽思发愣了半天没有话说。那鸽子就趁这机会连着说道,"你在这儿找蛋呢,我这一点总知道:那么无论你是一个小女孩儿或是一条长虫;于我是一样。"

阿丽思忙答道,"于我可不一样呀!而且现在碰巧我并没有在这儿找蛋;就是我找,我也不要你的蛋:我不喜欢生的。"

那鸽子就不耐烦地说道,"好,那么你走开!"说着就回到窝里头卧下了。阿丽思就勉强地蹲下来,呆在树林里,可是她的长脖子常同树枝子绕乱起来,她走走就得停下来把她脖子理理清楚。隔了一会儿她才想起来她手里还捏着那两块蘑菇,所以她这回就小小心心地这一块咬一点儿,那一块咬一点儿,一会儿长高些,一会儿长矮些,一直修到同她平常一样那么高矮才歇。

阿丽思因为好久没有还她的本来的大小,所以初还原的时候倒觉得有点异样;可是几分钟后就又惯了,又是象一向似的自言自语了。"好啦,我的计划的一半做成功了!那些变化真变得难受!这一分钟从来不晓得下一分钟变成什么的!随便怎么,我现在又变回来原来的大小也就好嘞:可是现在第二件事就是走进那好看的花园里去——我倒不晓得这得要怎么做法呢?"她说着忽然就到一个空地方,那里有一所四尺来高的小房子。阿丽思想道,"象我这样尺寸见他们一定不行:这我岂不要把他们的魂都吓掉了吗?"所以她就把右手里的蘑菇再吃了一小块,等到她缩到差不多九寸来高,才敢走近那房子。

〜⌒⌒ 第六章　胡椒厨房和猪孩子 ⌒⌒〜

她在那里站了一两分钟，不晓得再干什么好。忽然间从树林里跑出来一个穿号衣的跟班的——（她猜他是跟班的，是因为他穿号衣的缘故：不然只从他脸上看起来，她一定会当他是一条鱼）——那跟班的用他的手背很响地在门上敲。开门的也是一个穿号衣的跟班的，他的脸很圆，眼睛圆的象蛤蟆眼似的；阿丽思看见他们两个人头发都是蟠着满头，搽了许多头发粉。她起了好奇的心，就从树林里稍微趴出一点来偷听他们到底是干什么的。

那个鱼跟班先从他胳子底下拿出来一大封信，这信几乎有他自己身体那么大，他把这信交给那个跟班，正式地传道，"给公爵夫人的信，皇后请玩槌球。"那个蛤蟆跟班也一样地正式地再传一遍，不过把那几个字稍微改变一点，"从皇后来的信，请公爵夫人玩槌球。"

他们就很低地互相鞠躬，一直低到他们的头发都搅在一团去了。

阿丽思看了这个，忍不住地要笑出来，连忙跑回树林里去，怕笑了给他们听见；等一会儿她再出来看的时候，那个鱼跟班已经去了，那一个跟班就坐在门前地上朝着天傻望。

阿丽思轻轻悄悄地走到门跟前敲了一敲。

那跟班的道，"打门一点儿也没有用处，这有两层原因：第一层，因为我同你都在门的这一边；第二层，因为他们在里头闹得这么响，没有人会听得见敲门。"那里头闹的声音可真是不小——又是叫，又是打喷嚏的声音，一会儿又是刮喇喇一声像一个盘子或是罐子打得粉粉碎似的。

阿丽思道，"那么，请问我怎么进得去呢？"

那跟班的不理会她，接着说道，"假如门在咱们俩当间，那么你敲门还有点儿道理。譬如你在里头打，我就可以开门让你出来，不是吗?"他说话的时候总是朝着天望，阿丽思觉得这样是十分傲慢。可是她又想道，"或者他不能不这样的;他的眼睛长得多么近头顶上呀。然而无论怎么，他回答我话总会的。"她就高声说道，"我怎么进去呢?"

那跟班的只说，"我是打算坐在这儿，一直等到明天——"

说到这里，那个大门开了，一只大盘子对着那跟班的从里头横飞出来:恰恰抹过他鼻子，碰在他背后一棵树上，砸得粉粉碎。

那跟班的还是若无其事似的连着说道，"到了第二天，也许——"

"我怎么进去呢?"这一回阿丽思问得更响一点。

那跟班的答道，"你到底想不想进去? 这是第一个问题呀! 你可知道。"

这话倒不错;不过阿丽思不喜欢人家对她说就是了。她自己咕叨道，"他们这些家伙真爱同人家争辩得怕人，简直够把人急疯!"

那跟班的好像觉得现在又有好机会来背他刚才的话，不过稍微改两个字。他道，"我是打算坐在这儿，坐坐走走，走走坐坐，今儿到明儿，明儿到后儿，……。"

阿丽思道，"那么我做什么呢?"

"随便做什么。"说着那跟班的就吹叫儿玩。

阿丽思跺着脚说道，"唉，跟他说也没用，天下哪儿有这么笨的傻子!"她就自己开了门走进去。

那个门一开，进去就是一间大厨房，里头从这一头到那一头都是烟雾腾腾的:那个公爵夫人坐在当中一张三脚小凳子上，抱着一个小孩子;有一个做饭老妈子靠着火炉旁边，在一个大锅里搅汤。

"我看那汤里的胡椒一定搁得太多啦!"阿丽思说着就觉要打喷嚏。

实在那空气当中的胡椒面儿是不少。连那公爵夫人自己也有时候打喷嚏;要说那小孩，那就不是打喷嚏就是叫，不是叫就是打喷嚏。那厨房里只有两个不打喷嚏的，一个就是那个做饭老妈子，一个是一只大猫偎在灶边上，笑得两个嘴角都笑到耳朵边去了。

阿丽思不晓得照规矩她应该不应该先说话,她就胆小地问道,"请问您可能告诉我你这猫为什么做这样的笑脸呀?"

那公爵夫人道,"这是一个歙县的猫,①所以会笑,你这猪!"

她这末了一个字说得这么狠,把阿丽思吓了一跳;后来她看见这话是称呼那小孩子的,并不是叫她,所以她胆就大了一点,连着说道:"我倒没有知道歙县的猫总是那么笑的;真的,我从没有知道哪儿有猫会做那样笑脸的。"

那公爵夫人道,"它们都会;而且它们多数都做。"

阿丽思觉得同她谈得来了,倒很高兴,就客客气气地道,"我到没有知道有什么猫做笑脸的。"

那公爵夫人道,"你本来知道的不多,这是有这事的。"

阿丽思一点不喜欢这句话的腔调,她就想找点别的话来谈。她正在想着,那做饭老妈子把那锅汤从火上端开,马上就把所有手跟前的东西往那个公爵夫人和她的小孩子身上砸——先是火筷子,铁铲子;随后就是一大阵的锅,盘,碟,碗。那些东西打在公爵夫人的头上,她也一点不在意;那孩子本来已经一直叫得那么厉害,所以再也看不出来他被打的疼不疼。

阿丽思被这个吓慌了,她跳着嚷道,"啊呀,我求你瞧瞧你自己做的什么事呀! 嗳呀,他那宝贝的鼻子要去了!"她才看见一个异常大的油锅从那孩子的鼻子跟前飞过,差一点没有把它带去。

那公爵夫人粗声嚷道,"要是天下人都瞧瞧他自己做的什么事情,那样地球就要比现在转得快得多嘞。"

"这倒不见得有什么益处,"阿丽思说着觉得这是一个显她的知识的机会。她道,"你想那样要把日夜变成什么啦! 你瞧,地球要二十四小时围着地轴转一回。"

---

① 原文为"柴郡的猫"(Cheshire-cat),"柴郡的猫会笑"是当时英国的一句俗语。译文在此处用了一个中国地名"歙县",取其音近似,也是为了增添文字的戏谑色彩。这是赵元任先生在翻译上所作的一个大胆尝试。

那公爵夫人道,"还说斧子呢,就拿斧子砍掉她的头!"①

阿丽思很着急地对那做饭老妈子瞧了一瞧;看她领会没领会公爵夫人的意思;幸亏她没在那里听着,只顾着搅那大锅里的汤,所以阿丽思就连着说道,"我想是二十四小时;要么或者是十二小时啊? 我——"

那公爵夫人道,"唉,你别烦我罢,我从来不记得数目的!"她说了就又弄她的小孩子;她唱着一个小孩催眠歌,唱了每一句就把那小孩子狠狠摇他一下,她唱:

> "狠狠地待你的孩子,
>
> 打喷嚏就揍他骂他:
>
> 他知道要这样摆牌子,
>
> 连谁都要由他怕他。"

合唱(那个做饭老妈子和小孩子也跟着唱!)

> "喔! 喔! 喔!"

那公爵夫人又唱第二首,唱着把那孩子乱扭乱扔,那可怜的小东西叫得那么响,阿丽思连歌里的字兴许都不大容易听出来:

> "我狠狠地待我的乖乖,
>
> 打喷嚏就害他挤他;
>
> 他喜欢把胡椒盖开开,
>
> 也没谁来爱他理他!"

合唱

> "喔! 喔! 喔!"

那公爵夫人唱完了,对阿丽思道,"给你! 你要高兴,你就抱他一下!"说着就把那小孩子对她身上一丢。"我马上就要预备去跟皇后玩槌球去。"说了,她就跑出那屋子。那个做饭老妈子就把一把油锅对她后头扔

---

① 此处系公爵夫人听错了话,把 axis(地轴)听成了同音字 axes(斧头)。

过去,只差了一点,没有打着。

阿丽思很费事地接住那小孩子,这孩子很不好抱,他的样子很古怪,手啊,脚啊,四面八方地伸出去,阿丽思想他好像是个五爪海鱼似的。她接住那小东西的时候,他在那里打呼噜打得像个火轮船似的,一会儿缩成一团,一会儿又挺直起来,所以头一两分钟,阿丽思尽着力量只能不让他掉在地上就好了。

后来她知道应该抱他的法子是把他打成一个结似的,把他的右耳朵和左脚捏在一块,就不会再松开了。她这样抱好了他就拿到门外去,阿丽思想道,"我要不把这孩子带走,她们那样一两天一定会弄死他:我要让他在那儿岂不是同有意杀人一样吗?"她这末了一句话说得很响,那小东西就接着"咕"地叫了一下(现在不打喷嚏了)。阿丽思道,"别这样叫呀,这不是好好儿说话的法子。"

那孩子又咕了一下。阿丽思很着急地对他脸上瞧瞧,看他怎么了。他那鼻子卷是卷得真高,不象个鼻子,到象个八戒①;那两个眼睛也太小,不象个小孩子的:总而言之,阿丽思一点也不喜欢这个东西的样子。她想道,"可是也许他做着个哭脸。"她就再瞧瞧他的眼睛,看他有眼泪没有。

没有,并没有眼泪。阿丽思就正经地说道,"你要是变成一头猪,那我就再也不来管你嘞,听见吗?"那小东西又哭了一声(或是咕了一声,横竖辨不出哪一样),他们就呆着没有话说。

阿丽思正在那想着,"假如我抱着这东西回到家里,那就把他做什么好呢?"那东西又咕起了,这一回这么响,阿丽思都有点害起怕来。她低头一瞧,这一回一定不会错的了:这简直就是不多不少的一只猪就是了。她觉得这样东西再抱着他岂不是笑话吗?

所以她就把他放到地上,她看他不声不响地走入树林里去,觉得倒也放心。她对自己说道,"象这样的要长大了,一定变成很可怕的样子的孩子;可是我想当个猪,到也可以算个很好看的猪。"她就想想她所认得别的

---

① 　此处英语原文为 Snout("猪拱嘴"),现不予改动,以存赵先生风趣译笔的原貌。

小孩,有几个要当猪倒也还好看,她正在对自己说,"只要能晓得怎么变他们的法子——"忽然看见几码外头一个树枝上坐着那个歙县猫,她倒吃了一惊。

那猫看见了阿丽思,还是对着她笑。阿丽思想它样子倒还和气;可是它有很长的爪子,又有那么些牙,所以她觉得应该对它稍微恭敬一点。

她称呼道,"歙县猫儿。"她心上有点胆小,因为一点不晓得那猫喜欢这个名字不喜欢:可是那猫笑得嘴更开一点。阿丽思想道,"好啦,它还是高兴的。"她就说道,"请您告诉我,从这儿我应该往哪条路走?"

那猫道,"那是多半要看你要到哪里去。"

阿丽思道,"我倒不拘上哪儿去——"

"那么你就不拘走哪条路。"

阿丽思加注道,"只要我走到个什么地方就好。"

那猫道,"那个自然,你只要走得够久,一定就会走到什么地方的。"

阿丽思觉得这句话没有可驳的地方,她就再问一句别的话。"这儿有些什么样人住啊?"

那猫拿右爪子指道,"在那个方向有一个帽匠住着。"又举起左爪子来指道,"在那个方向有一个三月兔住着。你喜欢去拜访哪一个就拜访哪一个:他们两个都是疯的。"

阿丽思道,"可是我不愿意走到疯人的地方去。"

那猫道,"那是没有法子的;咱们这儿都是疯的。我也是疯子,你也是疯子。"

阿丽思道,"你怎么知道我疯呢?"

那猫道,"你一定是的,不然你人怎么会在这儿呢?"

阿丽思觉得这个理由一点不充足;可是她还是接着问,"那么你怎么知道你自己疯呢?"

那猫道,"我先问你。一个狗是不疯的。你承认这个吗?"

阿丽思道,"就算它不疯。"

那猫道,"好,那么,你瞧,一个狗,他急了就打呼噜,高兴了就摇尾巴。我可是高兴了就打呼噜,急了就摇尾巴。既然狗是不疯,那么岂不是我疯么?"

阿丽思道，"你那个我叫念佛①，不叫打呼噜！"

那猫道，"你爱叫它什么就叫它什么，你今天同皇后玩槌球吗？"

阿丽思道，"我愿意是很愿意，可是还没有人请我去呢。"

那猫道，"你在那里就会看见我。"说着就不见了。

阿丽思看了倒也不很诧异；她已经遇见惯了出奇的事情了。她正在看它在树上歇着的那个地方，它忽然又现出来了。

那猫道，"唉，不错啊，那个孩子怎么啦？我都几乎忘记了问你。"

阿丽思一点也不诧异，尤如那猫好好地走回来一样。她就平平常常地答道，"他变成了猪啊。"

那猫道，"我本来料他会的。"说了又不见了。

阿丽思等了一会儿，一半也预备再看见它，可是它不再现出来，所以过了一两分钟，阿丽思就顺那个猫说的有个三月兔子住的方向走去。她对自己说道，"帽匠我曾经看见过；那三月兔一定最是有趣的多，而且或者因为现在是五月，它也许不会这么疯——无论怎么大概没有象三月里那么疯。"她说了这个，刚把头一抬，又看见那个猫坐在一棵树的枝上。

那猫问道，"你刚才说猪还是书？"②

阿丽思答道，"我说的是猪。我真怕你这样来来去去地这么快：你弄得人好头眩。"

那猫道，"好，我就不；"这一回它就慢慢地不见，从尾巴尖起，一点一点地没有，一直到头上的笑脸最后没有。那个笑脸留了好一会儿才没有。

阿丽思想道，"这个！有猫不笑，我到是常看过的，可是有了笑没有猫，这到是我生平从来没看见过的奇怪东西！"

她又走了好一阵，才看见那三月兔的房子：她想这一定是它的房子，因为它的烟囱的样子像兔子耳朵，房顶是用兔子毛扎的。这房子非常地

---

① 原文为 purring（呜呜叫），赵先生信手拈来，译作"念佛"，虽与原文稍有距离，但应该承认在刻画神态和幽默感上，是会令人发会心之一笑的。

② 原文为同韵词 pig（猪）和 fig（无花果）。

大,她先不敢走近它,等到把左手里的蘑菇再咬了一点,长到二尺来高,才往前去:她就是这样走去还觉得有点胆小,她对自己说道,"假如它真是疯得不得了那怎么好呢? 我都有点后悔没有上那帽匠那儿去嘞!"

～～ 第七章　疯茶会 ～～

那房子前头树底下摆着一张桌子,那个三月兔子同那个帽匠在那里喝茶:一只惰儿鼠,①坐在他们当间,睡得着着的。他们俩就拿它当个垫子,把肘子撑在它身上,在它头顶上说话。阿丽思想道,"这样叫那惰儿鼠多难受呀,不过它是睡着的,我想它也不在乎。"

那张桌子并不小,但是他们三个都挤在一个角上。他们看见阿丽思来就嚷道,"没有地方!"阿丽思生气道,"地方多着呢!"她就在桌子头上一把大圈身椅里坐下来。

那个三月兔子做着劝人的声气道,"请用点酒。"

阿丽思在桌上看了一周回来,看见除了茶没有别的东西。她道,"我看不见有酒么!"

那三月兔子道,"本来没有。"

阿丽思怒道,"没有酒请人喝酒,这算什么规矩?"

那三月兔子道,"没有请你你就坐下来,这算什么规矩?"

阿丽思道,"我没知道这是你的桌子,你看摆的这么许多份,岂止三位?"

那帽匠道,"你的头发要得剪啦。"他瞧着阿丽思好久,这是他的头一句话。

---

① Dormouse,睡鼠。

阿丽思严厉地道,"你应该懂当面不应该议论人;这是很失礼的。"

那帽匠听了这个把眼睛睁得很大;可是他嘴里说的不过就是问一句,"为什么一个老鸦象一张书桌子?"

阿丽思听了想道,"好啦,咱们现在有得玩儿嘞。我到很高兴他们给我谜儿猜嘞。"她就对他们说道,"我想这个我会猜。"

那三月兔道,"你是不是想要说你想你能找出对它的回答吗?"

阿丽思道,"就是这话呀。"

那三月兔子道,"那么你就应该说你心里想的意思。"

阿丽思忙答道,"我是说我心里想的呀——无论怎么——无论怎么我想的就是我说的——这是一样的,你可知道?"

那帽匠道,"一点儿都不一样。象这样岂不是好说'我吃的东西我都看见了'等于说'我看见的东西我都吃'吗?"

那三月兔子接着道,"象这样岂不是好说'是我的东西我都喜欢'等于说'我喜欢的东西都是我的'吗?"

那惰儿鼠好象在梦中说话道,"象这样岂不是好说'我睡觉的时候总是呼吸'等于说'我呼吸的时候总是睡觉'吗?"

那帽匠道,"在你本来是一样的。"说到这里,大家又是半天没有话说,静坐了一分钟;阿丽思就问问自己记得有些什么关于老鸦和书桌子的事情,她也记不出什么来。

那个帽匠先开口。他对阿丽思问道,"今天初几?"说着从袋里掏出一只表来,很着急地看它,时时刻刻把它摇摇,放在耳朵边上听听。

阿丽思想了一想答道,"初四。"

那帽匠道,"错嘞两天啦!"他又生着气对那三月兔道,"我告诉你说黄奶油于那机器不相宜的!"

那三月兔恭顺地说道,"这是顶好的奶油嘞。"

那帽匠咕叨着道,"是的,可是你一定把些面包屑也弄了进去嘞:你不应使那切面包的刀在表里上油的。"

那三月兔拿起表来对它愁愁地瞧着;他把它放在茶杯里浸了一浸,拿出来再看一看;但是他除了刚才那一句话,想不出别的好话来讲,所以就再说了一声,"这是顶好的奶油嘞,你可知道?"

阿丽思从她肩膀子后头用心瞧着。她说道,"这个表到好玩儿! 它上头看得出日子,可是看不出钟点来!"

那帽匠咕叨着道,"为什么一定要有钟点? 你的表会告诉你什么年吗?"

阿丽思很容易地答道,"自然不会;那可是因为我们能够许许多多时候在同一个年里不换年的缘故。"

那帽匠道,"就跟我的情形简直一样。"

阿丽思觉得这话很不明白。她觉得那帽匠那句话一点什么意思都没有,可是听又象好好的一句话。她就做着顶客气的声腔道,"我不大很懂你。"

那帽匠道。"这惰儿鼠又睡着啦,"说着就在它鼻子上倒点热茶。

那惰儿鼠不耐烦地把头摇了两下,仍旧闭着眼睛说道,"自然是的,自然是的,我刚才本来也要这样说。"

那帽匠又对阿丽思说道,"你那个谜儿猜出来没有?"

阿丽思说,"没有,我不会猜啦,你告诉嘞我罢。"

那帽匠道,"我也不知道怎么回答。"

那三月兔道,"我也不知道。"

阿丽思觉得厌气了。她道,"有的这样问没有答的谜儿把好好的时候糟蹋了,不如还是用它做点有用的事罢。"

那帽匠道,"你要是象我这样同时候熟,你就不会说用它嘞。时候是个他。"

阿丽思道,"我不懂你说的是什么意思。"

那帽匠很骄傲地把头一摇道,"自然你不懂! 我猜你同时候连话都没说过!"

阿丽思答道，"或者没有。可是我知道我学音乐的时候要得拍时候①的。"

那帽匠道，"哦，那自然嘞。你拍他打他，他还愿意呢？你要是同他交情好一点，那就你爱要钟点怎么样他就弄到怎么样。譬如到了早晨九点钟，正是要上学的时候，你只须对时候耳朵里打一句喳喳话，登时就'得嘞儿'地一下，钟就转到一点半嘞。开饭的时候嘞！"

（那三月兔对自己低低地说道，"我只想现在就是吃饭的时候呀！"）

阿丽思想着说道，"那好倒是好，可是那么我还不会就饿呢，你可知道？"

那帽匠道，"或者先还不饿；可是你可以在一点半上等着，你要等多久就能等多久。"

阿丽思问道，"你自己就是用这个法子吗？"

那帽匠悲伤地摇头道，"我可不嘞！我同时候吵了嘴嘞——那正在他发疯以前，你可知道？"——（说着拿他的茶调羹指着那三月兔）"——那回是在一个心牌皇后召集的音乐会上他们叫我唱：

　　　汀格儿，汀格儿，小蝙蝠！

　　　好好儿说来你何所欲！②

你知道这首诗的，不是吗？"

阿丽思道，"我曾经听见过一首有点儿象这个的。"

那帽匠接着道，"底下几句是这么的，你可记得？

　　　飞在天上那么高，

　　　像个茶盘儿飘呀飘。

　　　　汀格儿，汀格儿——"

---

① "拍时候"，原文为 beat time，即打拍子。
② 这里模拟的是英国诗人泰勒(Jane Taylor，1792—1853)的名诗《星》(The Star)，该诗首句为"Twinkle，twinkle，little star"。此处自然也是意在戏谑。

唱到这里那惰儿鼠把身子抖了一下,在睡梦里就尽着唱起来"汀格儿,汀格儿,汀格儿,汀格儿——"唱个不停,一直等他们掐了一下它才住口。

那帽匠道,"你想,我才不过唱完了第一首,那心牌皇后就嚷道,'他在那里把时候都唱错了,他把时候糟蹋掉了,给我砍掉他的头!'"

阿丽思喊道,"这野蛮得好可怕!"

那帽匠愁声接着说道,"自从那时,我随便请他做什么,他都不肯,所以现在的时候总是六点钟不变。"

阿丽思听了忽然想到一个聪明的意思:她就问道,"原来这就是为什么桌上摆了这么许多件的茶具,是不是这个缘故?"

那帽匠叹道,"唉,就是这话呀:因为老是吃茶的钟点所以总归没有空收了洗了家伙再摆。"

阿丽思道,"我想你们大概是转着移动位子的,是不是?"

那帽匠道,"一点儿不错,那个位子上的茶点用完了就挪到第二个位子上去。"

阿丽思追着问道,"那么到了转回过头来,怎么呢?"

那三月兔打着呵欠插嘴道,"咱们讲点儿别的罢。这个我已经听厌啦。我投票请这位姑娘讲个故事。"

阿丽思惊忙答道,"我怕我没有故事说。"

他们都道,"那么这惰儿鼠非讲个故事不行! 醒醒! 惰儿鼠!"他们就同时在两边掐它说着。

那惰儿鼠慢慢地睁开他的眼睛,他低着声粗着嗓子说道,"你们大家说的话,我个个字都听得见。"

那三月兔道,"讲个故事给我们听!"

阿丽思也求道,"是啊,请你讲啊!"

那帽匠又加一句道,"而且要快一点儿讲,不然你没讲完,回来又睡着嘞。"

那惰儿鼠就慌忙地起头讲道,"从前有三个姊妹,她们的名字叫霭而细,腊细,和铁梨;她们住在一口井的底下——"

阿丽思问道,"她们吃什么过活呢?"(阿丽思总是喜欢问关于吃喝的问题。)

那惰儿鼠想了一两分钟答道,"她们吃糖浆。"

阿丽思柔声地说道,"这她们怎么能呢!老吃糖浆一定要病的,你可知道?"

那惰儿鼠道,"原来是的啊,她们病得很厉害。"

阿丽思在心里打闷,想这样过日子不晓得到底象什么,但是她想也想不出来,所以她又问它,"那么她们干什么住在井底下呢?"

那三月兔诚恳地道,"再多喝点儿茶罢。"

阿丽思听了不高兴,她道,"我一点儿都还没喝呢,怎么叫再多喝点儿呢?"

那帽匠道,"我想你要说的是你不能再少喝,要喝得比'没有'多是很容易的,就是要喝得比'没有'再少才难呢。"

阿丽思道,"没有人在这儿请教你的意见。"

那帽匠得意地道,"哼,你刚才说我说人失礼,现在谁在那儿说人家了?"

阿丽思不知道对答他什么话是好,所以她就用了些茶和面包,她又转过头来问那惰儿鼠道,"她们为什么住在井底下呢?"

那惰儿鼠又想了一两分钟,然后答道,"那是一口糖浆井。"

"糖浆井!天下没有这样东西的!"阿丽思说着生起气来了,那帽匠和那三月兔只说道,"别瞎说!别瞎说!"那惰儿鼠就撅着嘴道,"要是你们这样无理,那么你们自己就拿这故事去说完嘞罢!"

阿丽思求道,"不,不,请你说下去!我不再打你岔了。顶多再一回。"

那惰儿鼠怒道,"一回,可不是吗?"但是他仍旧答应接着说下去。"所以这三个小姊妹就——你知道？他们在那儿学吸①——"

"她们学习什么？"阿丽思问着又忘了答应不插嘴了。

那惰儿鼠也不在意，就答道，"吸糖浆。"

那帽匠又插嘴道，"我要一只干净的杯子，咱们挪前一个位子罢！"

他说着就挪到前头一张椅子上，那个惰儿鼠就跟着他挪；那个三月兔挪到那惰儿鼠的位子里，阿丽思很不愿意地挪到那三月兔的位子里。挪了这一番就是那帽匠一个人得了些益处；阿丽思的地方还不如先头，因为那三月兔刚才把一个牛奶瓶打翻在他的盘子里。

阿丽思不愿意再得罪那惰儿鼠，所以她就小心地问道，"恕我不很明白。她们那吸的糖浆，是从那儿来的呢？"

那帽匠道，"水井里既然有水，糖浆井里自然有糖浆——咄，这么笨！"

阿丽思故意当没听见这末了一句话，她又对那惰儿鼠问道，"但是她们自己已经在井里头嘞，怎么还吸得出来呢？"

那惰儿鼠道，"自然她们在井里头——尽里头。②"

这句话把阿丽思越发搅糊涂了，她没法就呆呆地让那惰儿鼠说下去，不再插嘴。

"她们在那儿学吸，"那惰儿鼠越说越瞌睡，一头打呵欠，一头揉眼睛，"她们吸许多样东西——样样东西只要是'嗨'字声音③的——"

阿丽思道，"为什么要'嗨'字声音呢？"

那三月兔道，"为什么不要？"

阿丽思没有话说。

那惰儿鼠这时眼睛已经闭起来快又睡着了；可是一给那帽匠掐了一

---

① 此处原文利用 draw 的一词多义（既作"画画"解，又作"抽吸"解）作双关语，译文改用"吸"与"习"字作相应处理。

② 此处原文为双关语，上半句话为 in the well（在井里头），下半句话为 well in（尽里头），译文以"井"和"尽"二字相应译出，曲尽其妙。

③ 原文为"以 M 字母打头的"，中译文如直译，难以表达下文的许多以 M 字母打头的词，故而改变译法。

下,它"哜"地一叫,又醒了过来,又接着讲道,"样样东西只要是㕵字声音的,譬如猫儿,明月,梦,①满满儿②——你不是常说满满儿的吗——你可曾看见过满满儿的儿子是什么样子?"

阿丽思更被它说糊涂了,她道,"老实话,你问起我来,我倒没想到——"

那帽匠插嘴道,"既然没想到,就不该说话。"

这个无理的举动,简直受不住了:她气气地站了起来就走;那惰儿鼠登时就睡着,其余两个一个也不睬她,她倒还回头望一两回,一半还希望他们叫她回来:她最后看他们一眼的时候,他们正在把那惰儿鼠装在茶壶里。

阿丽思走上树林子里的路上,对自己说道,"无论怎么,那个地方,我再也不去嘞!我生平从来没有到过这么呆的茶会嘞!"

她正说着,看见有一棵树上有一扇门开着可以走进树里去。她想道,"这真奇怪!可是今儿样样事情都是奇怪的。我想我索性进去就是。"她就走进树门。

一下子她又在那间大厅里,站在那张玻璃桌子旁边了。她对自己说道,"哈,这一回我得要好好儿地来啦。"她就取了那把金钥匙,用它把那花园的门开了开来,然后她又咬了一点右手里的蘑菇(她留了一块在她右衣袋里)使她缩到差不多一尺高:然后走进那小道:然后才到底进了那美丽的花园里,走进鲜花和清泉的当中。

---

① 出于 P73 脚注②所述原因,此处的"猫儿"和"梦"均与英语原词不同,"明月"则恰巧和英文 moon 为同一词。

② 此处原文为俗语 much of a muchness,意为二物或数物在外表或价值上大致相似。后文又把 muchness 单独拆开使用(一般是不允许的),均为文字游戏。中译文改用"满满儿"及下文"满满儿的儿子",试图译出此种游戏笔墨。

第八章　皇后的槌球场

靠近那花园的门口有一大棵玫瑰：上头的玫瑰花都是白的，可是有三个花匠在那里很忙地用颜色涂红它们。阿丽思想这是很怪的事情。她就走近些去瞧他们，她刚到那里，听见他们有一个道，"你小心着，五牌！别这样拿颜色泼得我一身！"

五牌噘嘴道，"那是我没法子的。因为七牌碰了我的胳巴肘子。"

七牌听了抬头道，"可不是吗，五牌！总是拿错处推在人家身上！"

五牌道，"你还是别说话罢！我昨天还听见皇后说你应该杀头的！"

那第一个说话的问道，"为着什么？"

七牌道，"这不是你管的闲事，二牌！"

五牌道，"这是他的事情！让我来告诉他——是因为把山慈菇花的根当葱头给了厨子的罪。"

七牌把刷子向地下一摔，怒道，"你瞧，天下最不公道的事情，哪儿有——"正说着，他碰巧看见阿丽思瞅着他们，他马上就住了口：其余的也回过头来看，他们大家都低低地鞠躬。

阿丽思有一点担心地问道，"请问你们啊，你们为什么把这些玫瑰花都涂起来？"

五牌和七牌不做声，只对着二牌看。二牌就低声说道，"唉！你瞧，小姐，这儿这个本来应该是一棵红玫瑰的树，我们弄错啦，栽了一棵白的。要是皇后知道嘞，那我们的头一个一个都要给砍掉，你可知道。所以，你看，小姐，我们在她没有来的时候，尽力地来把它——"说的时候五牌方才在那里很着急地对花园的远处望，忽然失声地嚷道，"皇后来啦！皇后来啦！"那三个花匠登时就趴下来脸朝地躺下。一会儿就来了许多脚步的声音,阿丽思就四面张望,很想看看那皇后是什么样子。

先有十个兵拿着棍子;他们的身体的样子象那些花匠的一样;长方的,扁的,手脚都在角上。随后来了十个朝臣;他们浑身都带着金钢钻,一对一对地,像那些兵一样地走。这个后头就是小亲王们和公主们;共总有十位,他们也是一对一对地手挽着手很快活地跳着走;他们身上带的装饰都是心。随后就是许多客人,多数都是些皇帝和皇后,阿丽思在客人里认出来那白兔子也在里头:它说话很快,好像心慌的样子,人家对它说话,它只会笑着,它走过了阿丽思,并没有认出她来。

再后头就是心牌戛客,捧着皇帝的冕,垫在一个深红绒垫上;这一出大会的末了来的就是心牌的皇帝陛下和皇后陛下。

阿丽思不晓得自己是不是也应该象那三个花匠似的趴下来脸朝下躺着,她记得从来没听见过看出会的时候有这么一条规矩;而且她想道,"要是个个人都得要脸朝地趴着,看不见出会,那么出会有什么用处呢?"所以她决定还是站着等。

到了大家走过阿丽思跟前,他们大家都停了下来瞧着她,那皇后厉声地问道,"这是谁?"她这句话是对着心牌戛客问的。可是他只会笑着鞠躬。

那皇后不耐烦道,"你这笨东西!"又转过头来问阿丽思道,"你叫什么,小孩子?"

阿丽思很恭敬地道,"陛下万福,我叫阿丽思;"但是她自己又想道,"嗐!他们还不都是一副纸牌,我怕他们干什么?"

那皇后又指着在玫瑰树周躺着的那三个花匠道,"这些是谁?"你想,因为他们都是脸朝地睡,而且他们背上的花样同那一副牌里的别的牌的都是一样的,所以她一点看不出他们还是花匠,还是兵,还是朝臣,还是她自己的三个小孩子。

阿丽思直答道,"我怎么知道,这不是我的事。"(她自己也不知道胆子怎么变得这么大了。)

那皇后听了气得脸都涨得通红,她象个野兽似的对着阿丽思瞪了一瞪眼睛,尖着嗓叫道,"砍掉她的头! 砍——"

阿丽思很响很镇定地道,"瞎说。"那皇后就不做声了。

那皇帝拿手扶着皇后的胳膊,轻轻地说道,"我爱,你想想,她不过是个小孩子!"

那皇后气气地扭过去不理他,对那戛客说道,"把他们翻过来!"

那戛客就很小心地拿脚翻了他们过来。

那皇后又尖又响地嚷道,"起来!"那三个花匠登时就跳了起来,就对着皇帝,皇后,亲王,公主,逢人便鞠躬。

那皇后又嚷道,"马上给我停止鞠躬! 鞠得我脑袋都发晕啦。"她回头对那棵玫瑰树看着说道,"你们在这儿干的些什么?"

二牌连忙跪下来很谦卑地禀道,"陛下万岁,我们正在这儿想法子把——"

"噢,我懂!"(那皇后刚才细看看那些花,看出他们的把戏了。)"砍掉他们的头!"说完了大家都往前走,就留下来三个兵去杀三个不幸的花匠。那些花匠就跑到阿丽思跟前求她保护。

阿丽思道,"你们不会被杀掉的!"说着她就把他们放在旁边一个大花盆里。那三个兵四面找他们,找了一两分钟找不着,也跟着其余的走去了。

那皇后嚷道,"他们的头掉嘞吗?"

那三个兵也嚷着回道,"陛下万岁,头都已经掉了!"

那皇后道,"那很好! 你会玩槌球吗?"

那些兵不做声,因为这句显然是问阿丽思的,他们就对着阿丽思瞧。阿丽思道,"我会!"

那皇后就大声嚷道,"那么就跟我来!"阿丽思就也跟着大家走,不晓得等一会儿再碰见什么事情。

她旁边有一个很小的声气道,"这个——这个天气很好。"她回头一看,看见就是那白兔子,对着她脸上瞅。

阿丽思答道,"很好! 那公爵夫人呢?"

那兔子连忙低声道,"别响! 别响!"他说着回头瞧瞧,然后站起脚来,拿嘴凑在她耳朵边喳喳说道,"她定了死罪嘞。"

阿丽思道,"为了什么?"

那兔子道,"什么? 你说她'可惜'啊?"

阿丽思道,"没有,我没说,我想她死了一点儿没有什么可惜。我问'为了什么?'"

那兔子说道,"因为她打了皇后的耳光——"阿丽思听了"哧"地一笑,那兔子害怕地止住她道,"嘿,别笑得这么响,回来给皇后听见嘞! 你想,那公爵夫人来晚嘞,皇后就说——"

说时那皇后大声如雷地嚷道,"大家都占好了位置。"他们就东窜西跑地找地方,你摔在我身上,我摔在你身上;闹了一两分钟大家才定下来,起首玩球。阿丽思觉得她生平从来没有见过这么古怪的球场;地面上高高低低地象新耪出来的田似的;用的球都是些活刺猬,用的槌棒是活的红鹭鹚,那些兵就弯着腰手和脚都撑在地上做球门。

阿丽思最困难的地方是怎么样收拾那红鹭鹚。她想法子先把它的身体舒舒服服地夹在她膀子底下,让它的腿在底下挂着,可是她才把它的长脖子理直了正要拿它的头对着一个刺猬打一下,那鹭鹚又偏偏把脖子扭过来对着阿丽思瞪着眼睛傻望,使得阿丽思不禁地笑出来。回来等到阿丽思把它的头又按了下去,正要再试一下的时候,那刺猬又打了一个滚,正要趴到别处去。不但如此,而且阿丽思看见从一个刺猬的地方打到一个门的地方,当中总有几道土堆和土沟挡着,那些做门的兵又时时站站不耐烦了,起来走到别处去。所以不久阿丽思就看出来这真是一个很难的游戏。

那些打球的人也不论次序,大家同时乱打,不是相骂,就是抢刺猬;一会儿工夫那皇后就大发起脾气来了,差不多每分钟总是跺着脚嚷一回,"砍掉他的头!"或是"砍掉她的头!"

阿丽思觉得也很担心起来了,她同皇后固然还没吵过嘴,但是她知道不久总免不了的,她想,"到那时怎么好呢? 他们这儿喜欢杀人得可怕;顶古怪的是怎么还有人剩下来活着!"

她想找一条出路,乘人不在意的时候逃走,她忽然在空中看见一个怪现形:她先一点也看不出是什么,看了一两分钟才看出来是一个笑脸,她对自己说道,"这是那歙县猫:现在我有'人'说话啦。"

那猫一到它的嘴现够了,它就说道,"你过得怎么啦?"

阿丽思等了一会儿,等到它的眼睛也现出来了,她就对它点点头。她想道,"我对它说话,它要是没有耳朵有什么用? 至少总要等它现出一只耳朵再说话。"再过了一分钟全头都现出来了,阿丽思就把她的红鹭鹚放下来,对那猫讲这球戏的情形,觉得有人听她说话,她很高兴。那猫似乎以为它现出来的部分已经够做谈话用了,所以也不再多现出来了。

阿丽思埋怨说道,"我看他们玩得一点儿都不公道,他们老吵嘴,吵得那么响,连自己的说话都听不见——而且他们似乎没有什么一定的规矩,就是有了,也没有人守它——你再也想不到这样样东西都是活的那么麻烦;譬如我下次过去的时候应该要打进场那边的一个球门——刚才我本来应该打得到皇后的刺猬的,可是它看见了我的刺猬来嘞,它就跑开嘞!"

那猫低声道,"你觉得那皇后怎么样?"

阿丽思道,"一点儿都不喜欢她;她非常地——"刚说到这里她偷看见那皇后在她后头听着,她就改口接下去,"会赢,所以我不值得再打,打到完也还是一定输的。"

那皇后笑了一笑,走了过去。

那皇帝走到阿丽思跟前说道,"你这算同谁说话呀?"他说着对着那猫头看得很诧异。

阿丽思道,"这是我的一个朋友,是个歙县猫。让我来介绍——"

那皇帝道,"我一点也不喜欢它那样子。不过,要是它高兴,可以准它在我手背上接吻。"

那猫道,"我情愿不要。"

那皇帝道,"别这样无理,你别这样对着我看!"那皇帝说着躲到阿丽思身后头。

阿丽思道，"猫也能看皇帝，这句话我在书里念过的，不记得在那一本书嘞。"

那皇帝决意地道，"那么，这个一定要去掉。"那皇后刚刚走过来，他就对她说道，"我爱！我愿你叫他们把这猫去掉嘞！"

那皇后遇着大大小小的无论什么问题，只有一个解决的法子。她看也不看，就嚷道，"去掉他的头！"

那皇帝很殷勤地说道，"好，我自己去找刽子手来。"他就走去了。

阿丽思想想还是去看看那槌球玩得怎么了。她听见远处皇后又大发脾气大嚷。玩槌球人当中已经有了三个人因为轮到了忘记打，被皇后定了杀罪。所以她一点也不喜欢看这种情形，因为大家闹得那么乱，阿丽思再也看不出来是不是轮到她打。她就走开了去找她的刺猬。

她的刺猬正同别的一个刺猬揪在一块儿打架，这倒是个好机会可以两个球一同打；可是所缺的就是她的红鹭鹚又跑到园的那一边，正在那里想飞上树去，飞飞也飞不上。

等到她跑过去把它带了回来，那两个刺猬的架也打完了，也不晓得跑到哪里去了。阿丽思想道，"这也不大要紧，这边儿的球门早已跑开嘞，就是有了球也没有用。"所以她就把它夹在膀子底下，不让它再跑掉，又回去找她的朋友说话。

她走回到那歙县猫的时候，她到没料到那里围着一大群人，那个刽子手和皇帝和皇后三个在那里争辩，其余的都呆听着，觉得很不安的样子。他们三个就同时地说话，只顾自己说，不听人家。

阿丽思一到场，他们三个就同时请她做公证人来解决他们的问题，他们把他们的理由都再说给阿丽思听，可是他们都是同时对她说话，所以很不容易听出他们说的些什么。

那个刽子手的理由是说，要是没个身子可以把头从它上杀下来的，那就无头可杀；说他向来从没有做过这样的事情，他到他这样年纪再也不肯来试这新花样。

那皇帝的理由是说凡是有头的东西总是有头可杀，你别说废话。

那皇后的理由是说要不在立时立刻就连忙想出法子来,就要把个个人一转过来都杀掉。(大家都那么担心害怕,就是因为着这末了一句话。)

阿丽思想不出别的话来,只说道,"这猫是公爵夫人的,你们还问问她看怎么样罢。"

那皇后对刽子手道,"她在监狱里,你把她带来。"那刽子手就象箭似的跑了去。

他一去那猫头的样子就慢慢地淡了下去,等到他把那公爵夫人带了回来,它已经全没有了;那皇帝和那刽子手就疯地跑上跑下地找它,可是其余的都回到玩球的地方了。

~~ 第九章　素甲鱼①的苦衷 ~~

那公爵夫人道,"你再也想不到我看见你多高兴呀,你这可爱的老朋友!"她说着就把她的膀子塞在阿丽思的手里头,挽着她一阵走。

阿丽思看见她现在这么和气,倒也喜欢,她自己想她在那厨房里看见她那么野蛮,或者是被些胡椒面儿刺激出来的。

她对自己说道,"要是我做了公爵夫人,"(说着又有点不愿意的腔调)"我的厨房里一点儿胡椒都不要。汤里没有胡椒也很可以喝得——也许人家性急都是因为吃胡椒的缘故。"她说着觉得发明了一个新理,很高兴,她就接下去道,"心酸大概是喝了酸梅汤②的缘故——命苦大概是吃了黄连的缘故——还有——还有小孩儿的脾气甜甜的,大概是吃了大麦糖那

----

① 按原文义为"假海龟"。

② 此句和下句(以及本章题目)的译文都与原文有些距离(原文是说醋让人变得酸溜溜的,春黄菊让人变得刻薄;本章标题则是"假海龟"),这是译者当年(六十多年前)有意识选用的一种试验性翻译方法。

些东西的缘故。我盼望他们那些大人都懂这个理:那么他们就不会那么舍不得给人家糖吃嘞,你想呢——"

她想着把那公爵夫人都忘记了,听见她在旁边说话,倒吓了一跳。她道,"我爱,你在那儿想心事,所以连说话都忘嘞,我记不得这个里头可以说,'于此可见'有一句什么教训的话,等一会儿我总会想起来。"

阿丽思道,"也许这里个没有含什么教训的话呢?"

那公爵夫人道,"小孩子瞎说! 你只要会找,无论什么里头都含着有一句'于此可见'的教训话。"她说着就挤着阿丽思更近一点。

阿丽思不大喜欢她挨着她那么近:第一层,因为那公爵夫人长得非常难看;第二层,因为她的高矮恰恰好把她的下巴搁到阿丽思肩膀子上,弄到她骨头里都疼得难受。但是她不愿意对她不恭敬,所以勉强忍住,她应酬着说道,"现在这槌球玩得稍微顺手一点嘞。"

那公爵夫人答道,"是啊。于此可见——'世界上的事情之所以行得开,是爱情的功用啊,是爱情的功用呀!'"

阿丽思低声道,"有人说过①世界上的事情能行得开是因为人人都留意自己做着什么的功用。"

那公爵夫人道,"啊,是啊! 这就是那一样的意思,"又把她那个尖下巴在阿丽思的嫩肩膀子上钻一下说道,"于此可见——说话总要'不以字达辞,不以辞达意。'②"

阿丽思自己想道。"这个人真爱引用'于此可见''于此可见。'"

那公爵夫人停了一下又说道,"我猜你一定在那儿想我为什么拿胳巴抱着你的腰。我是因为有点疑惑你那个红鹭鹚的脾气。让我来试验一下,好罢?"

阿丽思一点不在乎作这个试验。她小心地答道,"他许会咬疼你的。"

---

① 指公爵夫人本人,见第六章她和阿丽思的对话。
② 此处原文为 Take care of the sense, and the sounds will take themselves,系套用成语 Take care of pence, and the pounds will take themselves(节省便士,英镑自至),译文较难表达此种文字游戏。现在的译文似考虑到了谐音(字,辞,士)。

那公爵夫人道,"这很不错:红鹭鹚和芥末一样,都会咬得人麻辣辣的①。于此可见——'近猪者黑,近麦者白。'②"

阿丽思道,"可是芥末不是个动物,怎么同鹭鹚比呢?"

那公爵夫人道,"又对啦,你说话真说得好明白!"

阿丽思道,"我想它是一种矿物。"

那公爵夫人似乎任阿丽思说什么,她总以为然的,她道,"自然是个矿物。这儿近处有一个芥末矿,于此可见——'所旷愈多,所学愈少。'③"

阿丽思没有听见末了一句话,她嚷道,"噢,我知道啦!芥末是一个植物,它样儿是不象,但是它实在是植物。"

那公爵夫人道,"你的意见不错,于此可见——'画兔画须难画耳,知人知面不知心'④——或者简单些说就是——'再不要以为你自己不是对于别人所见的以为你从前的情形或是你不然也许会有过的情形相差的不是对于你所做过的对于他们似乎不同的样子。'"⑤

阿丽思很客气地道,"我想你要是把它写下来,或者我会懂一点儿;象你那样说,我一点儿也听不懂。"

那公爵夫人得意地答道,"这算得什么,我要高兴起来,还能说得更——"

阿丽思急忙答道,"请不用费心说得比这个再长啦。"

---

① 原文 bite 为双关语,既有"咬人"义,又有"味辣"义。
② 原文为成语,多译作"物以类聚",亦可直译为"羽毛相同的鸟总聚在一起"。此处套译中国成语"近朱者赤,近墨者黑",又故意说得颠三倒四,以表现公爵夫人的神态,别有一种意趣。
③ 原文 mine 为双关语,既作"矿"解,又是名词型物主代词(我的)。此句原可直译为"我得到的越多,你得到的就越少",但不能体现双关语妙处。赵先生此处的译文是下了功夫的,意在用"旷"字表现暗含的"矿"字,见本书卷首"译序"对此所作的说明。
④ 按原义可直译为:"别人觉得你是个什么样子的人,你就做个什么样子的人。"
⑤ 这是一句绕口令,较难懂,按其文义或可译作:"不要以为你自己不是别人眼中认为你是的那种人;你过去是怎么一个人或者可能是怎么一个人,也不见得就不是人家在那以前认为你不是的那么个人"。

那公爵夫人道，"啊！不必提什么'费心'！我一向说的话都可白送给你。"

阿丽思想道，"这样送礼倒便宜！幸亏他们送生日礼不都是这样送法的。"但是她没有敢把这句说响出来。

那公爵夫人问道，"又在那儿想什么啦？"说着又拿她的尖下巴在她肩膀子上钻一下。

阿丽思觉得有点不耐烦起来了，她就回嘴道，"我有我思想的自由。"

那公爵夫人道，"犹之乎猪有飞的自由一样；于此可——"

说到这里，阿丽思不懂为什么那公爵夫人的声音在句子的半当中就消失了，他膀子底下搀住的那个膀子也抖了起来。阿丽思抬头一看，那里站在她们前头就是那位皇后，招着手皱着眉头，像雷雨风暴的样子似的。

那公爵夫人低声弱气地开口道，"今天天气很好，陛下！"

那皇后跺着脚嚷道，"你听着，我预先通知你。现在不是你去，就是你的头得去，而且立时立刻就给我实行！你两样拣一样罢！"

那公爵夫人拣了第一样，登时就去了。

那皇后对阿丽思道，"咱们接下去玩球罢。"阿丽思吓得一个字也说不出来，就慢慢地跟着她回到那球场里去。

其余的客人就利用皇后到别处去的时候到树荫底下歇歇，但是他们一看见她来，就连忙跑回球场里去，那皇后只告诉他们再迟一片刻她们的性命就难保。

她们玩球的时候，那皇后总是不住嘴地同他们吵嘴，不是嚷，"砍掉他的头！"就是嚷，"砍掉她的头！"定了死罪的人就交给兵拘禁起来，这兵就得要走开，不能再做球门，所以过了差不多半点钟，一个球门也没有得剩下来了，那些玩球的人说是除了那皇帝，皇后，和阿丽思以外其余的都定了死罪拘禁起来了。

那皇后也就停了下球，气喘喘地对阿丽思道，"你看见素甲鱼没有？"

阿丽思道，"没有，我连知道都不知道素甲鱼是件什么东西。"

那皇后道，"那就是用来做素甲鱼汤①的鱼。"

阿丽思道，"我从没看见过也没听见过这么样东西。"

那皇后道，"那么就跟我来，叫他来告诉你他的故事。"

她们一同走去的时候，阿丽思听见背后那皇帝对大家低声地说道，"你们都赦嘞！"阿丽思想道，"好，这倒是个好事情！"因为她看见那么些人被那皇后定了死罪，心上很不好受。

她们俩一会儿就走到一个骨勒凤②的跟前，它在太阳里熟睡着。那皇后道，"起来，你这懒东西，领这位姑娘去看素甲鱼，听他的故事。我得要回去监督他们杀人去。"说着她就走了去，留着阿丽思一个人同那骨勒凤在那里。阿丽恩不大喜欢那个畜牲的样子，但是比较起来，有得去追那野蛮的皇后，还不如就同那东西在一块儿。所以她就等着。

那骨勒凤坐了起来，把眼睛搓了一搓；对着那皇后瞧，一直到她走到看不见；它就自己格格地笑起来。它一半对自己一半对阿丽思道，"这才好玩呢！"

阿丽思道，"什么东西好玩儿？"

那骨勒凤道，"哼，她——她自己在那儿做梦，那些事情：你知道，他们从来没真杀过人。咱们来罢！"

阿丽思跟着它走，一头想道，"这儿大家都喜欢说，'来罢！'我一辈子从来没有过象这样地被人家差来差去的，从来没有过！"

他们走了不多路就看远处那个素甲鱼，很悲伤很孤凄地坐在一个小石崖上；他们走近了一点，阿丽思都听得见他叹气，叹到肠子都要断似的，她很可怜他。她问那骨勒凤道，"他为了什么事情那么苦啊？"那骨勒凤就好像背它刚才说的一样似的答道，"他自己在那儿做梦，那些忧愁：你知

---

① 按原文为"假海龟汤"，一般用小牛肉代替海龟肉，故称"假海龟汤"（译文作"素甲鱼汤"）。也正出于这一原因，插图画家把"假海龟"（素甲鱼）画成牛头牛尾。

② 意译应为"鹰头狮身怪"。牛津大学三一学院采用此怪作为该学院的纹章图象，鹰头狮身怪（赵先生按音译作"骨勒凤"）在本书中说话语无伦次而蛮横武断，更不讲语法规则。所以，这一章节似乎也意在讽刺。

道,他从来没有过真忧愁的。咱们来罢!"

所以他们走到那素甲鱼跟前。那素甲鱼睁着泪汪汪的眼睛瞧他们,也不说话。

那骨勒凤道,"这儿小姐,她要知道你的历史,她很想要!"

那素甲鱼很粗着嗓子象闷着气地道,"我来告诉她,坐下来,你们俩都坐,不等到我说完了别做声。"

她就坐下来,等了好几分钟也没有人说话。阿丽思对自己想道,"他这样总不起头说,我到不懂几时才会说得完呢?"但是她还耐心地等着。

到了后来,那素甲鱼长叹道,"唉,想当初,我还是一个真的荤甲鱼①呀!"

这两句说完了又是半天不响,只听见有时候那骨勒凤"嗝儿!嗝儿!"地打冷嗝,和那素甲鱼不停地哭泣。阿丽思几几乎要站起来说"先生,多谢您讲您的有趣的故事",但是她觉得一定不会底下一点别的都没有的,所以她还是静坐着。

又等了一大会儿,那素甲鱼稍微镇定一点,但是哭也还有时候唏唏嘘嘘地哭。他接着道,"我们小的时候到海里去进学堂。我们的先生是一个老甲鱼——我们总叫他老忘②。"

阿丽思问道,"他是个什么王,你们会叫他老王呢?"

那素甲鱼怒道,"我们管这老甲鱼叫老忘,因为他老忘记了教我们的工课。你怎么这么笨?"

那骨勒凤也顺着说道,"你问到这么傻的话,羞也不怕的?"说着就和那素甲鱼静坐着瞅着阿丽思,使得她觉得恨不得钻到地底下去。到后来那骨勒凤对那素甲鱼道,"说下去啊,伙计!别整天整夜地想啊!"他就接着说:

_____

① 意为"真"甲鱼。
② 原文为 tortoise(乌龟),与 taught us(教我们)谐音。此处译作"老忘",以下几句话均由此双关语引起,译文虽与原文有距离,但也是译者别具匠心的一种翻译实验。

"是啊,我们到海里去进学堂,虽然你也许不信有这事,但是——"

阿丽思插嘴道,"我又没说我不信你!"

那素甲鱼道,"你说的。"

阿丽思还没来得及回答,那骨勒凤就对她道,"你别多嘴啦!"那素甲鱼接着说下去:

"我们受的是最好的教育——真的,我们天天都有课的——"

阿丽思道,"我也曾经天天上过学堂,你也用不着那样希奇。"

那素甲鱼急问道,"有另加的选科吗?"

阿丽思答道,"有,我们学法文和音乐。"

那素甲鱼道,"还有学洗衣吗?"

阿丽思生气道,"自然没有!"

那素甲鱼得意地道,"啊! 那么你那个并不是一个好学堂。在我们的学堂里,在帐单的末了儿总写着'法文,音乐,还有洗衣——另外收费①'。"

阿丽思道,"你们都住在海底里大概不大用得着洗衣裳罢?"

那素甲鱼道,"唉,我实在是学不起。我就只有力量学了普通科。"

阿丽思道,"那里头有什么呢?"

那素甲鱼答道,"'练浮'和'泻滞';此外就是各门的算术——'夹术''钳术''沉术'和'丑术'。"②

阿丽思就造次地问道,"我从没听见过'丑术'。那是什么呢?"

那骨勒凤举起两只爪子惊奇道,"从来没听见过'丑术'! 你大概知道'美术'是什么,我想?"

---

① "法文,音乐,洗衣——另外收费",常见于当时英国一般寄宿学校的收账单。"洗衣"指学校包洗学生的夜服,另外收费。

② 此句原文都用双关语:Reeling 和 Writhing 实际指 Reading 和 Writing(读和写),ambition 指 addition(加法),distraction 指 subtraction(减法),Uglification 指 multiplication(乘法),devision 指 division(除法)。请读者注意此处妙趣横生的译文(用"夹""钳""沉""丑"来代替"加减乘除",等等),而且所用"浮""沉""夹""钳""丑"等字都与海生动物的生活习惯有关,故而从艺术欣赏的角度来讲堪称妙译。

阿丽思犹豫地道,"我知道,就是使得东西——变成——好看的法子。"

那骨勒凤接着道,"好,那么,你要是不懂'丑术'是什么,你一定是傻子。"

阿丽思觉得那骨勒凤不喜欢她再追问,所以她就回头问那素甲鱼道,"你们还得要学什么呢?"

那素甲鱼屈爪①数着道,"还有就是'里湿'②'上骨里湿''中骨里湿'和'边骨里湿',这是同'底里'一块儿学的;还有就是'涂化',那个涂化先生是一个墨鱼,每礼拜来一回;他教我们'尖鼻化''水菜化'和'油化'。"

阿丽思道,"这是什么呢?"

那素甲鱼道,"唉,可惜我不能做给你看。我的唇边里的油不够。这个骨勒凤也从没有学会③。"

那骨勒凤道,"是因为没有工夫,我请的到是个有点古风的先生。他是一个老螃蟹,他真是个螃蟹。"

那素甲鱼道,"唉,我从不去找他教的,人家总说他教的是腊钉和稀腊④。"

那骨勒凤道,"唉,是啊,是啊!"他说着就和那素甲鱼同时把爪子捧着脸。

阿丽思连忙想别的话来打插道,"那么你们一天上多少课呢?"

那素甲鱼道,"是啊!是有多少。头一天十个钟头,第二天九个钟头,第三天八个钟头,是这么样下去的。"

---

① 按原文又亦可译作"用鳍一个一个地数着"。

② 为"历史"的谐音,以下谐音分别为"上古历史""中古历史""地理""图画""铅笔画""水彩画""油画"等,不难理解。原文的谐音分别为:mystery → history,seagography→geography,drowling→drawing,stretching→sketching,fainting in coils→painting in oils。此处译文未死扣原文,而是采用了灵活的译法。

③ "唇边的油不够",紧扣上文"油化",原文为 stiff(关节僵硬)是扣原文上文所说 fainting in coils(绕圈子昏倒)等费力的动作。

④ 原文以 laughing(大笑)代 Latin(拉丁语),以 grief(伤心)代 Greek(希腊语),译文则采用"腊钉"和"稀腊"的谐音。

阿丽思道,"这到是好古怪的法子!"

那骨勒凤说道,"所以人家才说工课有'多少'啊。因为是先多后少的。"①

这倒是阿丽思从没想到的新意思。她想了一会儿再说道,"那么第十一天一定放假嘞?"

那素甲鱼道,"自然是的咯。"

阿丽思就追着问道,"那么你们到了第十二天怎么办法呢?"

那骨勒凤就很决意地道,"我想现在说工课说够嘞,对她讲点游戏罢?"

〜〜 第十章　龙虾的四对舞 〜〜

那素甲鱼又长叹了一阵子,拿他的爪子背抹着他的眼睛。他瞧瞧阿丽思,想要说话似的,可是过了一两分钟,他哭得一个字也说不出来。那骨勒凤道,"就同他骨头卡在嗓子里一样。"说着他就把那素甲鱼的身子摇幌摇幌,在他背心上槌两槌。过了好一会儿,那素甲鱼的嗓子回复过来了,他就还是眼泪直流地说道,"你没有在海底里住过多少罢?"——(阿丽思道,"我没有。")——"或许连一个龙虾也没人给你介绍过罢"——(阿丽思几乎说出来,"我曾经尝过——"可是她连忙自己止住,就回了一声,"没有,从没有过。")——"所以你再也想不到龙虾跳四对舞②有多么好玩!"

阿丽思道,"是吗? 这是什么样子的跳舞呢?"

那骨勒凤道,"是这样的? 你们先在海边上站齐了成个'一'字。——"

───────────────

① lesson(课程)和 lessen(减少)谐音。

② 四对舞是一种由四对舞伴组成的集体方形舞,流行于当时。

那素甲鱼嚷道,"排'二'字! 还有海豹,甲鱼,鲑鱼,什么的呢;回来你还得要把所有的海蜇赶开了让我们地方。——"

那骨勒凤插嘴道,"这个平常总要好一大些时候才赶得清。"

那素甲鱼接着说,"往前进两回——"

那骨勒凤嚷道,"各人搀着一个龙虾做舞伴!"

那素甲鱼道,"那自然。往前进两回,同舞伴定脚步——"

那骨勒凤就接下去道,"交换龙虾,照一样的次序退回原位。"

那素甲鱼接着说道,"你知道,到这时候你就对着海里头尽力地扔那些——"

那骨勒凤就起来接着上句嚷道,"龙虾!"

"扔得远远的——"

那骨勒凤又尖声叫道,"浮水出去带它们!"

那素甲鱼狂跳着嚷道,"在海里翻一个斤斗!"

那骨勒凤叫道,"再交换龙虾!"

那素甲鱼道,"回上岸来。"又忽然低下声音来道,"这就是这个跳舞的第一出。"说完了,这两个方才一直象疯子似的狂跳的畜牲又很忧愁地静坐下来,对着阿丽思瞧。

阿丽思胆小地说道,"这一定是个很雅致的跳舞。"

那素甲鱼道,"你喜欢看一点儿吗?"

阿丽思道,"是,很想。"

那素甲鱼对那骨勒凤道,"来,咱们来试试那第一出! 咱们就是没有那些龙虾也能行的,你知道。咱们谁唱呢?"

那骨勒凤道,"唉! 你唱,我把字都忘记啦。"

他们俩就正正经经地围着阿丽思跳舞,时时刻刻走得太近了就踩到她的脚趾头,一头跳着,就一头拿爪子拍板,同时那素甲鱼就很慢很愁地唱道:

黄蟹①对着蜗牛说，"赶快走！

有个鲤鱼追着来，咬我手。

看那些龙虾甲鱼大家活泼鲜跳地一齐到，

排列在沙滩等你到了一齐跳？

问你来吗，来罢，来吗，来罢，来吗一齐跳。

劝你来吗，来罢，来吗来罢来罢一齐跳！

等到他们送龙虾，咱们退，

退不及就送出洋，也有味。"

但是那蜗牛斜眼答道，"太远！ 太远！ 跑不动。"

谢了那黄蟹，只得怨恨自己不中用。

自己不能，不肯，不能，不肯，不能动。

所以不能，不肯，不能，不肯，不肯动。

他的黄壳朋友道，"别怕远。

你不知道路过半，就觉短？

离开了英国海岸法国就一里一里地望着到——那么你何必灰

　　心，蜗牛，还是跟来一齐跳。

问你来吗，来罢，来吗，来罢，来吗一齐跳？

劝你来吗，来罢，来吗，来罢，来罢一齐跳！"②

　　阿丽思道，"这个跳舞看看真有趣儿。"（其实她很愿意他们已经跳完
了。）"而且那首黄蟹的歌儿唱得真好玩儿！"

　　那素甲鱼道，"说起那黄蟹它们——你看总看见过的，不是吗？"

---

① 　原文为 whiting（牙鳕），下行的鲤鱼在原文中作 porgoise（海豚）。此处译文（包括
　　一些诗句）不拘一格，似应从译文的整体风格上加以理解。

② 　此打油诗模仿英国诗人霍威特（Mary Howitt，1799—1888）的一首诗《蜘蛛和苍
　　蝇》（"The Spider and the Fly"。）

阿丽思道，"看见过，我常看见过它们在大海碗①——"她连忙止住嘴。

那素甲鱼道，"我不知道大海湾是什么地方，不过你既然常看见它们，你自然一定知道它们是什么样子。"

阿丽思想着道，"我想我记得它们的尾巴差不多弯到嘴里——而且它们浑身都带着面包屑子。"

那素甲鱼道，"你说那面包屑子都不对啦，你想在海里头要是在它们那么光滑的背上放了面包屑子还不都给浪头冲掉嘞吗？不，它们的尾巴在嘴底下是有这事的；这是因为——"

说着那素甲鱼打了一个呵欠，闭了眼睛，对那骨勒凤说道，"你去告诉她为什么原因罢！"

那骨勒凤就道，"那都是因为它们总是要跟那些龙虾一齐跳舞。所以它们也被人家丢在海里去。所以它们得要掉得很远。所以它们把尾巴都压在嘴底下。所以它们的尾巴从此就伸不直了。就是这个原因。"

阿丽思道，"多谢你。这个真有意思。我从前从没知道这么些黄蟹的事情。"

那骨勒凤道，"要是你喜欢听，我还能告诉你别的呢。你知道不知道它为什么叫黄蟹？"

阿丽思道，"我倒从没有想到过。是为什么呢？"

那骨勒凤很恭而敬之地答道，"因为它能用来刷鞋。"

阿丽思简直被他说胡涂了。她就莫名其妙地顺着说道，"能用来刷鞋！"

那骨勒凤道，"我问你，你的鞋怎么会亮的，你使什么叫它发亮的？"

阿丽思低头瞧瞧她的鞋，又想了一会儿再答道，"我想这是用黑鞋油擦的。"

那骨勒凤就用着深沉声气道，"谁听见过黑蟹油，在海底里的鞋都是

---

① 原文为"din-"，是"dinner"（正餐）一词没有说完。

用黄蟹油刷的。① 现在你知道了罢?"

阿丽思就追着问道,"那是用什么做的呢?"

那骨勒凤有点不耐烦地答道,"自然是蟹黄和蟹油咯!② 这个随便哪个小蟹儿都会告诉你的。"

阿丽思心上还惦记着那首歌。她说道,"要是我做了那黄蟹,我就会对了那鲤鱼说,'请你留在后头;我们不要你跟我们来!'"

那素甲鱼道,"它们不能不让它们跟来的。凡是有点见识的黄蟹,不会没有鲤鱼就到那儿去的。"

阿丽思听了非常诧异道,"真的没有鲤鱼就不走吗?"

那素甲鱼道,"自然不会走。你想,假如有个黄蟹来找我,对我说它要旅行上哪儿去,我第一句就要问它,'你有什么鲤鱼?'"

阿丽思道,"你要说的不是理由③呢?"

那素甲鱼有点生气道,"我本来说的就是末!"那骨勒凤连下去道,"来让我们听听你的游历。"

阿丽思有点踌躇地道,"要告诉你们我的游历,我只能打今儿早晨说起;可是我不能讲以前的事情,因为昨天我不是我,我是个别人。"

那素甲鱼道,"你这个得要解释解释明白。"

那骨勒凤等不及地道,"不要,不要,先讲游历。解释总要费掉那么许多时候。"

所以阿丽思就告诉它们自从看见那白兔子时候起的经验。她起初还觉有点不好意思,因为那两个畜牲一边一个地挨着她那么近,把眼睛和嘴都张得那么开。但是到后来她慢慢地胆大了些了。它们俩听的一点声也不做,一直听到她对那毛毛虫背"威廉师傅你这么老"背得一个字都不对

---

① 此处又为双关语,原文用 whiting 的一词二义(牙鳕,刷白),译文则用"黄蟹(鞋)油"谐音。

② 原文亦为双关语:eels(鳗鱼)和 heals(鞋跟)谐音;soles 则有二义:一为"鳎鱼",一为"鞋底"。

③ 原文利用 porpoise 和 purpose(目的)谐音,译文则用"鲤鱼"和"理由"谐音。

的时候,那素甲鱼就缩了一长口气说道,"这真古怪。"

那骨勒凤道,"这真古怪得不能再古怪嘞。"

那素甲鱼一头想着又说道,"背得一个字都不对! 我倒喜欢再叫她背点什么来听听看,叫她背!"说着就瞧那骨勒凤一眼,好象以为它有使唤阿丽思的权柄似的。

那骨勒凤就说道,"站起来背'听见懒子在那儿说'。"

阿丽思想道,"这些畜牲真喜欢使唤人家,老叫人家背书! 我就算马上就上了学堂,也不过这样儿。"但是她仍旧站了起来背,可是她脑子里想来想去尽是些龙虾跳舞歌,弄得她自己也不晓得背出来些什么,那些字背出来都是很古怪的:

> "听见龙虾在那儿说,
> '你们把我炒得面红耳热嗓子渴。
> 给我喝点糖醋汤,
> 我的头发就能刷得光。'
>
> 捆上腰带扣上纽,
> 拿他鼻子就把脚尖朝外顶着走,
> 犹如鸭子眼睛皮,
> 能把爪甲修得一样齐。"①
> ······②

那骨勒凤道,"这个同我小时候听见的两样的。"

那素甲鱼道,"我听是一点没听见过,不过我觉得那些话一点儿都不通。"

阿丽思没有话说;她坐了下来把手捂住了脸,心上想不晓得几时会再

---

① 英国神学家和作家伊·瓦茨(Isaac Wates,1674—1748)写过一首题为《懒汉》("The Sluggard")的诗,此处的诗是有意模拟的插科打诨之作。

② 以下四行诗缺译文,为保持赵先生译著的原貌,未补译。

有日子事情同平常一样了。

那素甲鱼道,"我愿意你把那诗解释解释。"

那骨勒凤连忙道,"她不会解释。接下去背下一首罢。"

但是那素甲鱼仍旧固执地问道,"他那脚尖儿是怎么的呢? 我倒要问你他怎么能拿鼻子顶到脚尖儿上呢?"

阿丽思道,"脚尖朝外是跳舞的第一步的姿势。"但是她自己也觉得一点儿都不明白那些瞎说的话。她盼望还是换点别的话来谈罢。

那骨勒凤又急着催道,"接下去背底下的,头一句是'走过他家花园门'。"

阿丽思虽然明明知道背出来一定又是都错的,但是她不敢违拗,她就抖着声音背:

> "走过他家花园儿门,
>
> 我就睁着左眼往里瞧有什么人。
>
> 看见一匹鹰头猫,
>
> 同个蛤蜊在那儿分肉包。"①

那素甲鱼插嘴道,"背这些呜哩八怪的不道的东西干嘛? 你又不一头背一头解释你的意思给我听。在我听见过的东西里头,再没有象这么样不通的嘞!"

那骨勒凤也道,"不错,我也以为你是不用背罢。"(阿丽思本来巴不得他们让她不背。)

那骨勒凤又道,"咱们再来一出龙虾跳舞,好吗? 不然,就请素甲鱼再唱个歌儿给你听,还是怎么样?"

阿丽思热心地道,"那么,要是承素甲鱼的好意,就请他再来一个歌儿罢。"阿丽思说得这么在乎的神气,使得那骨勒凤有点看不起她的审美眼光的气味。他道,"哼! 天下人各种各样的嗜好的古怪,没有人会料得到

---

① 此处译文与原文有距离,且未译完,这可能是因为译者觉得没有必要全译,仅译几句就足以表达故事情节和气氛了。

的！伙计,你给她唱一个'甲鱼汤'好罢?"

那素甲鱼长叹了一声,就一半呜呜咽咽地唱了这么一个歌:

"体面汤,浓又黄,

盛在锅里不会凉!

说什么山珍海味,哪儿有这么样儿香。

半夜起来喝面汤,体面汤!

半夜起来喝面汤,体面汤!

　　涕洟糜屡汤!

　　涕洟糜屡汤!①

半夜起来喝面汤,体面汤!

　　涕漓涂卤汤!

体面汤,黄又烫,

鱼翅燕窝比不上!

谁不肯为了这味儿弄到破家荡——

破家荡产叫碗汤,俩子儿汤!

破家荡产俩子儿汤,体面汤!

　　涕洟糜屡汤!

　　涕洟糜屡汤!

天亮起来喝面汤,体面汤!

　　啼哩吐噜啼哩呼噜汤!"

那骨剌凤嚷道,"再唱一遍尾声!"那素甲鱼刚要起头,忽然听见远处来一声"开审啦,案子要开审啦!"

那骨剌凤道,"来罢?"说着就拉了阿丽思的手不等那素甲鱼唱完就走。

---

① 快读时的音仍为"体面汤",参见"译序"。

阿丽思跑得气喘吁吁地问道,"审什么案子啊?"但是那骨剋凤只答一句"快来",跑得更快一点,只听见后头跟来的轻风里送来的越听越远的:

"半夜起来喝面汤,体面汤!

半夜起来喝面汤,体面汤!

涕洟糜屑扬!

涕洟糜屑汤!"①

∾∽ 第十一章　饼是谁偷的? ∾∽

他们到了场就看见心牌皇帝和皇后已经坐在宝座上,公堂里聚了不少陪审的,参观的等类——里头有各式各样的小鸟和畜牲,还有一全副纸牌;那个戛客站在他们前头,带着链条,一边站着一个兵看着他;在那皇帝的旁边就是那白兔子,一只手里拿着一管铜喇叭,一只手里拿着一卷羊皮纸的文件。在公堂的正中有一张桌子,上头摆一大盘的饼:做得那么好看,阿丽思看了都饿起来了。她想道,"他们还不把这案子早点儿审完它,就好分点心给大家嘞!"可是看情形一点都不象,所以她就往四面各处瞧瞧来作消遣玩。

阿丽思从来没有到过公堂里头,但是她曾经看见在书里讲过,所以她看见那里差不多件件东西都认得,倒很得意,她对自己说道,"那一个一定是裁判官,因为他带着那么大的假头发。"

那裁判官其实就是那皇帝;他的皇冕就戴在他假头发上头,所以看他那样子很不舒服,无论怎样,看上去总归不称。

————————————

① 此处以字体的由大变小表示歌声愈来愈远愈来愈轻了。

阿丽思想道，"那儿一定是陪审座，那十二个东西一定是陪审员。"（她只得说"东西"，因为有的是鸟，有的是兽。）她把"陪审员"三个字又说了两遍，自己觉得很得意：因为她想象她那样小的女孩子很少有认得这个名词的（这也想得对），不过就是说"陪审人"也通。

那十二个陪审员都在那里很忙地在石板上写字。阿丽思低声问那骨勒凤道，"他们在那儿干嘛？还没有开审，他们有什么可以写下来？"

那骨勒凤低声答道，"他们在那儿把他们的名字记下来，因为怕到了审判完了的时候把名字忘记嘞。"

阿丽思出声骂道，"这些笨东西！"但是她连忙住了口，因为那白兔子喝道，"公堂里肃静！"那皇帝就把眼镜一戴，四处张望着，看是谁说话来着。

阿丽思在那些陪审员背后偷眼瞧他们写的些什么，看见他们一个一个地都在石板上写"这些笨东西！"有一个还不知道"笨"字怎么写，问了他隔壁的陪审员才知道。阿丽思想道，"这样儿不等到审判完结恐怕他们的石板一定早就一拓胡涂嘞！"

有一个陪审员的石笔写起来在石板上直叫，好像刀刮在玻璃窗上似的。这个自然阿丽思一定不能受的，她就走到他背后，乘个机会把他的石笔从后头一抽就抽掉了。她抽得那么快，弄到那可怜的陪审员（就是毕二爷，那个蝎虎子）觉得莫名其妙；他各处乱找也找不着，他以后就只得使一个指头在石板上写；这个一点用处都没有，因为一点写不下什么印子下来。

那皇帝道，"传令官，把罪状宣读出来！"

那白兔子就把喇叭

"Sol do mi Sol——"

吹了一下把那卷羊皮纸的文书打开来念：

"心牌皇后，煮些羊肉。

羊肉塞馅儿,米粉包面儿。①

心牌夏客,馋得发热,

偷皮带馅儿,不剩一半儿。"

那皇帝对陪审员道,"你们定你们的判决罢。"

那白兔子连忙插嘴道,"还不呢,还不呢! 在没判决以前还有许多事呢!"

那皇帝道,"叫那个第一个证人上来;"那个白兔子就又吹了三声喇叭传道,"第一个证人!"

那第一个证人就是那帽匠,他走进来,一只手里拿着一个茶碗,那只手上捏着一块面包,他说道,"请陛下原谅我把这些东西带进来,这是因为他们叫我的时候,我还没有喝完我的茶。"

那皇帝道,"你应该早喝完的,你几时起头的?"

那时那三月兔同那惰儿鼠手搀手地也跟进来,那帽匠就瞧着那三月兔说道,"我想是三月十四起头的。"

那三月兔道,"十五!"

那惰儿鼠道,"十六!"

那皇帝就对那些陪审员道,"把这个记下来。"他们就很正经地把那三个日子都写在石板上,一共加了起来,再化成先令便士。②

那皇帝对那帽匠道,"脱掉你的帽子!"

那帽匠回道,"帽子是我的。"

那皇帝嚷道,"偷来的!"说着对陪审员望一下,他们立刻就写下来"偷来的"。

那帽匠又加一句解释道,"我留了帽子卖的,我自己没有帽子。我是个帽匠。"

---

① 此处译文与原文略有距离,这是赵先生的一种大胆尝试,不是常规译法。

② 英国旧币制,一英镑等于 20 先令,一先令合 12 便士,特别不方便(现已改为十进制),此处有讽刺意。

这时那皇后把眼镜子戴了起来,就瞪眼睛瞅那帽匠,他吓得脸白手脚没处呆。

那皇帝道,"说出你的证据来;别这么害怕,再这样我就当场叫他们杀掉你。"

这句话一点也不助那帽匠的胆子:他尽着一会儿站在这个腿,一会站在那个腿上,很不安地瞅着那皇后,他的心慌到了把面包认错了,竟把他的茶碗咬了一块下来。

正在这个时候,阿丽思觉得有一点古怪的感觉,她先不明白是怎么回事,过了一会儿她才知道,是她的身体又在那里长了。她先还想站起来走;但是再想一想,她又决意等着,到大到呆不下了再说。

那惰儿鼠正挨她坐,它埋怨她道,"我愿意你别这么挤我啊,我气都有点儿透不过来嘞。"

阿丽思很谦让地道,"我没有法子,我在这儿长着呢。"

那惰儿鼠道,"你没有在这儿长的权利。"

阿丽思胆大了一点说道,"别胡说,你知道你自己也长着呢。"

那惰儿鼠道,"是可是的,但是我长起来总还有个分寸,谁象你那样长得不成话说。"他气着就起来走到公堂的那一边去了。

这时候那皇后一直瞅着那帽匠来着。刚刚在那惰儿鼠走到那公堂的时候,她对公堂里一个官员道,"拿一张上回音乐会唱歌的人名单给我!"那帽匠一听这句话,吓得直抖,抖得把一双鞋都从脚上抖了下来。

那皇帝道,"说出你的证据来,要不然就无论你害怕不害怕,总归要把你杀掉。"

那帽匠声音发抖地说道,"陛下我是个穷人——我不过刚才起头喝我的茶,——喝了没有一个礼拜出头——而且说起那面包越弄越薄——而且那茶又要查夜——"

那皇帝道,"什么东西查夜?"

那帽匠道,"查夜先从茶起头。"

那皇帝厉声地道,"自然茶叶是茶字起头,①你当我傻子吗?再说下去。"

那帽匠接下去道,"我是个穷人,以后样样东西总是要查——可是那三月兔说道——"

那三月兔就急忙地插嘴道,"我没有说!"

那帽匠道,"你说的!"

那三月兔道,"我不承认!"

那皇帝道,"他不承认。这一部分不能算。"

那帽匠道,"那么无怎么样,那惰儿鼠说的。"他说着,四面用心瞧瞧不晓那惰儿鼠也会否认不会;但是那惰儿鼠半个不字也不说,因为他又睡着了。

那帽匠又接下去道,"自从那个以后,我就再切了一点面包,上点奶油——"

一个陪审员问道,"但是那惰儿鼠问的什么呢?"

那帽匠道,"那是我记不得了。"

那皇帝道,"你一定记得,不然我就叫他们杀掉你。"

那个苦帽匠连忙丢下他的茶碗和面包跪下一个腿求道,"陛下,我是一个穷人。"

那皇帝道,"你的话说得真穷。"

有一个豚鼠听了这个叫起"好"来,但是立刻就被他们弹压下去。弹压是个很重的字眼,须得要解释两句才明白。他们有一个大布袋,口上有一条收口的带子:他们把那豚鼠头先脚后地装进去,收起口来,然后坐在它上头。

阿丽思想道,"我今儿这个也看见他们做过嘞。我常在报上看见一段

---

① 此处几句话是文字游戏,原文 twinkling 的首字母 t 既是一个字母,又是一个词"茶"(tea)的读音。译文以"查夜"代替"茶液"的方法完成了对这一"不可译"的文字游戏的翻译。

审判的末尾说'有些人想要喝彩,可是登时就被在公堂上的官员弹压下去'。我一直到今天才懂这句活的意思。"

那皇帝道,"假如你知道的就是这一点儿,你就退下去罢!"

那帽匠道,"我不能再下去嘞,①因为象这样我已经站在地板上嘞。"

那皇帝答道,"那么你就坐下去。"

还有一个豚鼠听见了又喝起彩来,也被他们弹压起来。

阿丽思想道,"好啦,那两个豚鼠都完事嘞! 现在咱们可以好一点儿嘞。"

那帽匠很担心地看那皇后在那儿念那些唱歌人名的单子。他道,"我想还是去喝完了我的茶再说。"

那皇帝道,"好,你去罢。"那帽匠连忙就走出公堂,连他的鞋都忘记了穿上。

那皇后对一个官员吩咐道,"你们在门外头就把他的头去掉。"但是那官员没有走到门口,那帽匠已经跑远到看不见了。

那皇帝道,"叫那第二个证人来!"

那第二个证人就是那公爵夫人的做饭老妈子。她手里拿着胡椒瓶,她还没有进门阿丽思就猜出来是谁,因为近门口站的些人早就打起喷嚏出来了。

那皇帝道,"把你的证据说来。"

那做饭老妈子道,"我不!"

那皇帝没有主意地对着那白兔子瞧,那兔子就低声道,"陛下得要盘问盘问这个证人。"

那皇帝叹口气道,"唉! 要是一定要我,要是一定要我——"说着把两个膀子抄着,对那做饭老妈子皱着眉头,一直皱到眼睛都闭了起来,问道

---

① 国王叫帽匠 Stand down(退下去,离开证人席),帽匠听不懂,以为是要他把身子矮下去(down)。

"肉馅的面饼①,是什么做的?"

那厨老妈子道,"差不多全是胡椒做的。"

她后头又一个困来蒙东的声音道,"糖浆做的。"

那皇后尖声大叫道,"套起那惰儿鼠的脖子来! 去掉他的头! 赶他外头去! 弹压他! 掐他! 去掉他的胡子!"

那公堂里就为了赶那惰儿鼠纷纷地乱闹了好几分钟,等到他们再定了下来,那做饭老妈子已经不知去向了。

那皇帝放心道,"别管啦,叫底下一个证人来。"他又低声对那皇后道,"老实话说,我爱,这个证人一定得你去盘问他罢。我问得头都疼嘞!"

阿丽思瞧着那白兔子在名单上找,心上很急得要知道底下一个证人不晓得是什么样子,"因为,"(她想道)"他们弄到这会儿,其实还没有得到什么证据呢。"可是你想她诧异不诧异——她听见那白兔尽力尖声地居然大叫道"阿丽思!"

第十二章　阿丽思大闹公堂②

阿丽思报道,"有!"她慌张到忘了刚才几分钟她已经长得多么大了,她跳起来那么快,竟把她的裙子边带翻了那个陪审座厢,把里头的些陪审员都倒在其余的大众的头上,他们就在那里乱扭乱爬,阿丽思看着倒想到前礼拜她把一缸金鱼打翻了的情形。

她很受惊似的嚷道,"哎呀,我真对不住得很!"她就赶快地捡它们起来,因为她总想到那回金鱼缸里出的事情,还隐隐约约记得要是不立刻捡

___
① 原文为果馅饼。
② 原义为"阿丽思的证词"。

起来放回陪审座厢里去,它们一会儿就会死的。

那皇帝很郑重地说道,"现在审判还不能进行,须得要等陪审人都回到他们自己的坐位才行,"他对着阿丽思瞧着又吩咐道,"要等到个个都坐好。"

阿丽思对那陪审座厢一瞧,看见她把那毕二爷匆忙里摆倒了,那小东西只得拿尾巴在空中很忧愁地摇幌,身子一点也动不过来。她一会儿就把它拿了出来,重新正着搁进去。她对自己道,"倒也不见得是因为有什意义在里头。我看它在这个审判里头无论倒着审正着审,没有什么大分别。"

等到那些陪审员因为被倒了出来受惊过后精神复了原,等到他们的石笔和石板都找着了交还给他们,他们就很起劲地记这回出事的本末。就是那个蝎虎子不写,因为他受惊受得太厉害了,只得张着嘴坐着,朝着顶棚上呆望。

那皇帝对阿丽思道,"你知道这件事情吗?"

阿丽思道,"不知道。"

那皇帝追着问道,"什么都不知道么?"

阿丽思道,"什么都不知道。"

那皇帝道,"这是很要紧的。"说着对那些陪审员看。他们听了正要写下这句话来,那白兔子插嘴道,"陛下的意思,自然是要说不要紧的。"他说的腔调是很恭敬的,可是他又皱皱眉头,又对大家做个鬼脸。

那皇帝连忙顺着说道,"是啊,不错,我自然本来是要说不要紧,"说了自己又咕叨着,"要紧——不要紧——不要紧——要紧"——好象试试哪一个听得顺嘴一点似的。

那些陪审员有的就写"要紧",有的就写"不要紧"。阿丽思站得够近,可以看得出谁写哪个。但是她想道,"其实这个随便怎么写,也总归是不要紧的。"

那个皇帝方才在他簿子里记什么东西,到这时把它放下来嚷道,"肃静!"他就在他簿子里头念道,"规则第四十二条,凡人身长过一英里高的须退出公堂。"

大家都瞧着阿丽思。

阿丽思道，"我没有一英里高。"

那皇帝道，"你有。"

那皇后加道，"差不多有两英里。"

阿丽思道，"就是是的我也不走。而且这又有不是向来的规则，那是你刚才造出来的。"

那皇帝道，"这是这本书里的顶老一条规则。"

阿丽思道，"那么就应该是规则第一条。"

那皇帝急得脸都青了起来，忙把簿子合起来。他转过头来声音发抖地对陪审员道，"你们定你们的判决罢。"

那白兔子慌忙地跳起来说道，"陛下原谅，还有别的证据来呢。这个纸头是刚才捡着的。"

那皇后道，"里头有什么？"

那白兔子道，"我还没有打开它来呢。可是看样子象一封信，是那犯人写给——写给谁的。"

那皇帝道，"自然一定是写给谁的咯。不然就变了一封不写给谁的信，这个不大有的，你知道。"

一个陪审员问道，"上头住址是寄给谁的？"

那白兔子道，"上头并没有住址；而且外面连什么都没有写。"他说着把那纸打开，又说道，"啊？ 这并不是一封信：是几首诗。"

又一个陪审员问道，"是不是那犯人的笔迹？"

那白兔子道，"不是，不是他的笔迹，所以这才希奇呢。"(那些陪审员都做希奇的神气。)

那皇帝道，"他一定是假学着别人的笔迹写的。"(那些陪审员又都做出明白了的神气。)

那戛客道，"陛下万岁，我并没写这个，而且他们也不能证明是我写的：末了没有名子签在上头。"

那皇帝道，"要是你没有签名，这罪更大。你一定是因为要做什么坏事，不然你为什么不象一个好好的诚实的人把名字签在上头？"

说到这里满堂都是拍手的声音：这是那一天那皇帝第一回说出真聪明的话出来。

那皇后道，"不错，这个证明是他的罪。"

阿丽思道，"这个一点儿也不证明什么罪！你看，你连里头说的是什么都还不知道呢！"

那皇帝道，"把它念出来！"

那白兔子就戴起眼镜子来，他问道，"陛下万岁，我得从那儿念起呢！"

那皇帝很郑重地答道，"从起头的地方起，一直到完的地方完；念完了然后再停止。"

那白兔子就念道：

> "他们说你见过她，
> 曾经对他提起我，
> 说我品行并不低，
> 就是怕水又怕火。
>
> 他说我早已经走，
> （我们知道有这话：）
> 要是她总不放手，
> 你想自己多可怕？
>
> 她们拿三我拿七，
> 你给我们二十一。
> 你还他来她还你，
> 其实它们是我的。
>
> 假如万一她同我，

搅在里头无法可——

他们望你帮个忙,

还叫我们得其所——

她还没有发疯前,

你们总是讨人嫌,

碍着他同她同它,

弄得我们没奈何。

她同他们顶要好,

别给她们知道了。

你我本是知己人,

守这秘密不让跑。"

那皇帝搓着手道,"我们看见的证据里头,这个是顶要紧的;所以现在好让陪审员断定——"

阿丽思这几分钟里头已经长得这么大,她一点也没有顾忌地插嘴道,"他们里头要有谁能解释它,我给他半个先令。据我看起来,里头半点意思都没有。"

那些陪审员就都在石板上写"据她看起来,里头半点意思都没有",但是他们没有一个想想怎么解释那纸。

那皇帝道,"要是里头没有意思,那就可以省掉没有底的麻烦。你们想,咱们也可以用不着找什么意思出来。然而,我想倒也不一定。"他说着把那首诗摊在他腿上,用一只眼睛瞅着,又道,"我好象看见里头到底是有点意思,'就是怕水又怕火'。"他就对那戛客问道,"你会游水吗?"

那戛客很愁地把头一摇,说道,"看我样子象会吗?"(你想他怎么会?本来是纸做的牌。)

那皇帝道,"这点还不错,让我看底下的。"他就咕叨着道,"'我们知道有这事——'哼,这自然是那些陪审员;'她们拿三我拿七,你给我们二十一——'哼,这一定是说他们把那些饼用到哪里去了,你想——"

阿丽思道,"但是底下又说'你还他来她还你'呢!"

那皇帝大得意地道,"哈,对啦,不就这些东西吗?"说着就指着盘里那些饼。"再也没有这个更明白嘞。而且底下又是说——'她还没有发疯前——'"(他对皇后说道)"我爱,你从来没有发疯的,我想?"

那皇后大怒道,"从来没有!"说着就拿一个墨水瓶对着那蝎虎子丢过去。(这不幸的毕二爷因为他用手指在石板上写不出什么印子来,早就停了笔——停了指;可是现在他又连忙起首写起来,就用着从他脸上流下来滴在他手上的墨水,倒也支持了好一下工夫才用完。)

那皇帝道,"那么这句话就不关风。①"说着就带着笑脸对大家瞧一周。公堂里头一点声息都没有。

那皇帝生气道,"这是一句双关的笑话。"大家就"哈哈哈"笑了三声。

那皇帝道,"让陪审员定他们的判决罢!"(这差不多是他今天第二十回说这话了。)

那皇后道,"不要,不要! 先定罪——后断案子。"

阿丽思很响地道,"胡说八道! 先定罪,这算什么话!"

那皇后气得脸都紫了起来对阿丽思道,"你不许多嘴!"

阿丽思道,"我偏要!"

那皇后拼命大嚷道,"砍掉她的头!"一个人也不动。

阿丽思现在已经长到原来那么大了,也不怕了,她对他们道,"谁在乎你们? 你们还不就是一副纸牌!"

正说着那全付的纸牌都腾空起来飞下来打在她身上:她一半害怕地一半生气地急叫一声,拿两只手去要挡掉它们,——睁眼看看,她自己还是睡在那河边上,把头还枕在她姊姊的身上;她姊姊方才在那里掸掉些从树上落在阿丽思脸上的干叶子。

---

① 原文上面一句谈发"疯"(had a fit)和此句的 fit(fit you,与你无关),为同词异义,双关语。译文以"疯"和"风"两个同音字来代替。

她姊姊道，"醒来，好妹妹！你怎么睡得这么长啊！"

阿丽思娇声地道，"嗳呀，我做嘞一个真奇怪的梦。"她就把她所能记得的离奇的经验（就是你才在这书里念完的）一五一十地对她姊姊讲一遍；她姊姊出神地听着，听完了对她亲个嘴，说道，"唉，真的，妹妹，真是个好奇怪的梦：可是你快跑回家去喝茶罢，快不早啦。"所以阿丽思就站起来往家里跑去，一头跑着一头还恋恋不舍地回想那场梦真多么离奇有趣儿。

但是她的姊姊到她走了过后还静坐在那里，把手撑着头，望着那下山的太阳，心上想着阿丽思和她的离奇的经验，一直到她自己也觉得仿佛是梦游到奇境里似的，这就是她所梦见的：

她先梦见的是小阿丽思自己：又在那里拿一双小手儿抱着膝盖，拿一双清秀可人的眼睛望着她的眼睛——她都能听见阿丽思说话的腔调，而且能看见她把头那么一扭的可爱的样子——因为她的长头发给风一吹总是要跑到她眼睛里去——这姊姊听了又听，好象听见她四围都是她妹妹梦见的许多人人物物的声音。

那白兔走了过去就使得她脚底下的长草响起来；那个受惊的老鼠在近旁的池塘里溅着水逃走；她听见那三月兔同他朋友坐在永远不完的茶会桌上茶碗叮当的声音；和那皇后的尖利的声音定她请来的些不幸的客人的死罪；又看见一回那猪小孩子在那公爵夫人的身上打喷嚏，四面锅盘碗碟乱飞；又听见一回那骨勒凤的尖嗓子，那蝎虎子的石笔急嘎急嘎的叫，那被"弹压"的豚鼠的闷气的声音，好象空中满处都是，还有远处轻风送来的那苦命的素甲鱼啼泣的声音。

她就这么坐着，半信自己也好象入了奇境，可就是她明知道只要把眼睛一睁，就样样又变回成无味的凡世界——那草的响声不过就是风吹来的，那池子里水波的声音不过就是风吹苇子激荡出来的——那些茶碗的声音就变成羊铃汀格儿的声音，那皇后的尖喉咙就变成牧童的叫子——还有那小孩子的喷嚏，那骨勒凤的高叫，和别的各种各样的奇怪的声音，都就变成（她知道会变成）那边一个田庄上忙乱的声音——再有那远处的牛叫就会代替那素甲鱼啼泣的声音。

最后来,她又想像同是她这一个小妹妹,日后自己也长成一个女人;想像她成年以后一生总是保存她小时候天真烂漫的心肠;想像她围着一群别的小孩子,也来拿离奇的故事讲到他们的眼睛里也都个个出神起来——真是!也许讲的就是自己多年前梦游奇境的故事呢;而且想像到将来她一定真能够同愁他们孩子们的小愁儿,同乐他们孩子们的小快乐,总还常常恋记着她自己小时候的情景,和那些快活的夏季天。

二

阿丽思漫游镜中世界①

〜〜 著者原序 〜〜

　　小朋友,你眉心里还没皱纹儿,
　　　　一双眼睛看什么都新鲜的小朋友!
　　虽然光阴那么飞,虽然你我俩人儿,
　　　　咱们岁数总差了半辈子呐,总有,
　　可是你一定会笑笑,一定会欢喜
　　我送你这故事,当作爱你的礼。

　　我从来没看见过你春风样儿的脸,
　　　　也没听见过你笑的象泉水的声儿;
　　你长大了以后,你的心思里面
　　　　也不见得还会有我这人的影儿——
　　我只盼望现在你有心想听,

---

① 〔英〕路易斯·加乐尔著,底本选自:加乐尔. 阿丽思漫游奇境记　附:阿丽思漫游
镜中世界(英汉对照). 赵元任,译. 北京:商务印书馆,1988.——编者注

那已经就很可以叫我高兴。

是个从前起头儿的故事,回想
　　到那时儿有夏天的太阳光照着——
跟着歌声的拍子,我们拿桨
　　把小船儿一下儿一下的摇着——
他的余音象还在我耳朵里唱,
虽然小心眼儿的岁月,他偏要你忘。

来听罢,啊!别等那怕人的声儿,
　　满怀着可恨的狠心肠,
可怜把个好好儿的女孩子的魂儿
　　硬叫了去上那不想上的床。
乖,我们也不过是大的小孩儿罢了,
到该要上床了,还闹着要玩儿罢了。

你看外头的霜雪迷茫茫的飞着,
　　你听呼呼呼狂风在耳朵边儿过——
咱们里头呐,在暖烘烘的炉子这儿围着,
　　这简直是孩子们的快乐窝。
我就要你一心听这些神话,
你甭管那外头的风雪多大。

这故事里虽然还好象是带着
　　一点儿抖抖儿的声音,在那儿伤感,
念过去的夏天的日子多快乐,
　　叹早年的风光都已经那么远——
可是不许让半点儿的发愁的渣儿

来偷进了咱们这奇境的乐园儿。

～～ 第一章　镜子里的房子 ～～

　　唉，不是那小白猫儿，一定全是那小黑猫儿做的坏事。因为小白猫儿让大猫给它洗脸来着，一直洗了一刻钟，总算没很闹；所以你瞧刚才那淘气的事儿不会有它的份儿的。

　　黛那给它的孩子们洗脸是这么洗的：它先拿一个爪子把那可怜的小东西的耳朵摁着，再用那个爪子从鼻子尖儿起头望上，给它满脸那么和弄；刚才不是我说它正在那儿忙着弄那个小白猫儿吗？这个就乖乖儿的呆着，还想打呼噜——仿佛觉得出这都是为它好似的。

　　可是小黑猫儿在下午已经早洗好了。所以当阿丽思坐在圈身椅的椅角上团成一团似的那么一半儿跟自己说话一半儿睡着了的时候，那小猫儿就拿阿丽思想要绕起来的绒线球大玩儿大疯，给它滚上滚下的又都滚散了，你瞧现在弄的一地毯的瞎结子乱团子。当间儿还有个小猫儿在那儿拼命追它自各的尾巴。

　　"嘻，你这小坏东西坏透了！"

　　阿丽思说着就把那小猫儿提遛起来亲一下，让它明白这亲它是给它丢脸的。"真的，黛那应该给你教点儿好样子的！应该的嘞，黛那，你知道你应该的嘞！"她一头儿说着，一头儿对老猫做出责备的样子，可是她的声音要凶也凶的不大像——一会儿她转身又爬回到大椅子上，连小猫儿带绒线都抱了上去，又重起头儿来绕那个绒线球。可是她绕也绕不大快，因为她不是对猫说话就是对自己说话。小猫儿就乖乖的坐在她腿上，假装看她那么绕，有时候还拿出一个爪子来轻轻的碰碰那个线圈儿，好象要是许它的话，它还是愿意帮忙呐似的。

"你可知道明儿是几儿啦,华儿?"阿丽思说,"你要是刚才跟我在窗户那儿呆着,你就会猜着了——不过黛那在那儿给你拾掇来着,所以自然你不会知道了。我是在那儿瞅着那些小孩儿攒树枝子做火堆——华儿啊,那火堆可是很要些树枝子呐!不过冷也真冷,雪下的又那么大,他们只好歇了不弄了。不要紧,华儿,咱们明天还是去看烧火堆去。"说到这儿阿丽思拿绒线在小猫儿的脖子上绕了两三道,不过就是看看是什么样子:可是这又闹出个小乱子来了,那绒线球又滚在地下,一码一码的线都滚开了。

阿丽思把猫又抱回到椅子上舒舒服服的坐好了又接着说,"华儿,你可知道,我看你淘的气啊,我就气得简直要开开窗户把你扔在雪里头去!并且这是你应该受的呐,你这小害人精!你还有什么说的吧?唉,你别跟我打岔呀!"她说着就举起一个指头来对它数。"你听我说你做的错事。今儿早晨黛那给你洗脸的时候你唧了两声。你别说没有,华儿,我听见的嘤!啊?你说什么?"(假装那小猫儿说话来着。)"它的爪子弄在你眼睛里啦?那是你不对啊,谁叫你把眼睛睁开了呐?——要是你把眼睛紧紧闭着,那就不会啦。你别推这个推那个了,你听着吧!第二样儿:我刚把雪珠儿的牛奶碟子搁下来,你就叼着它尾巴把它拽走了!什么?你也渴呀,是吗?你怎么知道它不是也渴呐?现在第三样了:我没看着的时候你把我的绒线全都弄散了!

"这是三样坏事了:华儿,一样还没罚你呐。你知道我把你欠的都留起来到下礼拜三来罚你。——要是他们把我欠的都留了起来,那——?"她说说又变了跟自己说话,又不象对那小猫儿说话了。"哎呀,到了一年完了,他们不知道该拿我怎么样了。到了那日子我恐怕得要下狱了,大概。再不然——让我看呵——比方是一回罚一顿饭;那么等那苦日子到了,我不是得一下子罚掉了五十顿饭了吗?好,这个我倒是不大在乎!我还是愿意一下子不吃五十顿饭,比一下子吃五十顿饭好得多。

"你听没听见那雪打在窗户上的声音,华儿?你听它打得多软!就好象谁跟那窗户到处亲它似的。我倒不知道是不是因为雪爱那些树那些田,所以它那么软软的亲它们。它就拿一床白被窝给它们严密密的盖起来；也许还说一声，睡吧，乖乖，一直睡到夏天再来的时候。等到它们夏天再醒啦，华儿啊，它们就穿上了绿衣裳了，它们还跳舞呐，要是刮风的时候——哎呀，那才好看呐！"阿丽思嚷着把绒线球丢下来拍手。"要是真的这样那多好啊！我想那些树在秋天泛黄一定是因为它们都困了。

"华儿啊，你会下棋吗？哎，你别笑啊，乖乖；我问你正经话。因为我们刚才下棋的时候，你看着好象懂似的；我说'将！'你就打呼噜！唉，那回将的倒是不错。华儿啊，要不是那讨厌的马在我的棋子里头来乱扭一阵，我真的都会赢了。华儿啊，咱们来假装——"你知道阿丽思不知道有多少事情总是爱用一句，"咱们来假装"起头，我真想讲给你听，可惜我一半也记不起来。才前一两天她就跟她姐姐争论了一回——都是因为阿丽思开头说，"咱们假装咱们是两个皇帝两个皇后；"她姐姐是样样都喜欢仔细的，说她们既然一共只有两个人，怎么能假装做四个人。阿丽思到末了没法子只好说，"好，你就只做一个，剩下来都让我来做得了。"还有一回她真把看她的老保姆给吓坏了，她在她耳朵里忽然大嚷："李妈！咱们来假装我是一个饿土狼，你是一块骨头！"

可是这个离开阿丽思跟小猫儿说的话离的太远了。"咱们来假装你是红皇后吧，华儿！你知道我想你要是坐起来把胳臂放下来，就简直跟她一样。你试试看，唉，真不错！"阿丽思就拿桌上棋盘里的红皇后拿了来立在小猫儿的眼前当个样子给他学；可是这事情弄不好，据阿丽思说，多半是因为那小猫儿不肯把它的胳臂好好的叠起来。所以她就把它抱起来罚它照镜子，让它看它自己的嘴撅的有多么高——"要是你不马上就给我乖起来，"她说，"我就把你搁在镜子里的房子里去。看你喜欢不喜欢？"

"华儿啊，你只要好好的听我，不要只管说话，我就告诉你我想镜子里的房子里都有些什么。第一样就是你看见玻璃那边的屋子——就跟咱们这边的堂屋一样，不过东西都是那么样子来的。我要是站在椅子上我就什么都看得见了——就是除了镜子底下的火炉子那点儿地方。哎哟！我真想看见那点儿地方就好了！我倒不知道他们那儿冬天有火没有；你没法子知道呀，你想——除非有烟望外头冒出来，那就那边也冒烟儿了——

可是也许是骗骗人的,就做的好象那边儿也有火似的呐? 那么还有里头的书,跟咱们的差不多一样的,不过字都是反的;这个我知道的,因为我拿过一本咱们的书对着镜子,他们也就拿一本他们的书对着我。

"你可高兴到镜子里的那所房子里去住吗,华儿? 不知道他们那儿会不会也给你牛奶喝? 也许镜子里的牛奶不好喝呐? 可是,唉,华儿! 我看见那个过道了。你要把咱们这个客厅的门大开着,你就刚刚能看见一点儿镜子里的过道;你看得见的那边儿倒象咱们这边儿的一样,不过你看不见的地方也许是完全两样的,你想呐? 唉,华儿啊,咱们要是能走到镜子里的那所房子的里头去,那多好啊! 我知道里头一定有,哎哟! 那么好看的东西在里头! 咱们来假装总有个什么法子可以走进去,华儿。咱们假装那玻璃变软了,软得象纱布似的,可以钻得过去。哎呀,我敢说它这会儿真是变成了雾似的了! 那到是容易走进——"她说着不知道怎么的人都已经在炉台上了。那玻璃倒真是慢慢的化没了,化成了一种银的雾了。

再一会儿阿丽思就走进了那个玻璃,已经轻轻的跳下来到那个镜子里的屋子里了。她头一样做的事情就是看看那个屋子里有火没有,她看见里头果然真有火,着的跟她刚才离开的那个火一样旺,她看了高兴极了。她心里想,"那么我呆在这儿可以跟在那旧屋子里一样暖和了,其实还更暖和点儿呐,因为这儿不会有人骂我不许靠近炉子嘞。哈,等他们来看见我到了镜子的这边儿想够也够不着我,那才好玩呐!"

她就四面张张望望,她看见凡是从旧屋子里看过来看得见的些地方都没什么希奇,也没什么趣儿,可是别的地方就跟旧屋子两样极了。比方炉子旁边墙上的画儿都象活的似的,就是那炉台上的钟面(不是平常在镜子里只看见它的背面儿吗?)都变了个小老头儿的脸,尽看着阿丽思笑。

阿丽思心里想,"他们这间屋子没有那间拾掇的干净。"因为她瞧见有几个棋子儿都掉在煤炭里头;一会儿工夫她说一声"咦!"就趴在地上瞅着它们。那些棋子儿一对一对的走起路来了!

"这两个是红皇帝跟红皇后,"阿丽思说话说的很轻,怕吓着了他们,

"那两个是白皇帝跟白皇后,那白皇后坐在煤铲子的边儿上呐——这边儿是两个堡,手搀着手在那儿走——我想他们听不见我,"她说着把头又凑近一点儿,"他们大概也看不见我。我觉着不知道怎么好象我的身子变成了看不见的了,——"

说到这儿阿丽思听见她背后桌子上有个什么呆在那儿唧唧唧的叫,她一回头刚巧看见一个白卒子摔倒了在那儿乱踢乱蹬;阿丽思瞅着它不知道一会儿还会出什么事情。

"哎呀,是我的孩子的声音!"那白皇后一头嚷着一头跑过去,她慌得都把白皇帝撞倒在煤炭里去了。"我的宝贝璃丽啊!我的皇族的小猫儿啊!"说着就拼命的从炉挡的旁边儿望上爬。

"什么皇族不皇族!"那皇帝说着,把摔疼了的鼻子揉揉。你想他摔得从头到脚都是灰,他自然对皇后要发一点儿脾气了。

阿丽思很愿意帮点儿忙。她看见那可怜的小璃丽哭啊叫的都快急疯了的样子,她就赶快把那皇后拾起来,搁在桌上她那女儿的旁边。

那皇后吓得上气不接下气的坐了下来;她在半空中的那一趟路把她的气都吓没了,半天她只会抱着小璃丽不言语。她稍为喘过一点儿气来,就对着底下灰里头坐在那儿噘着嘴的白皇帝嚷着说,"小心火山!"

"什么火山啊?"那皇帝说着就很担心的抬头瞅着那火,好象那是顶象会有火山的地方似的。

"把我——喷——了出来,"那皇后说着还是喘不过气来。"你上来的时候——得走大道儿——别让——他喷了!"

阿丽思先瞅着那白皇帝很费事的在一根一根的棍子上爬过去,到后来她说,"嘻,照那样儿走,你要走到桌子上还得要多少钟头啊。我还是帮了你得了,好吗?"可是那皇帝不理会她问的话;他明明是看不见也听不见她。

所以阿丽思就轻轻的把他拾起来,这回比拎起那皇后拎得慢一点儿,生怕再把他的气又吓没了;可是看他身上弄的那么些煤烟子,她想还是给他掸一掸再给他搁在桌上吧。

阿丽思后来告诉人说她生平也没见过象那皇帝做的那种怪脸。他觉着被一个看不见的大手捏住了，还浑身受掸子抽打，他简直觉着奇怪的叫都叫不出来了，他的眼睛越瞪越圆，嘴越张越大，把个阿丽思笑得抖得差一点儿没把他抖掉在地下。

"嗐，你别做那么样儿个脸啊，我的乖！"阿丽思忘了那皇帝是听不见她的，所以她又大声对他说话了。"你叫我笑的都捏不住你了！你的嘴别张的那么大呀！回头灰都弄得嘴里，——好，这会儿你够干净了！"阿丽思说着就把那皇帝的头发理一理好，就很小心的把他给搁在桌上皇后的旁边。

那皇帝马上就仰不脚儿的倒了下来，一动也不动。阿丽思看了有点儿怕是闯了祸了，连忙在屋子里到处找凉水来浇他。找来找去她只找着了一瓶墨水，等到她拿着墨水回来了，那皇帝都已经好了，正在那儿很害怕的跟那皇后打喳喳儿——他的声音小的阿丽思差不多听不见。

那皇帝在那儿说，"我老实话对你说，我的皇后啊，我吓得冷到胡子尖儿了！"

那皇后回答的是说，"你压根儿就没有胡子嘞！"

那皇帝还接着说，"哎呀，那一会儿工夫把我吓得，我再也，再也不会忘的！"

那皇后说，"你还是会忘的，要是不给它写下笔记来的话。"

阿丽思看着真好玩儿，那皇帝从衣兜儿里拿出了一本大极了的一本笔记簿子来，就写起字来。阿丽思忽然想了个主意，她在皇帝背后捏住他的笔杆儿来替他写字。

那皇帝的样子又诧异又难受，他先还不说话，就使劲跟那个笔拗，可是他哪儿拗得过阿丽思啊？到后来他只得喘着气说，"我的皇后啊！我真的非得换一个细一点儿的铅笔才行。这一支我一点儿也使不来：它写了一大些东西都不是我打算——"

"一大些什么东西啊？"那皇后说着就瞧他那簿子（上头阿丽思已经写了'那白马武士在那通条上望下出溜呐，它的身子很不稳'）。"那记的又不是你心里的感觉嘞！"

桌儿上靠着阿丽思那边有一本书，她一头看着那白皇帝，怕他万一再昏了过去，就拿手里的墨水来浇他，一头就一篇一篇的翻那本书，想找到一点儿可以看得懂的地方——"因为里头都是一种我不懂的文字，"她心里想。

那里头是这样儿的：

炸 脖 踉

有（一）天鸟里，那些活济济的猹子
在卫边儿尽着那么趺那么觅；
好难四儿啊，那些鹈鹕鸼子，
还有窠的猪子悃得格儿。

她先还迷惑了一阵儿，到后来一个聪明的念头来了。"哦，这本来是个镜子里的书嘞！我要是再拿它对着镜子一照，那些字自然就又正过来了，不是？"

这就是她照出来的诗：

炸　脖　踉①

有（一）天鸟里，那些活济济的猹子
　　在卫边儿尽着那么趺那么觅；
好难四儿啊，那些鹈鹕鸼子，
　　还有窠的猪子悃得格儿。

"小心那炸脖踉，我的孩子！
　　那咬人的牙，那抓人的爪子！
小心那诛布诛布鸟，还躲开
　　那符命的般得佹子！"

---

① 这首诗中有许多生造的字，故译文作相应处理。

他手拿着一把佛盘剑：
　　他早就要找那个蛮松蟒——
他就躲在一棵屯屯树后面，
　　就站得那儿心里头想。

他正在那儿想的个鸟飞飞，
　　那炸脖騀，两个灯笼的眼，
且秃儿丏林子里夫雷雷
　　又渤波儿波儿的出来撺。

左，右！左，右！透了又透，
　　那佛盘剑砍得欺哩咔碴！
他割了他喉，他拎了他头，
　　就一嘎隆儿的飞恩了回家。

"你果然斩了那炸脖騀了吗？
　　好孩子快来罢，你真比阿灭！
啊，乏比哦的日子啊，喝攸！喝喂！
　　他快活的啜个得儿的飞唉。

有（一）天凫里，那些活济济的猸子
　　在卫边儿尽着那么趺那么觅；
好难四儿啊，那些鹈鹕鸧子，
　　还有豪的猪子怄得格儿。

　　她看完了说，"这诗好象是很美，可是到是挺难懂的！"（你想她哪怕就是对自己也不肯就认了说她一点儿也不懂。）"不知道怎么，它好象给我说了许多事情似的——可是我又说不出到底是什么事情！横竖有个谁杀了个什么就是了；这是明白的，不管怎么——"

"可是,哟!"阿丽思想到了忽然跳起来说,"要是不赶快看看这所房子别处是什么样子,回头又得回到镜子的那边去了! 咱们先看看花园罢!"她一会儿就出了房门跑下楼去了——说起来其实也不好叫跑,是阿丽思自己想出来的又快又省事的一种下楼的法子。她就拿指头搭着一点儿栏杆,就在过道里飘过去,连脚都一点儿不挨楼梯;到了门口她要是不抓住门上扶手,她简直就要飘到外头去了。她在半空中飘了那么半天,都有点儿头眩了,后来觉着又能象平常的样子走道,她倒是很高兴。

第二章　活花儿花园

"我要是上那小山的顶上去,"阿丽思对自己说,"我花园一定看的清楚的多;这条道儿是笔直到山上去的——无论怎么,咦? 它不! ——"(她走了一两丈路,到已经拐了好几个大弯儿)"可是我想它总是要通到山上的吧。可是它拐得真古怪! 这简直是个螺丝转嘎,哪儿是一条道儿煞? 好了,这个弯儿拐到山上了,我猜——不,它又不! 这又是望屋子里走了嘎! 好吧,我就试试那条路看。"

她就换了一条路走:可是换来换去,转来转去,不管她用什么法子,她老是走走就又走进房门了。真的,有一个弯儿她拐得比平常格外快了一点儿,她没来得及停就马上又碰到那个弯儿了。

"你说是没用的呀,"阿丽思说着看着那房子,假装那房子跟她争论似的。"我说我还不进去呐嘎! 我知道一进去了又得走回到镜子那边旧屋子里,那我要逛的不是都没得逛了吗?"

所以她主意稳稳的背着房子一转,就又顺着那条路走过去,非得要走到那个小山不停。走了几分钟倒也没什么,她刚要说,"这回我可做到了——"忽然那条路那么一扭,好象把自己一甩(阿丽思后来讲给人听的时候用的字眼儿），马上阿丽思又变了望门洞里走进去了。

"唉，这太可恶了！"她急得叫了起来。"我从来没看见过这么爱挡人道的房子！从来没看见过！"

可是那小山还是看得清清楚楚的还在那儿啊，除了再起头对着它走，还有什么别的法子呐？这一回她走到一大片种花的地，四面围着些蒿子花儿，当间儿有一棵桃树。

阿丽思就对着在风里摇摇晃晃的一朵四眼花说，"四眼花儿啊！你要是会说话多好！"

"我们会说话呀！"那四眼花说，"要是有谁配跟我们说话的话。"

这一来叫阿丽思惊奇得半天说不出话来：把她的气都吓没了。过了好一会儿，她看那四眼花只老是摇来摇去，她就很胆儿小的又说——声音轻的差不多象打喳喳儿似的——"那么是花儿都会说话吗？"

那四眼花说，"跟你一样会，还比你说的响的多呐。"

一朵玫瑰花接着说，"你知道照规矩不应该我们起头说话的呀，真的我还在那儿等了半天，不知道你什么时候会起头说话不会呐。我对我自己说，'她的脸象有一点儿懂事，可也不是个聪明脸！'不过你脸上的颜色倒是不错，这个可以帮你不少。"

那四眼花说，"我不在乎那样儿颜色。要是她的花瓣儿再望上卷起一点儿来就象样多了。"

阿丽思不喜欢被人这么批评，所以她又起头问它们话。"你们种在这儿有时候不害怕吗，也没个人照应你们？"

"当间儿有那棵桃树①啊，"那玫瑰花说。"不然要它在那儿干嘛？"

"可是要有了害怕的事情，"阿丽思说，"它又能怎么样呐？"

那玫瑰花说，"它能逃②啊。"

---

① 原文只说是 tree，译为"桃树"是为后文双关语的翻译作准备。

② 原文为 bark（叫），以下中英文双关语的表现形式各不相同。译文以"桃"为"逃"的谐音，又以"约"为"夭"的谐音，且"桃子夭夭"出于《诗经》"桃之夭夭，灼灼其华"句，故显得特别有趣。

一朵蒿子花就接着说,"它说'桃子夭夭!'所以你买桃儿的时候总说,'给我约一约看几斤?'"

又一朵蒿子花说,"你这点儿都不知道吗?"到这儿,它们大伙儿都叫起来了,叫得满院子都是些小尖声音。"住嘴,个个都给我住嘴!"那四眼花嚷着,一头象发了疯似的摇来摇去,急得就那么哆嗦。它摇晃晃的低下头来对阿丽思喘着气说,"它们知道我够不着它们,不然它们再也不敢这样的!"

阿丽思就做着安慰它的声音说,"不要紧!"她看见那些蒿子花又要起头说话,她就摩下腰来打着喳喳儿对它们说,"你们再开口我就掐你们!"

它们马上一声也不言语了,有几朵粉红的吓得都变白了。

"唉,这才好!"那四眼花说。"那些蒿子花儿比谁都讨厌。你一说话,它们就岔进来说,听它们那个闹劲儿,简直把人要闹蔫了!"

阿丽思想对它说两句好话,或者可以平平它的气,她就说,"你们说话怎么都说得那么好啊? 我到过好些花园,可是那些花儿们都不会说话。"

那四眼花说,"你拿手摸摸地下,你就知道为什么了。"

阿丽思照着做了说,"很硬啊,可是这个管那个什么事呐?"

那四眼花说,"在平常的花园里,它们都把底下垫得太软和了,所以那些花儿就老是睡觉。"

这个听听很有道理,所以阿丽思觉着倒是学了一点儿乖,她就说,"这我倒从来没想到过。"

那玫瑰花使着狠狠儿的嗓子说,"依我看起来,你压根儿就不会想。"

一朵紫罗兰就说,"我从来没见过比这个再笨样子的脸了。"她冷不唧的那么一句,把个阿丽思吓得真是一跳;因为这是她头一回开口。

"住嘴!"那四眼花嚷着。"好象你倒看见过谁来着! 你把头老藏在叶子底下,那么呼啊呼的睡着,睡得你比个花胍肬儿也不见得多知道一点世界上的事情啊!"

阿丽思成心不听见刚才那玫瑰花说的那句话,她就问,"这花园里除了我还有别的人没有啊?"

那玫瑰花说,"这花园里还有一朵花儿也象你这么能挪在这儿挪在那儿的。我倒不懂你们是怎么办法的——"(那四眼花当间儿插了一句,"你老是倒不懂。")"不过她比你长的蓬松一点儿。"

"她象我吗?"阿丽思就急急的问,因为她心里来了一个念头,就是,"这花园里不知道哪儿还有个小女孩儿!"

那玫瑰花说,"唉,她跟你一样的古怪样子,不过她比你红一点儿,她的花瓣儿也比你的短一点儿,我想。"

那四眼花说,"她的花瓣儿都弄得紧紧的在一块儿,象西番莲的似的,不象你的那么乱披下来。"

那玫瑰花还很和气的对阿丽思说,"可是这也不是你的错,你是起头儿要蔫了,你知道——到那时候一个人的花瓣儿总难免会乱一点的。"

阿丽思一点儿也不喜欢这一套话:所以她换个题目说,"她有时候儿也上这儿来吗?"

那玫瑰花说,"我敢说你一会儿就会看见她的,她是那种带九根针的,你知道。"

阿丽思听这个倒很有意思,她就问,"那么,她的针带在哪儿?"

"哎,自然带在头上四转儿了。我刚才在那儿希奇,你怎么不也带针。我还当着你们都是这样的呐。"

一朵毛茛花说,"她来了! 我听见她在石子路上蹬蹬蹬的脚步的声音了!"

阿丽思瞪着眼睛四面一瞅。瞅见那边就是那红皇后,阿丽思第一句话就说,"她长大了好些了!"她是长了:阿丽思头一回看见她在煤炭里的时候,她只有三寸高——现在站在那儿的红皇后比阿丽思都高了半个头!

"这都是新鲜空气的好处,"那玫瑰花说:"这儿的空气才好着呐!"

阿丽思想虽然那些花儿也是怪有趣儿的,可是去跟一个真皇后说话去,那不更好玩儿的多吗? 所以她就说,"我想我走去见见她去。"

"那你别想做得到,"那玫瑰花儿说,"我劝你还是背着她走罢。"

这话阿丽思听听象胡说,所以她一声也不言语,就对着那皇后走过去。她哪儿想到刚一走就瞅不见她了,又是对着那房门望里走了。

她觉着这真别扭,她就缩回来四面找找,才远远儿的看见那个皇后。她就想这回再试一试背着她走的法子看。

说也真灵,她走了不到一分钟就面对面的碰见那皇后了,而且她刚才想了那么半天要上的小山也就在她跟前了。

那皇后就问她,"你是从哪儿来的?你是上哪儿去的?抬起头来,好好的说话,别老那么弄手指头。"

阿丽思都照着这些话做了,就很用心的讲给那皇后听,说她是找不着她的路了。

"我不知道你管什么叫你的路,"那皇后说:"所有这儿的路都是属于我的——"又和气一点儿对她说,"可是你本来出来上这儿来干嘛的呐?你一头想说什么的时候在一头请安。这样省时候儿。"

阿丽思觉着这个有点奇怪,可是她对那皇后恭敬的不敢不信她。自各儿还想,"下回我要是开饭的时候回家回晚了我一定试试这个法子。"

"现在你得回答我了,"那皇后看着表说,"说话的时候把嘴张大一点儿,别忘了叫'陛下'。"

"哦,我不过就是要看看这花园是什么样子,陛下——。"

"唉,乖!"那皇后说着拍拍她的头,不过阿丽思一点儿也不喜欢她这样儿。又说,"不过,你说起'花园'来啊——比到我看见过的花园,这简直要算荒地。"

阿丽思不敢跟她争论,她就接着说,"——我刚才是想找条路上那个小山的顶上去——"

"你说起'山'来呀,"那皇后插嘴说,"我能找点儿山给你看看,比起那个来,这个简直得叫山谷了。"

"那也不会呀!"阿丽思说着都没料到自各儿一开口就会这么顶她了。"一个山怎么也不会变成个山谷呀,你想呐。那不是瞎说了吗?"

那红皇后摇摇头说,"你也许高兴管这个叫'瞎说',可是比起我听见过的瞎说的话来啊,那个话说得简直比一部字典都更有道理了!"

阿丽思就请了个安,因为她听那皇后说话的声音,怕她多少有点儿生气了:她们俩谁也不言语,就走到了那个小山的顶上。

阿丽思站在那儿好几分钟也不说话,就对四周围看看那地方的景致——倒是个很古怪的景致。横里头有一条一条的好些小沟,竖里头就有一排一排的小绿篱笆,把沟跟沟当间儿的地分成许多四方块儿。

阿丽思看了半天开口说,"哎呀,这管保是象一副棋盘似的画出来的!那么有地方应该有棋子儿在上头动啊,——呀,可不是有吗!"她瞅见了,越说越起劲。"这简直是一大盘棋嘞——这一个大世界在这儿下的——要是就是个世界的话,你知道。哎呀! 这多好玩儿啊! 我真想也当一个棋子儿! 要是许我来,我肯做个小卒子都行——不过自然我顶爱做个皇后那更好。"

她说着有点儿不好意思的看看那真皇后,可是她的同伴儿只是很和气的对她笑笑说,"这个好办。你要愿意,你可以当个白皇后前头的卒子,不是我的小璃丽还太小不会来棋吗? 你现在在第二方上起头儿走;你到了第八方就可以变成皇后了——"说到这儿,也不知道怎么,她们俩就跑起来了。

阿丽思后来想起这回事情的时候儿,也不明白她们是怎么起头儿的:她记得的就是她跟那皇后手搀着手,那皇后跑的快的她拼命跟才勉强跟得上:可是那皇后还尽着叫,"快点儿! 快点儿!"可是阿丽思觉着怎么也不能再快了,就是没有气儿剩下来再告诉那皇后就是了。

这里头最古怪的事情是,她们两边的树跟别的东西老也不挪地方;她们跑得多么快也不走过什么东西。可怜那糊涂的阿丽思她心里想,"不知道是不是所有的东西都跟着咱们一块儿动的?"那皇后好象猜着她的心思,因为她又嚷,"快点儿啊! 别还想说话呀!"

倒不是阿丽思还有那个意思。她的气喘得觉着一辈子也不能再说话了:可是那皇后还嚷,"快点儿! 快点儿!"一头儿还拽着她跑。阿丽思好容易才喘出一口气来说,"咱们快到了吧?"

"还'快到了'呐?"那皇后学着她说。"咱们十分钟以前都过了那儿了！快点儿!"她们就不做声儿望前跑了一阵,阿丽思的耳朵边的风就呼呼的叫,她觉着把她的头发都要吹掉了。

那皇后又嚷着说,"唉！唉！快点儿!"她们跑到后来快的连脚尖都不大着地,好象瓦片儿削水似的,赶阿丽思累的都要摊了,她们才忽然一停,她就觉着又坐在地上了,又头眩又喘不过气来。

那皇后把她扶起来靠着一颗树,就很和气的对她说,"现在你可以歇会儿了。"

阿丽思四面一看真希奇,"咦！我敢说咱们就一直在这树底下没动窝儿！样样儿都跟刚才一样嚜!"

"自然是的咯,"那皇后说。"不然你要怎么个儿?"

"啊,在我们国里呀,"阿丽思还喘着气说,"你大概总走到一个什么地方——要是你象咱们刚才那么挺快的跑了半天的话。"

"哼！一种慢不唧的国!"那皇后说。"现在你看我们这儿啊,象你那样儿你得拼命跑才赶得上呆在一个地方。你假如要到个什么地方啊,你至少还得跑的两倍那么快!"

阿丽思说,"那我还是别试了吧,谢谢您！我呆在这儿我很够了——就是,我热死了,我渴死了!"

"我知道你要的是什么,"那皇后很亲热的说着,从兜儿里掏出一个小匣子来。"吃块饼干吧!"

阿丽思看这一点儿也不是她要的东西,可是她怕说了"不要"又不恭敬,所以她就接过来勉强吃了下去:这东西可是真干的要命,她觉着她一辈子也没有这么噎得慌过。

那皇后说,"你在那儿用茶点的时候,我就来量量地。"她就从兜儿里拿出一条带子,上头都画的有尺寸,就起头量那个地,这儿那儿插些小棍儿,象打桩似的。

她插着一根棍儿记尺寸的时候,一头就说,"到了两码的尽头我就教给你怎么样走法——再来块饼干吧?"

"谢谢,我不吃了,"阿丽思说,"一块足够了!"

那皇后说,"该解了渴了吧?"

阿丽思不知道怎么回答好,幸亏那皇后也不等她回答就接着说,"到三码到头儿,我就再说一遍——因为怕你忘了。到四码到头儿,我说再见。到五码到头儿,我就走了!"

说到这儿她把小桩都打好了,阿丽思觉着很有意思的看着她走回树底下,再起头顺着一排一排的走下去。

走到两码的桩子她就回过头来说,"一个卒子头一步走两方,不是吗?你既然本来站在第二方上,你就得很快很快的穿过第三方——我想大概是要坐火车的——没一会儿你就到了第四方了。那么那一方是腿得儿敦跟腿得儿弟的——那么第六方就是昏弟敦弟的——怎么你也不说点儿什么呀?"

阿丽思结巴着说,"我,我没知道我是该说话的——刚才。"

那皇后做出很责备她的声音说,"你应该说的是,'你讲这些给我听,真是劳驾得很了',——不过,咱们就算已经说了吧——那么第七方净是树林子——可是那些武士当中总有一个会给你领路的——到了第八方咱们就一块儿做皇后,那就净是吃酒席咧玩儿了!"

阿丽思听完了就站起来请个安又坐下来。

那皇后走到底下一个桩又回过头来了,这回她说,"你要是想不出东西的英文名字你就说法文——走道儿的时候脚尖要冲外——还要记住你是谁!"这一回她没等阿丽思请安就挺快的走到下一个桩,到了那儿她就回头说了一声"再见",连忙又冲着末了那个桩子走了。

阿丽思到底也没知道是怎么回事,她只是看见那皇后一到那末了的桩子忽然就不见了。她到底是一变变没有了,还是挺快的跑到树林子里去了("她跑到是跑得真快!"阿丽思想),那没法子猜得着,横竖她走了,阿丽思就想起来她自己是个卒子,一会儿就是该派她走的时候了。

第三章　镜子里的各种虫儿

第一样要做的事情自然是要给她所要游历的国来大大的测量一下。阿丽思想,"这有点儿像学地理似的。"她垫起脚尖儿来望远处张,想怎么样儿能看得远一点儿。"大河流——没有。大山岭——就是我一个,可是这个山恐怕没有名字。大城市——咦? 那边儿那么动的是些什么东西啊,在那儿做蜜的? 不会是蜜蜂儿啊——没有那么远还看得见蜜蜂儿的,你想呐——"它站了一会儿不言语,瞧着它们当中一个在一群花儿里忙来忙去,拿它的针往花心里头那么探,"就像一个平常的蜜蜂儿似的,"阿丽思想。

可是这一点儿也不是个平常的蜜蜂儿:它实在是一个象——阿丽思不看出来还没什么,她一看出来简直被她愣住了。她跟着想起来的就是,"那么那些花儿可要多大呀! 简直是些小房子把房顶摘了装些棍子似的——那么它们做起蜜来那要做多少啊! 我想我下去瞧——不,我这会儿还不去呐。"她刚要跑下去就停住了,一头儿想找个什么推托的话,不然怎么忽然又胆小起来了。"要是就这么跑到它们那儿去,也没有一根长树枝子掸开它们,那是再也不行的——可是回头人家问起我来散步散的可还好玩儿,那才有意思呐。我就说,'唉,好玩儿到还好玩儿——',(说到这儿她把小脸那么一扭,她顶爱这么一来)'就是土可是真大,天又那么热,还有那些象绕着嗡啊嗡的才讨厌呐!'"

她停了一会儿又说,"我想我还是走那条道儿罢,也许我下回再去看那些象去。并且我实在是真想到那第三方去!"

她这么推托了一阵子,就跑下山去,跳过了那六条沟的第一条。

*　　　*　　　*

"唉,劳驾,查票了!"那查票员说着,从窗户那儿伸进一个头来。马上大伙儿就都拿出车票来;他们差不多跟人一样大,好像坐的满车都是似的。

"该你了! 拿票出来,小孩儿!"那查票员一头说一头很凶的瞅着阿丽思。接着好象一个大些的声音一块儿说("就象一个歌儿里的合唱似的。"阿丽思想)"别叫她等着啊,小孩儿! 你想他的时候儿一分钟值一千镑钱呐!"

阿丽思急得没法儿,只得说:"我恐怕没有票。我来的地方也没有个售票处嘿。"那一群像合唱的声音又说,"她来的那地方没地方做售票处的。那边儿的地值一千镑钱一寸呐!"

那查票员说,"别推这个推那个,你应该问开机器的人买的嘿。"那一群声音又接着说,"就是管车头的机器的那个人。你知道光是那烟就值一千镑钱一喷呐!"

阿丽思心里想,"那么也不必说话了。"这一回那些声音到是没接着说,因为阿丽思并没有说话,可是她没料到他们象合唱似的一块儿想起来了(怎么叫"象合唱似的想"只有你懂——我只好承认我是不懂了),"还是什么也别说罢。说话就要一千镑钱一个字呐!"

阿丽思想,"我今儿晚上做梦一定会梦见一千镑钱的,我知道我会的!"

这半天那查票员一直呆在那儿瞅着她,先使一个长筒子的望远镜,一会儿又使一个显微镜,等会儿又使一个双筒子的望远镜。看到后来他就说了一声"你走反了",就关上窗户走了。

坐在她对边儿的一位先生(他穿了一身白纸的衣裳)说,"这么年轻的一个孩子,就是连自各儿的名字都不知道,也该知道她望哪边儿走啊!"

坐在那白纸衣裳先生的旁边有一个山羊,它闭起眼睛来说,"她就是连字母都不认得也该知道上售票处去是怎么走啊!"

坐在那山羊旁边有一个甲壳虫儿(那一车的真是些古怪的搭客),因为它们大伙儿好象是轮流着说话的,所以这会儿那甲壳虫儿就接下去说

"那么她就得算行李从这儿寄回去了！"

阿丽思看不见那甲壳虫儿那边坐的是谁，这回接下去的是一个哑嗓子说话。"换车头——"刚说到这儿那嗓子就噎住了说不下去了。

阿丽思心里想，"这声音到有点儿象鸭子①叫。"一个一丁颠儿的小声儿就在她耳朵里说，"你可以把这个做成个笑话儿——什么'哑子'的'鸭子'的，你知道。"

远远的又一个很柔软的声音说，"她身上得贴起封条来，上头写'当心陶器'，你知道——"

以后就有好些别的声音接着说话。一个说："她得从邮政局寄了去，因为她有个人头嘞！"一个说"她得当电报打了去"。又一个说，"剩下来的路她得拉着火车走。"什么什么的说不完。阿丽思想，"这车里哪儿来这么些人啊？"

那穿白纸衣裳的先生就弯过腰来对着阿丽思耳朵边轻轻的说，"你甭管它们大家说些什么，乖孩子，你就每回车停的时候买一张回头票得了。"

"我才不呐！"阿丽思说着都不耐烦起来了。"我本来就不是这个车上的搭客嘞——我刚才是在一个树林子里头来着，我愿意还回到那儿去！"

那个小不点儿的小声音又在她耳朵边说，"这个你也可以编成个笑话，什么'回到原处，有好些树'，你知道。"

"别这么搅哄人家呀，"阿丽思说着往四面找，也找不着那小声音是哪儿来的。"你要是那么在乎编笑话儿，干么不就自各儿编呐？"

那小声音深深得叹了一口气；看样子它象是实在不快活似的，阿丽思都要想说点什么可怜它的话来安慰安慰它，"要是它能够好好儿的象别人一样那么叹气的话。"阿丽思想。可是它叹得那么妙的一口小叹气，它要不是尽挨着阿丽思的耳朵边啊，她就简直一点儿听不见了。结果把她耳朵弄得痒痒极了，弄得她一点儿也不想到那小东西的不快乐了。

---

① 原文为"马"（horse），译作"鸭子"，是为下文谐音的翻译作准备。以下有多处此种译法，不再加注，请读者注意。

那小声音就接着说,"我知道你是一个朋友,一个好朋友,一个老朋友,你不会害我吧,我虽然是倒是个虫儿?"

"什么虫儿?"阿丽思问着有点儿着急起来了。她真要问的是那虫儿蜇人不蜇人,不过她想要问了怕太没规矩就是了。

"什么,那么你难道不——"那小声音刚说到这儿就被那火车的哨子吁哩哩一响,闹的一点儿也听不见了。大伙儿连阿丽思也都吓了一跳。

那个马,它刚才拿头伸在窗户外头看,现在就轻轻的缩回头来说,"哦,咱们不过就是跳过一条沟。"大伙儿听了这个觉着好象就没事了,可是阿丽思听说火车还在跳的话,到觉着有点儿担心。"不过这么一来咱们就可以到第四方,"她对自己说,"那倒还可以叫人放心!"一会儿工夫她就觉着那车在半空中腾起来,她一害怕就随便找个什么顶近的东西抓住,她抓住的碰巧是那山羊的胡子。

*　　　*　　　*

可是那胡子一碰到手好象就化了,它又变了安安静静的坐在一棵树底下——还有那小蚋虫儿(就是刚才在她耳朵边说话的那小虫)就在她头上一个树枝子上摇摇晃晃的站着,拿两个翅膀在那儿搧阿丽思。

这个蚋虫可是真大:"差不多有一只鸡那么大小"阿丽思想,但是它们既然说了这么半天的话了,她也用不着再怕它了。

"——那么难道你不是所有的虫子都喜欢啊?"那蚋虫儿平平淡淡的接着前头说,好象刚才一点儿什么变动都没有过似的。

阿丽思说,"它们要能说话我就喜欢它们,可是我来的地方,它们没有一个会说话的。"

那蚋虫儿就问,"你来的地方你们有些什么虫儿你看了就会开心的?"

阿丽思说,"我看见了并不见得开心,因为我有点儿怕它们——横竖大的我怕。不过我能告诉你有些虫儿的名字。"

那蚋虫儿随便答一句说,"自然它们听见了叫它们的名字会答应了?"

"那我倒从来没听说过。"

那蚋虫儿说,"要是叫了不会答应,那它们要名字干嘛呢?"

阿丽思说，"对它们是没有用呀，不过给它们起名字的人大概起了有点儿用处，我想。要不然不管什么东西要名字干嘛呐？"

"我不敢说，"那蚰虫儿回答说。"还过去一点儿在那边那个树林子里它们就什么东西都没有名字的——别管了，你数数你们的虫儿给我听吧；你净耽误时候。"

阿丽思就起头儿拿手指头数着说，"我们那儿有马蜂。"

那蚰虫儿就说，"唉，在那棵小树的半当中，你要是留心去瞅，就可以看见一个木马蜂。它全是木头做的，它要上哪儿去就从这个枝子到那个枝子一摇一摇的那么走。"

阿丽思觉着这个非常有趣，她就问，"它吃什么活呢？"

那蚰虫儿说，"树浆跟锯末了。再说下去啊。"

阿丽思看着那个木马蜂非常好玩，她猜一定是才油漆了不久的，那么亮那么粘的样子；她又接着说底下的。

"那么我们还有蜻蜓。"

那蚰虫儿就说，"你瞧瞧你头上的树枝子，你就可以看见一个冬蜻蜓。它的身子是一个布丁做的。翅膀是冬青树的叶子做的，它的头是一个才蘸了勃兰地点着了的葡萄干。"

阿丽思又像刚才那么问，"那么它吃什么活呐？"

那蚰虫儿说，"糖粥跟酥盒子了。它的窝就做在圣诞节的纸盒里。"

阿丽思把那头上着火的冬蜻蜓好好的瞅了一会儿，她心里想，"好些种虫儿都喜欢望火里头飞，不知道是不是因为它们都想变成冬蜻蜓的缘故？"一会儿她又接着说，"那么我们还有油葫芦。"

"在你脚底下爬着，"那蚰虫儿一说，阿丽思就吓得马上把脚一缩回来，"就是一个面包黄油葫芦，它的翅膀是薄片的面包黄油做的，它的身子是一个面包壳，它的头是一块方块糖。"

"那么它吃什么活呐？"

"牛奶皮淡茶了！"

阿丽思忽然想到一个新的难处，"也许它找不着牛奶皮淡茶呐？"她说。

"那么它就死了,自然。"

阿丽思想想又说,"可是这个常常儿会碰见的呀?"

那蚰虫儿说,"老是碰见这样儿。"

阿丽思听了半天不言语,心里头想着。那蚰虫儿就绕着阿丽思的头嗡啊嗡的打转儿玩;到后来它又落下来对阿丽思说,"我想你大概不愿意把你的名字丢了吧?"

"嗄?我不愿意啊!"阿丽思倒有点儿着急起来了。

那蚰虫儿很随便的接着说,"不过——这也没准儿。你想,你要是回家的时候把名字遗在外头了,那多便当啊!比方你的保姆要叫你做功课的时候,她只好说'快来——'就得停住了,因为她底下就叫不出名字来了,那么自然你也用不着去了,你想。"

"那我知道再也不行的,"阿丽思说:"那保姆一定不会为着这点儿事就放我的学的。要是她记不起我的名字来她就会叫我'密斯',就跟用人一样叫法。"

那蚰虫儿说,"好,要是她只说'没事',不说别的那你就没事了。这是一句笑话儿。要是让你说了多好。"

阿丽思说,"为什么我说了就好?这个笑话儿编的一点儿也不好嘛。"

可是那蚰虫儿只深深的叹了一口气,两滴大眼泪珠子在脸上流了下来。

阿丽思说,"要是说笑话儿叫你这么不快活,你还是甭说笑话儿了罢。"

那蚰虫儿听了又来了那么一个伤心的小叹气儿,这一回它一叹叹的把自各儿都叹没了,因为阿丽思再抬头一看,树枝上什么都没有了,她坐了这么半天不动也有点儿冷得慌了,她就站起来又走。

她一会儿就到了一片空场,空场的那边儿是一个树林子:这个树林子比刚才那个黑的多,阿丽思觉着有一点儿胆小,不敢望里走。可是再一想,她觉着还是走进去罢。她对自己说,"要我望回走,那我是不来的,而且到第八方也只有这一条路嘛。"

走了一会儿她一头想着说,"这个一定是哪个东西都没名字的树林子了。我走了进去不知道我的名字要变成怎么样?我一点儿也不愿意把它丢了——因为他们一定会又给我起一个,而且我猜一定会给我起一个很难听的的,可是那么样子,回来去找谁顶了我的旧名字的时候,到是怪好玩儿的! 那就象有些广告似的,你知道,比方人家丢了狗,他们的广告上就说,'脖子上带了铜领子:叫"小花"就答应'——你想碰见什么东西都叫它一声'阿丽思'看哪个东西答应,那多好玩儿! 不过谁要是聪明的话,他一定不肯答应的。"

她一直走到树林子那儿,老是一个人自各儿那么叽哩咕噜;那地方到很阴凉。她走到那些树底下就说,"不管怎么样,横竖这儿不像刚才那么热,到底还是这儿舒服,在这些——这些——这些什么东西来着?"她想不出那个字来觉着有点儿诧异起来。"我是要说在这个——这个——这个的底下,你知道!"(她拿手摸着树。)"它到底管它自各儿叫什么呀,我倒不知道? 我敢说它是没有名字的——唉,真的它本来是没有名字的!"

她站了一会儿不言语,想了想她忽然说,"哎呀,那么这事情到底真来了! 那么现在我是谁呐? 我要记得我就记得! 我打定了主意我非得记得不成!"可是她打定主意也白饶,她纳闷了好半天,顶多只能说,"嘞——嘞——我知道是嘞字起头儿的嘞!"

正在那时候儿一个小鹿儿慢慢儿的走过去,它睁着一双很和气的大眼睛瞧着阿丽思,可是一点儿也没有怕她的神气。"来,上这儿来!"阿丽思说着伸出手来想要摸它;可是它退了几步,又停住瞅着阿丽思。

到后来那小鹿儿说,"你叫什么?"它说话的声音真软真好听!

那可怜的阿丽思心里想,"我也真愿意知道呀!"她只好回答说,"现在还不叫什么呐。"

它说,"那不行,再想想看。"

阿丽思就想,可是还想不起来。她就很胆小的说,"好不好请你先告诉我你叫什么罢? 也许这个可以帮我一点儿。"

那小鹿儿说,"你要是再跟我多走一点儿我就告诉你。我在这儿记不起来。"

所以阿丽思就拿胳臂搂着那小鹿儿的细软的脖子,俩人慢慢的在树林子里走,一直走到了又一个空场,那小鹿儿忽然从阿丽思的怀里退出来望半空中一跳,很开心的大嚷一声"我是个小鹿儿!哎呀!你是个人的小孩儿!"它那双好看的深黄眼睛里,马上现出害怕的神气出来,再一会儿工夫它就飞啊似的跑走了。

阿丽思在后头站着瞅着,她忽然丢了这么好的一个小同伴,心里难受得都要哭出来了。"不过我想起我的名字来了,"她说,"这总算是个安慰。阿丽思——阿丽思——我再也不忘了。现在让我看啊,这两块牌子上指的方向,应法照哪一个走啊——我倒不知道?"

这个话倒不难回答,因为只有一条道儿穿过那树林子,而且那两块牌子上的指头都一顺儿的对着那条道儿指着。阿丽思就说,"好,赶几时那道儿分开的时候,要是那俩指头指的两样的时候,我再来决定。"

可是这事情不大像会有的。她尽走尽走,走了好些路,可是每回碰到一个岔道儿的地方就老有两块牌子都顺着同一条路上指着,一个上头写着"到腿得儿敦家";一个上写着"到腿得儿弟的家里"。

到后来阿丽思说,"啊,敢情他们住在一所房子里的,我想。怎么这点儿我早没想到?可是我不能多呆。我就只跟他们打个招呼,说声,'你们好啊?'就问他们怎么走出这树林子。我得要赶天没黑就走到了第八方才行呐。"她就这么荡啊荡的走,一头走着一头跟自各儿说话,走走忽然一拐弯儿就碰见了两个小矮胖子,他们忽然的那么一现出来,都把阿丽思吓了一跳,不过她马上就放下心来,因为她知道他们俩一定就是——

第四章　腿得儿敦跟腿得儿弟

他们俩你搭着我的肩膀我搭着你的肩膀,站在一棵树底下,阿丽思一看就知道哪个是哪个,因为一个的领子上绣的是一个"敦",一个的领子上绣的是一个"弟"字。她对自己说,"我猜他们每人领子后头一定都有个'腿得儿'在上。"

他们站得那么一点儿也不动,阿丽思都忘了他们是活的了,她正要看看他们俩人的脖子后头有没有个"腿得儿"写在上头,忽然那个有"敦"字的说起话来了,把阿丽思倒吓了一跳。

他说,"你要是拿我们当腊人儿,你就得给钱,你知道。腊人儿不是白看的呀。才不呐!"

"反过来说,"那个有"弟"字的接着说,"要是你想我们是活人,你就应该说话。"

阿丽思除了"我真是对不起的很"也说不出别的话来;可是那一首老歌儿的词儿尽在她脑子里象个钟似的那么不停的转,她简直差一点儿没把这个歌词儿说出声来:

> "腿得儿敦跟腿得儿弟,
>
>> 他们商量好了打一架;
>
> 因为腿得儿敦说腿得儿弟,
>
>> 他毁了他的新的花啦啦。
>
> 忽然飞来个大黑老鸹,
>
>> 黑得都跟墨一样了;
>
> 把俩人儿吓得抱着脑瓜,
>
>> 连刚才打的架都忘了。"

"我知道你在那儿想什么呐,"腿得儿敦说,"可是不对,才不呐。"

"要反过来说,"腿得儿弟说,"要是对,就许对;倘若对,就会对,但是既然不对,那就不对。这是逻辑。"

阿丽思很客气的说,"我刚才想的是走哪条路可以走出这树林子:天都这么黑了。请你们告诉我声,好吧?"

可是那两个小胖子只是你看看我我看看你那么笑。

他们的样儿那么活像一对小学生,简直叫阿丽思忍不住的拿指头指着腿得儿敦说，"第一个学生！"

"才不呐！"腿得儿敦干干脆脆的说完了就拿嘴"啪！"的一声闭了起来。

"第二个学生！"阿丽思说着拿手指着腿得儿弟，知道他一定会说"要反过来说！"你瞧，他可不是真说了！

腿得儿敦就说，"你起头就起错了嚜！你要拜望人，你第一件事情是对人说声'您好？'再跟人搈手！"说到这儿他们哥儿俩搂着挤了一下，再把两个不用的手伸出来跟她搈手。

阿丽思不好跟哪一个先搈手，怕得罪了那一个；所以她想了个顶好的主意，就拿两个手跟他们一块儿搈：再一会儿就成了一个圈儿，手搈着手跳起舞来了。这个好象是很自然的事情（这是她后来想起来的话），而且她听见有奏乐的声音也不觉着奇怪：那音乐好象是从他们头顶上的树上来的，也不知道是树枝子跟树枝子象胡琴棍儿刮胡琴弦那么刮的，也不知道是怎么的。

"真古怪，"（这是阿丽思后来对她姊姊讲所有这些事情的时候说的）"不知道怎么，我唱起'咱们围着那桑树来跑'那个歌儿来了。我也不知道是什么时候起头儿的，就只觉着已经唱了半天了似的！"

那两个跳舞的都很胖，所以一会儿就喘不过气来了。腿得儿敦呼啊呼的说，"一个跳舞转四圈足够了。"他们就象刚才说起头就起头一样，现在说停就停了：那树上来的音乐也一块儿停了。

他们放了阿丽思的手就站在那儿老瞅着她：这一停停得怪不好意思的，阿丽思也不知道对刚才一块儿跳完了舞的人应该是起头说点什么话。她心里想，"这会儿可不能再问'您好？'了：我们横竖是早过了问这个的时候了！"

她好容易想出来说，"你们不太累得慌了吧？"

腿得儿敦说，"才不呐。多谢你关心问我们。"

腿得儿弟也说，"真是感谢的很！你喜欢听诗吗？"

阿丽思慢慢吞吞的说，"喜欢倒是喜欢——有些诗的话。劳驾可好告诉我哪条路是走出这树林子的?"

"背哪一首给她听?"腿得儿弟说着,拿一双很正经样子的眼睛转过来对着腿得儿敦,也不理会阿丽思问他的话。

"《海象跟木匠》那首顶长。"腿得儿敦说着就把他的弟弟亲亲热热的抱一下儿。

腿得儿弟马上就起头儿:

"太阳照在——"

说到这儿阿丽思不管三七二十一就打断他的话说,"要是这诗很长的话,还是劳您驾先告诉我哪条路——"

腿得儿弟只是很和气的对她笑一笑,就又起头背:

"太阳照在大海上,
　　他拼命使劲的干:
他想把浪头归置好,
　　要又光又不乱——
可是这很怪,因为那正是
　　在半夜三更半

那月亮看了噘着嘴,
　　他心里想,刚才
还当着一天过完了,
　　怎么太阳还要来?
'他简直没规矩,'她说,
　　'这么跑来拆我的台。'

那海是湿得象什么那么湿,
　　那沙子就干得象干。
你看不见天上一片云,

因为并没云在天：
也没有鸟儿在穿空过——
　　是并没鸟儿在穿。

海象跟一个木匠
　　他们俩人儿慢慢儿的跑：
他们看见了那么些沙子，
　　就哭得个不得了
'要是这都扫清了，'他们说
　　'那岂不是非常好？'

'要是七个老妈子拿七个敦布
　　来扫它大半年，
你猜猜看，'那海象说，
　　'可能够扫得完？'
那木匠掉着眼泪儿说，
　　'唉！我看这很难。'

'啊，蛎蟥们，'那海象说，
　　'来跟我们散散步！
来说说话，来打打岔，
　　在海滩儿上走走路：
我们俩人儿四个手搀四位，
　　再多了怕搀不住。'

那老蛎蟥也不言语，
　　也不拿手去搀：
那老蛎蟥只摇摇头，

把眼睛翻——翻——
它意思是说,'象它这样儿
　　还再去上海滩?'

有四个小蛎蟥儿很想来,
　　它们想的不得了:
它们刷了衣裳,洗了脸,
　　把鞋带儿也系好——
可是这很怪,因为你知道,
　　它们压根儿就没脚。

又四个蛎蟥跟着来,
　　又四个跟着走;
越来越多——你听我说——
　　还有,还有,还有——
它们都从水里跳上岸,
　　那么唏哩哗啦的走。

那海象跟那个木匠
　　又走了两三里,
它们找了一块大石头
　　来当做圈身椅:
那一个一个儿的小蛎蟥儿
　　就大伙儿往前挤。

那海象说,'来谈话吧,
　　咱们说短还说长:
说鞋——说船——还说火漆——

说白菜——跟国王——
问海怎么煮的滚滚烫——
　　问猪可能上房。'

'请等一等儿,'它们连忙说,
　'我们简直赶不上;
我们有的喘不过气
　　来,我们个个儿都很胖!'
'你们甭这么忙!'那木匠说,
　它们说,'您真体谅!'

那海象说,'咱们最要紧的
　　是来个大面包:
还有很好的好作料
　　是酸醋跟胡椒——
喂,蛎蟥们,你们好了吧?
　　好,咱们就动手挑。'

'可是挑谁啊?'它们嚷着说,
　　它们吓得都变了色。
'你们刚才待我们那么样儿好,
　怎么一会儿又这么——喷!——嗳!'
'今儿天儿真好,'那海象说,
　'喂,木匠,你瞧那海!

你今儿能来,我真高兴!
　　我很想见你的面!'
那木匠只管吃着说,

'喂,再给我们切一片:
　　我愿意你别那么样儿聋——
　　　　我叫了你好几遍!'

'这该不该,'那海象说,
　　'这么给它们上这个当?
咱们叫它们跟我们跑的这么远,
　　　　是跟我们出来逛!'
那木匠拿着面包说,
　　　　'这黄油抹不上!'

那海象说,'我为你们哭啊,
　　　　哎! 你们真可怜!'
它眼泪汪汪儿的在那儿挑,
　　　　把大的都找全,
还掏出兜儿里的小手绢儿
　　　　来挡在眼面前。

'回家了,嘿!'那木匠说,
　　　　'你们玩儿的可还好?
怎么不言语啊?'看看像
　　　　是蛎蟥非常少——
可是这难怪,因为它们哥儿俩
　　　　把个个儿都吃了。"

　　阿丽思听完了说,"我还是喜欢那海象一点儿,因为它到底有点儿可怜那些蛎蟥们。"

　　"它比木匠吃得多呀,"可是腿得儿弟说。"你瞧它拿小手绢儿挡在眼面前,不是好让那木匠数不清它吃了多少吗? 要反过来说!"

阿丽思听了怪生气,她说,"这太下等了!那我还是喜欢那木匠一点儿——既然它吃的没有海象那么多!"

腿得儿敦说,"不过他也是能吃多少吃多少呀。"

这更叫人胡涂了。隔了一会儿阿丽思说,"唉,它们两个人都是很讨厌的人物——"说到这儿她忽然被一个声音吓住了,她听见在附近树林子里有个东西像个蒸气机似的那么咔啊咔的响,不过她怕的是像有什么野兽来了。她很胆小的问他们说,"这儿有狮子老虎什么的没有?"

腿得儿弟说,"哦,不过是那红皇帝在那儿打呼噜。"

"来,去看他去!"他们哥儿俩说着就一个人挽着阿丽思的一只手,领她上那皇帝睡觉的地方。

腿得儿敦说,"你瞧他这样子多可爱啊!"

阿丽思凭良心简直没法说他是。他戴着一顶挺高的红睡帽儿,上头还有个穗子,他的身子就乱七八糟的团成一堆,他打呼噜打得"够把他的头都要呼掉了!"腿得儿敦说的。

阿丽思是个会替人想的小孩儿,她说,"我怕他睡在那潮湿的草地上别睡伤了风吧?"

腿得儿弟说,"他这会儿在那儿做梦呐,你猜他梦见的是什么罢?"

阿丽思说,"那谁猜得着啊?"

"自然是梦见你了,"腿得儿弟说了得意的拍起手来。"那么要是他一会儿梦里没有你了,你猜你就会在哪儿了?"

"自然还是在这儿了。"阿丽思说。

腿得儿弟说,"哼!你才不呐!你哪儿也不在啦。你不过是在梦里头的一种东西就是了,你想!"

腿得儿敦又接着说,"要是那皇帝醒了过来啊,你就像一枝蜡似的,叭!一下儿就灭了!"

阿丽思有点儿生气,她说,"我才不呐!而且假如我只是他梦里头的一种东西,那么你们是什么呐,我到要知道?"

腿得儿敦说,"同上。"

腿得儿弟也嚷着说，"同上，同上！"

他嚷的那么响，阿丽思不由得就说，"吁——！我怕你这么闹法，回头把他闹醒了！"

腿得儿敦说，"哼，你说他闹得醒闹不醒有什么用处？你不过是他梦里头的一件东西嚜，你知道你又不是真的。"

"我是真的嚜！"阿丽思急得哭起来了。

腿得儿弟说，"你哭也哭不真啊：本来就没东西哭嚜。"

"我要不是真的我怎么还哭呐？"阿丽思说着从眼泪里头要笑出来了，她觉着不知道这是胡说些什么。

腿得儿敦做着很瞧不起她的声音说，"我想你不见得以为那都是真眼泪吧？"

阿丽思自己想，"我知道他们都是瞎说，还为着这个哭，那傻极了。"所以她就擦擦眼泪，还勉强的做出高兴的神气对他们说，"不管怎么样，我是得想法子走出这个树林子了，因为天已经黑得厉害了。你们看会下雨吧？"

腿得儿敦支起了一把大雨伞，连他弟弟跟他自各儿都遮起来，就在伞底下望上瞧着说，"我想不会，横竖这底下不会。才不呐。"

"可是外头也许下雨呢？"

腿得儿弟说，"它要高兴，它下就得了。我们不在乎。要反过来说的。"

"这些自顾自的东西！"阿丽思心里骂着，刚要想对他们说声"明儿再见"就离开他们，忽然腿儿敦从雨伞底下跳了出来一把抓住阿丽思的手。

"你看见那个东西吗？"他说着拿一个手指着树底下一个小白东西，他气得手都发抖，嗓子也噎得说不出话来，两个眼睛一会儿工夫瞪得又圆又黄。

阿丽思细细的把那小白东西瞅了瞅说，"不过就是个花啦啦响的那种玩意儿呕。"她生怕他是吓着了，所以又连忙告诉他说，"并不是个花啦啦响的那种响尾蛇呀。不过是个旧的花啦啦，挺旧挺破的了。"

"我知道是的嚡!"腿得儿敦一头嚷着一头跺着脚又乱扯他自己的头发。"是弄坏了嚡,自然了!"说到这儿他瞅着腿得儿弟,腿得儿弟马上就望地下一坐,想要躲到那雨伞底下藏起来。

阿丽思拿手搁在他胳臂上,做着安慰他的声音说,"唉,为着一个旧的花啦啦,用不着这么样生气呀。"

"并不是旧的嚡!"腿得儿敦嚷的越嚷越气越响。"是新的,我告诉你——我昨儿才买的嚡——我的好好的一个新的**花啦啦**!"他的声音简直象个什么东西叫唤了。

这半天腿得儿弟就在那儿想尽了法子把那雨伞放下来,还要连自各儿又包在里头;这古怪把戏弄得叫阿丽思都忘了他的发脾气的哥哥,转过来瞧他了。可是他弄也弄不好,到后来一毂辘儿一个滚儿,人是裹在雨伞里了,可是一个头还露在外头;他就那么横在那儿,一张嘴两只眼睛一开一关的——阿丽思想,"要不是个鱼没有别的再像的了。"

腿得儿敦气的声音稍为和平一点儿说,"自然咱们得商量好了打一架了?"那个就从雨伞底下爬出来,撇着嘴说,"恐怕是要的了,不过她得帮咱们打扮起来,你知道。"

他们哥儿俩就手挽着手走到树林子里去,一会儿每个人怀里抱了一大堆东西出来——什么垫子咧,被窝咧,地毯咧,桌布咧,锅盖儿咧,煤炭篓子咧,什么的,腿得儿敦说,"你对于系扣儿别别针总该是个好手吧?样样东西都得想法弄上去呐。"

阿丽思后来告诉人说,她从来也没见过人一样事情这么啰嗦法——那两个人忙的样子,得弄上去的东西可真多——拴绳系扣的给他麻烦劲儿——"赶弄好了的时候他们也不知道成了什么了,简直是两捆破布烂棉花团儿了!"她对自己一头说着一头给腿得儿弟脖子上围起个垫子来,"这是防着他头被人砍下来的",据他说。

他又很沉重的说,"你知道打仗碰到这样事情不是玩儿的呀——碰到头被人砍掉了的话。"

阿丽思哈哈的笑出声来,可是她连忙又想法子改成一个咳嗽,怕笑了回来他生气。

"我今儿脸上的气色不大好吧?"腿得儿敦说着走过来让阿丽思给他把盔甲系上。(他叫是叫他盔甲,可是象极了一个锅了。)

阿丽思软软的声音说,"呒——,唉——,不很大好。"

腿得儿敦低声说,"我平常倒是很勇敢的,不过今儿我碰巧有点头疼。"

腿得儿弟在旁边听见了说,"那么我,我还牙疼呢! 我比你更不好了!"

阿丽思想这是个好机会讲和了,她就说,"那么你们今儿还是别打了罢。"

腿得儿敦说,"我们打是得打一点儿,不过我倒不在乎打的多长。现在什么时候啦?"

腿得儿弟看看表说,"四点半。"

腿得儿敦说,"那么咱们就打到六点钟吃饭罢。"

腿得儿弟没法子,只好说,"好吧,她可以看着咱们打——可是你别站得太近,啊! 我是看见什么就打的——当我真打出气来的时候。"

腿得儿敦嚷着说,"我呀,我不管看见不看见,我打着什么就是什么。"

阿丽思笑了。她说,"那你们一定常常会碰到树了,这么说起来。"

腿得儿敦很得意的对四面一笑。他说,"哼! 当我们打完了仗啊,从这儿起到不知道多远,恐怕连一棵树都没有剩下来的了!"

"都是为了一个花啦啦!"阿丽思说这个还指望说得他们不好意思——为着这么一点儿小事情来打仗。

可是腿得儿弟说,"要不是个新的,我倒不这么在乎了。"

"要是那大黑老鸹这会儿来就好了!"阿丽思想。

腿得儿弟对他哥哥说,"只有一把剑啊,你知道。可是你可以使那把雨伞——也挺快的啊,不过咱们快点儿起头吧。天都黑得不能再黑了。"

"唉! 又更黑了。"腿得儿弟说。

真的忽然大黑起来了,阿丽思想一定是有雷雨来了。她说,"哎呀,那块云彩真黑！它来得怎么那么快啊！啊,敢情它是有翅膀的呢?"

腿得儿敦看见了,吓得使起尖嗓子大嚷说,"是那个老鸹!"他们两人抱着脑瓜拔起脚来就跑,一会儿连影儿都看不见了。

阿丽思跑进树林子里一点儿路,到一棵大树底下呆着。她想,"这儿它怎么也够不着我了,它那么大,一定挤不进这些树当中来。可是我愿意它别拿翅膀那么扑——扑得简直全树林子都起了大风了——唉! 这儿是谁的披肩刮掉了!"

第五章 绵羊跟池塘

她说着一把抓住那披肩,就四面找那东西的主儿:再一会儿那白皇后从树林子里拼命的跑过来,两只胳臂搽的开开的像翅膀似的,阿丽思就拿着披肩很客气的过去迎接她。

"真好,碰巧抓住了。"阿丽思说着就帮着给她披上。

那白皇后像吓得不知道怎么好似的瞅着阿丽思,嘴里叽哩咕噜的不知道说些什么,有点儿像"面包黄油,面包黄油"似的,阿丽思觉着要是想谈得起话来,那非得她自己找话谈不行。所以她就怪胆小的对她说,"我碰见的这位,大概是白皇后吧?"

那白皇后说,"也可以这么说吧,要是你管这个叫碰见的话。照我想的碰法一点儿也不是这么碰的。"

阿丽思想一起头谈话就争论起来是再也不成的,所以她就笑着说,"陛下,您要是告诉我应该怎么起头的,我愿意好好照着做。"

那皇后发起急来,哼哼着说,"我并不要起头嘤! 我一个人就忙了两个钟头了。"

阿丽思觉着要是有个别人帮着她穿穿衣裳就好了,她一身真是乱得不象样了,样样东西弄的都不是地方儿,而且弄得浑身都是些别针。"让我来给你把披肩弄弄直溜儿好不好?"

那皇后象没注意的神气说,"我也不知道它是怎么回事了! 我想它是闹翻了脾气了。我给它别在这儿,我给它别在那儿,可是怎么也没法子巴结它!"

"你要是把它都别在一边儿,自然一定弄不舒坦的,你知道,"阿丽思说着就给她慢慢儿的弄弄好,"还有,哎哟,你这头发成了什么样子了?"

那皇后叹口气说,"唉,一个头发刷子搅在里头了! 并且我昨儿还丢了一把木梳呐!"

阿丽思慢慢儿的把刷子弄了出来,再勉强把她头发拢一拢好。她又把差不多个个别针都重新别过一道,然后说,"唉,这会儿你好看点儿啦! 可是你实在应该找个梳头的来!"

那皇后说,"好啊,你来做我的梳头的我一定收你,一礼拜两辨士,隔一天一回果子酱。"

阿丽思忍不住的笑了起来,她说,"我不要你雇我——我也不在乎果子酱。"

那皇后说,"是很好的果子酱呀。"

"那么横竖我今天不要果子酱。"

那皇后说,"你就是要也不能有啊。我定的是昨天有,明天有,总不会今天有的。"

"那总有时候会今天有的呀。"阿丽思说。

那皇后说,"不,不会的,说的是隔一天有嚜:今天就不是隔一天了,你想呐。"

"我不懂了,"阿丽思说,"这个把人搅得真胡涂!"

那皇后很和气的说,"这是反着过日子过的,起头总会把人弄的有点儿头眩的——"

"反着过日子!"阿丽思听了真希奇。"我从来没听见过这个!"

"——可是这里头有一样好处,你的记性也是两面走的。"

阿丽思说，"我的记性是只会一面走的。还没有过的事情我不会记得的。"

"一个记性只会一面走，那多没意思啊。"那皇后说。

阿丽思就试试问她说，"你顶会记得些什么样儿的事情呐？"

那皇后很随便的回答她说，"哦，下下礼拜的事情我都记得。比方说现在，"她说着拿一大块橡皮膏望她手指头一贴，"那个皇帝的送信的。他这会儿正罚了下狱：可是要下礼拜三才起头开审判；他的罪，自然留到末了的时候才犯呐。"

阿丽思说，"假如他始终就不犯罪呐？"

"那岂不是更好吗？"那皇后说着拿一条小带儿把她指头上橡皮膏捆起来。

阿丽思觉着这个倒是没法说它不是，她就说，"自然更好了，可是对于他受罚那就不能算更好了。"

那皇后说，"这个你反正是错了。你曾经受过罚没有？"

"只是做了错的时候，"阿丽思说。

那皇后很得意的说，"那么你受了罚过后就好一点儿，我知道的。"

阿丽思说，"是是是啊，不过我是做了坏事才受罚的，不同的就在这个上啊。"

那皇后说，"不过你要是没有做坏事，那也是蛮好的啊，蛮好的，蛮好，蛮好！"她每回说一个"蛮好"，声音就越高，到后来简直成了一个尖叫了。

阿丽思刚要想说，"哎呀，有点儿不对——"那皇后就叫得更响起来，把她的话打断了。"哎哟，哎哟，哎哟！"那皇后一头嚷一头曳她的手指头，恨不得要把它曳掉了似的。"我的手指头流血了！哎哟，哎哟，哎哟！"

她的声音尖得像火车上吹的哨儿似的，响得阿丽思只好拿两只手把耳朵捂起来。

她一等到有机会让她说话的声音听得见的时候她就说，"是怎么啦？你可是扎了手啦？"

那皇后说，"扎是还没扎呐，可是快扎了——哎哟，哎哟，哎哟！"

“那么你预备几时扎呐?”阿丽思问的都要想笑了。

“等到我再别上披肩的时候,”那皇后疼得直叫,“那别针就要散了!哎哟,哎哟!”一说到这儿,那别针崩的一声开了,那皇后就象疯了似的乱抓一下,想要再把它别住。

阿丽思嚷着说,“唉,小心点儿! 不是那么抓的!”她把那别针抢过来;可是已经太晚了:那个别针早已经一出溜把那皇后的手指头扎破了。

她对阿丽思笑着说,“所以我才流血的,你看。现在你懂这儿的事情是怎么来的了吧?”

“可是这会儿你怎么又不叫了呐?”阿丽思说着连忙抬起手来,预备又把耳朵捂起来。

那皇后说,“我已经都叫过了嘞。干么还要再来那么一套呐?”

这时候儿天又亮起来了。阿丽思说,“那老鸹一定飞走了,我想。它走了我真高兴。我还当着是天黑了呐。”

那皇后说,“我愿意我也有法子可以高兴! 不过我老不记得是怎么个规矩。你一定很快乐,住在树林子里,什么时候高兴高兴高兴就高兴高兴!”

“可是这儿真冷静死了!”阿丽思说着声音又不高兴起来了;她想到她冷静的味儿,两滴大眼泪就在嘴巴子上滚下来了。

“嗳! 别这么样子呀!”那皇后急得没法子直搓手。“想想你是多么好的一个小孩儿。想想你今天多么远的路来的。想想现在是几点钟。随便想想什么,就是别哭!”

阿丽思听她这么说,她还带着眼泪就忍不住的要笑。她问她说,“你能想想什么就会不哭吗?”

那皇后很有主意的说,“这是个法子嘞! 没人能同时做两样事情的,你知道。咱们起头先想想你的岁数罢——你几岁?”

“我整整七岁半。”

那皇后说,“你用不着‘整整’。你不说那个我也会信的。现在我给你点东西信信看,我是刚刚一百零一岁五个月零一天。”

"那我不能信!"阿丽思说。

那皇后象可怜她的神气似的说,"你不能吗? 你再试试看:深深的吸一口气,闭起眼睛来。"

阿丽思笑着说,"试也没用啊,不会有的事情横竖是没法子信的。"

那皇后说,"我敢说你是没很练习过的缘故。我象你那么大的时候啊,我每天老是练半个钟头。哼,有时候我一大早还没吃点心就已经信了六样不会有的事情了。唷,我的披肩又跑了!"

她说话的时候那别针又散了,忽然一阵风把她的披肩刮过了一条小沟。那皇后又揸开两个胳臂象飞啊似的跟着追过去,这一回她倒是自各儿把它抓住了。她得意的嚷着说,"我逮着它了! 这一回你可以看我自各儿一个人把它再别起来了!"

阿丽思跟着她过了那一条小沟,很恭敬的问她说,"那么你的手指头大概好点儿了吧?"

*　　　*　　　*

"哦,总算好了!"那皇后声音又慢慢的变成了尖叫。"蛮好了! 蛮好了! 咩好! 蛮——咩——唉!"末了那个字变成了一声长咩,那么象个羊叫。把阿丽思吓得真是一跳。

她看看那皇后好象她滚得一身的绒毛似的。阿丽思揉揉眼睛再看。她一点儿也不明白是怎么一回事了。是在一个铺子里不是? 还有那个可真是个——那真是个羊吗,那个坐在柜台里边的? 她怎么揉眼睛也瞧不出别的来:她是在一个很黑的小铺子里,拿胳臂肘子靠着柜台,她对面是一只老绵羊,坐在圈身椅子里在那儿打绒头绳儿东西,带着一副大眼镜,时时刻刻的瞅瞅阿丽思。

那羊过了半天抬起头来问阿丽思说,"你要买的是什么呀?"

阿丽思轻轻的声音说,"我还不一定知道呐,我愿意先四周围看看再说,好吧?"

那绵羊说,"你可以望前头看,也可以望两边儿看,要是你高兴的话;可是你不能四周围都看呀——除非你脑袋后头都长了眼睛。"

可是这么长的眼睛阿丽思碰巧倒是没有的:所以她只好打着转儿那么看,转到哪个架子就看看哪个架子。

那铺子好象有各式各样儿的古怪的东西——可是这里头顶希奇的事情是,她一对哪个架子仔细的一瞅,要看看上头有什么东西,那个架子就总是空的,可是左右上下的架子还是装得满满的。

阿丽思费了半天工夫,追着一个大亮东西,那东西有点象个洋娃娃,有时候又象个做活的筐箩,它老是摆在她看的那个架子的上一层。阿丽思埋怨着说,"这儿的东西怎么跑来跑去的! 而且这一个顶急人了。"她又忽然来了个念头说,"唉,我告诉你怎么罢——我把它一直撺到顶高的一层上去。看它有法子走到顶棚里去没有,我倒要知道!"

可是连这个法儿也不灵;那"东西"就一点儿也不声不响的走到顶棚里去了,都象是走惯了的似的。

那绵羊拿起了一对钢针在手里,对阿丽思说,"你是个小孩儿还是个捻捻转儿? 你要再那么嘟噜嘟噜的转,就要转得我头晕了。"她现在拿着十四对钢针一块儿打,阿丽思看着真希奇的不得了。

"她怎么能使那么些针打东西啊?"阿丽思想着真是莫名其妙。"她一会儿一会儿的越变越像个箭猪了。"

"你会划船吧,"那绵羊说着给一对钢针给阿丽思。

阿丽思正要想说,"会啊,有一点儿会——可是不是在岸上——也不是使钢针——"还没说出来,她手里的针忽然变成了一副桨了,她又觉着她跟那个绵羊是在一个小划船上,在两边岸的当中慢慢漂着。那除了好好的划,也没别的法子了。

"撇桨!"那绵羊说着又加上一副钢针。

这不像要个回答的话,所以阿丽思也没言语,就把船摇开了走。她觉着这个水有点儿古怪,因为那个桨一回一回的老是跟什么绊住了,几乎都弄不动了似的。

那绵羊又拿了些钢针起来一头嚷着说,"撇桨! 撇桨! 你一会儿就要逮着个螃蟹的①。"

"哎呀,一个小螃蟹!"阿丽思想,"这个我倒是挺喜欢的。"

那绵羊挺狠的嚷着说,"你不听见我叫'撒桨'吗?"说着又拿了一大些钢针。

阿丽思说,"我是听见啦,你说了好几回了——而且说的很响。请你告诉我螃蟹在哪儿啊?"

"在水里了,自然!"那绵羊说着拿了些钢针插在头发里,因为她俩手已经满了。"撒桨呀,我说!"

阿丽思有点儿觉着她烦气了,她就说,"你干嘛老说'别讲'啊?我也没讲啊②!"

"什么没桨!"那绵羊说,"你手里摇的是什么,你简直是个笨猪。"

这个说得阿丽思有点儿生气,所以她们半天也没说话,那小船就慢慢的漂下去,有时候漂到一大些水草堆里,把两只桨又绊住了一动也不动,有时候漂到树底下,可是两边老是有很高的河岸对他们绉着眉头似的。

"哎呀,劳您驾——还有香的灯心草呐!"阿丽思忽然开心的不得了的嚷起来。"真的有呐——好看极了!"

那绵羊打着绒头绳东西也不抬头就说,"你用不着对我说'劳驾'。我也没把那些香草搁在那儿,我也不会把它拿走。"

阿丽思说,"是不错,不过我——唉,劳您驾,咱们好不好停一会儿,在那儿采一点那个香草啊?可以不可以请你叫这船停一停?"

那绵羊说,"我怎么叫它停?你只要不摇,它自各儿就停了。"

阿丽思就让那船顺着流水跟着漂下去,轻轻的漂到那些摇摇摆摆的灯心草当中。她就乖乖儿的把两只小袖子卷了起来,把两只小胳臂一直到胳臂肘子上头都伸进水里头去,这样好掏出挺长挺长的灯草梗儿出

---

① 此处为成语,catch a crab 意指桨划得过深或未划入水中。阿丽思只从字面上去理解了。

② 原文以 feather 和 bird 相联系,作双关玩笑语。译文则以"没桨"与"没讲"谐音。

来——她半天简直忘了那个绵羊跟她打的绒头绳了,她身子靠着船边儿,她一头的蓬蓬的头发尖儿刚刚浸在水里头——她瞪着一双大眼睛,像在乎的不得了的样子,一把一把的把那喷香的灯心草采上船来。

她心里想着说,"这船可别翻了过去!哎唷,那一攒多好啊!就是我够不大着。"有一样事情真是可恨("好象成心跟我闹别扭似的。"她想),就是啊,虽然她在船上慢慢儿漂着过去,也采到了不少的好看的灯心草,可是走到哪儿总有一个更好看的够不着的。

她看那些灯心草偏要长得那么远,只好叹口气说,"唉,那顶好看的老是长的顶远!"她说着就翻过身来回到船的当间儿,涨得红红的脸,弄得一头俩手湿济济的,就起头归置她新得来的些宝贝。

就是那些灯心草一采上船来就起头蔫得又没味儿又没什么好看了,那——阿丽思也不在乎。就是平常的香灯心草,你知道,也不能玩多少时候就蔫了——那么这个既然是镜子里的灯心草,一堆一堆的堆在她脚跟前,更是像雪似的一会儿都化了——可是这事情阿丽思简直就不在意,还有那么些别的古怪事情够她想的呐。

她们没走多远有一只桨的叶子就绊住在水里动弹不了了(阿丽思后来解释给人听的时候说"它简直就不肯再出来"),结果是那桨的把儿搕在阿丽思的下巴底下,可怜的阿丽思她连着叫了几声"哎唷,哎唷,哎唷!"也没用,那桨把儿把她一扫,就翻身摔得她脚底下那些灯心草堆里了。

可是她没有很摔疼,一会儿工夫就又爬起来回到她坐位上。看看她自各儿人还在船上,才放下了心来。那绵羊这半天一直在那儿打绒头绳儿,好像没出什么事情似的。他说,"你逮着的一个螃蟹真好!"

"是吗?我没看见螃蟹啊,"阿丽思说着细细的看船旁边黑漆漆的水。"嗳,可惜我让他跑了——我真喜欢带点螃蟹回家多好!"可是那绵羊只是在那儿冷笑,还是不停手的打她的绒头绳东西。

阿丽思说,"这儿有很多螃蟹吗?"

"螃蟹咧,什么东西都有,"那绵羊说,"有的是给你挑的,就是快打定主意啊。现在你到底要买什么罢?"

"要买!"阿丽思跟着说了一声,觉着一半儿诧异一半儿害怕起来——因为那桨啊,船啊,河呀,一会儿工夫都没有了,她又是在那个黑黑的铺子里了。

她很胆小的说,"劳驾,我想买个鸡子儿。是怎么卖的?"

那绵羊说,"一个卖五便士——两个卖两便士。"

阿丽思拿出钱包来说,"咦,那么两个比一个还便宜了?"

"可是你要买两个,你就得吃两个。"那绵羊说。

"那我还是拿一个罢。"阿丽思说着把钱搁在柜台上。因为她心里想,"也许一点儿都不好吃呐,你想。"

那绵羊收了钱,把它搁在一个盒儿里:她就说,"我从不拿东西递给人家手里的——那再也不行的——你得自各儿去拿去。"她说着就走到铺子的那一头,把那个鸡子儿立着放在一层架子上。

"我倒不懂为什么不行?"阿丽思想着就顺着桌子咧,椅子咧,摸索摸索的走,因为那铺子的那一头黑极了。"怎么,我越冲着他走,那鸡子儿越远了。让我看,这是一把椅子不是?咦,它上头有树枝子嘞!这儿长起树来了,怪不怪!这儿还真有一条小沟!哼,我从来也没见过比这个再古怪的铺子了!"

*   *   *

她就这么慢慢儿的走过去,走一步就希奇一步,因为她一碰到什么东西它马上就变了棵树,她简直都满预备那个鸡子儿也那么变了。

第六章　昏弟敦弟

可是那鸡子儿越长越大,越长越象人样儿:阿丽思走到了一两丈路跟前,就看出它有眼睛鼻子嘴来了;她再走近一点儿就清清楚楚的看出来它就是昏弟敦弟本人了。她对自己说，"这不会是别人了！用不着给他写了满脸的名字我就一定知道是他了！"

要在那大脸上写他一百个名字都很容易写得下。昏弟敦弟盘着腿，象一个土耳其人似的，坐在一个高墙头的中间——那么窄的一道墙，阿丽思都不懂他怎么能够呆得稳——她看他眼睛对着那边儿盯着看，一点儿也不理会有人来，阿丽思都以为他到底不过是个假人了。

她就说出声来，"他简直真象个鸡子儿！"说着她把手揸开着，预备随便什么时候滚下来就好接住他。

昏弟敦弟半天不言语，后来开口也不是对着阿丽思说话，"管人家叫个鸡子儿，这真是气人——嗔是！"

阿丽思很和气的跟他解释着说，"我说你象一个鸡子儿，先生。有的鸡子儿倒是怪好看的呀，你知道。"她加了这一句想把刚才说的改成句好话。

昏弟敦弟眼睛还是瞅着别处说，"有的人啊，他们比一个三岁的小孩儿都不懂事！"

阿丽思不知道再说什么好：她觉着这一点儿也不象是谈话，因为昏弟敦弟并没跟她说什么话；而且刚才那句话看样子象是对一棵树说的——所以她就站在那儿一个人轻轻的背：——

> "昏弟敦弟坐在墙中间儿：
>
> 　　昏弟敦弟一穀辘摔两半儿
>
> 　所有皇帝的马，跟所有皇帝的人，
>
> 　　也再不能把昏弟敦弟拼成个囫囵屯。"

"那末了一句在这一首诗里头太长得不象样了。"阿丽思越说声音越大，都忘了昏弟敦弟会听见她了。

"别站在那儿自各儿一个人那么叽叽咕咕的呀！"这是昏弟敦弟头一回看着她跟她说话。"告诉我你叫什么名字，干什么事情的。"

"我叫是叫阿丽思，不过——"

昏弟敦弟不耐烦的打断了她的话说,"这个名字够笨的了! 是怎么讲的?"

阿丽思说,"一个名字非得有个讲儿吗,难道?"

昏弟敦弟说,"呵呵! 自然了。我的名字就是我的样儿——还是个怪好看的样儿哪。像你的那么一个名字,那什么样儿都会啊,差不多儿?"

阿丽思不愿意跟他辩论起来,就问他说,"你为什么一个人坐在这儿?"

昏弟敦弟说,"啊,因为没人陪我呀,你当着我这个回答都不知道吗? 再问一个!"

"你想你在地下不稳当一点儿吗? 那墙多窄啊!"阿丽思问这个倒不是想再给他个谜儿猜,不过就是因为她心地好,有点儿替那家伙担心。

可是昏弟敦弟说,"哈——! 你净问些那么容易猜的谜儿! 自然我想我到了地下就不稳当了! 哼,要是我真一骨辘摔了下来啊——会是不会咯——不过要是我摔的话——"说到这儿他把嘴唇一缩,缩得象个荷包似的,做得又正经又象煞有介事,阿丽思看了要笑得要命。"要是我真摔的话呀,"他接着说,"那皇帝他曾经答应我呀——啊,你的脸要变青就变青! 你没想到我打算说这句话吧,可是,那皇帝曾经答应我——他自各儿亲口答应说要——要——要。"

"要把他所有的马跟所有的人都派了来。"阿丽思这一说可说坏了,因为昏弟敦弟忽然大发起脾气来了。他嚷着说,"这这这太糟了! 你一定偷着听来着——躲在门旮旯儿——藏在树后头——爬进烟筒里头——不然你不会知道的!"

阿丽思小声儿的说,"真的我没有! 这是书上说的嘿。"

昏弟敦弟的气平了一点儿又说,"唉,好吧! 他们要在书里写这些事情就让他们写吧。那就是你所谓叫英国历史,那就是。啊,你好好儿看我一眼! 我是一个跟皇帝说过话的人,我就是:说不定你以后不会再见到这样的人了;那么我要你知道我一点儿不骄傲,我可以许你跟我挽挽手!"他一头嘻开着嘴,差不多从这个耳朵边笑到那个耳朵边,一头往前靠过来

(简直离开要滚下来差不多少了)就伸出手来跟她搀。阿丽思一头接着他的手一头怪担心的瞅着他。她心里想,"要是他笑得比这个更厉害的话,他的嘴角儿也许会在后头碰到一块儿了,那他的脑袋可不知道会变成怎么了!我怕他就会掉了!"

昏弟敦弟说,"是的,所有他的马跟所有他的人,他们一会儿工夫就会把我拣起来的,他们是会的!可是——咱们这话说的有点太快了;咱们再回到刚才倒数第二句上吧。"

阿丽思很客气的说,"我怕我不大记得是哪一句了。"

"那么咱们就重新起头吧,"昏弟敦弟说,"现在该是我挑题目了——"("他说话好象老拿这个当个什么游戏玩儿似的。"阿丽思想)"让我来问你一句。你说你几岁来着?"

阿丽思算了一个小算术,就说"七岁零六个月"。

昏弟敦弟得意的叫了起来。"错了!"他说,"你几时对我说过这样的话来着?"

阿丽思说,"哦,我当着你的意思是要问,'你几岁啦?'"

昏弟敦弟说,"我要是那么个意思,我早就那么说了嘎!"

阿丽思不愿意再跟他争论起来,所以她没言语。

昏弟敦弟一头想着说,"七岁零六个月!多不舒服的一个岁数儿啊,你要是早让我给你出主意啊,我一定会告诉你,'到了七岁就打住'——可是这会儿已经太晚了。"

阿丽思生气说,"我长不长从来不请教人的。"

"怕失了身份,是不是?"他说。

阿丽思听了这种意思更觉着生气,她说,"我的意思是说,一个人不会不长大的。"

昏弟敦弟说,"一个人不会,也许是的,可是两个人就会了。你要是有好好儿的帮忙的,你也许到了七岁就打住了。"

阿丽思忽然说,"你系的一条多好看的裤腰带啊!"(阿丽思觉着他们谈年纪谈得足够了:那么要是真的大伙儿轮流着找题目,这回是该轮到她了。)她一想又改过来说，"横竖，一条好看的领带儿，我应该说——不，裤腰带，我要说的是——哎呀，对不住！"她急昏了，因为她看看昏弟敦弟的脸知道是深深的得罪了他了，她都愿意刚才没挑这么个题目了。她对自己想，"唉，我只要能知道哪儿是脖子哪儿是腰就好了！"

昏弟敦弟虽然半天也不说话，可是看样子一定是很生气。等到他又说话的时候，他是用很粗的嗓子。

他说，"这简直——真正——气人，一个人连领带跟裤带都分不出来！"

阿丽思说"我知道我是太胡涂了"，她说得那么认错的声音，昏弟敦弟都原谅她了。

他说，"这是个领带，孩子，很美的一条领带，你不是说的？这是那白皇帝跟白皇后送我的一个礼。好了吧！"

"真的吗？"阿丽思说着又高兴起来，她想她找的到底还是个好题目。

昏弟敦弟把这个腿架在那个腿上，拿两个手叉起来搂着膝盖儿，一头想着一头说，"他们送我这东西——当一个——当一个不是生日礼。"

阿丽思莫名其妙的说，"这是怎么说？"

昏弟敦弟说，"就这么说，不是生日礼，还说错了吗？"

"我问的是什么叫做不是生日礼？"

"自然就是不是你生日的时候人家送你的礼了。"

阿丽思想了一想。等会儿她就说，"我还是顶喜欢生日礼。"

昏弟敦弟说，"你简直不知道你自各儿要说的是什么！一年有多少天？"

阿丽思说，"三百六十五天。"

"你有几个生日呐？"

"一个。"

"那么三百六十五天当中去掉一天还剩几天呐？"

"三百六十四天了，自然。"

昏弟敦弟有点儿不信的样子。他说，"顶好还是在纸上算一算。"

阿丽思忍不住笑着就从兜儿里拿出一个笔记本来在上头算给他看：

$$\begin{array}{r} 3\ \ 6\ \ 5 \\ 1 \\ \hline 3\ \ 6\ \ 4 \end{array}$$

昏弟敦弟接过来绉着眉头看。他刚说，"啊，好象是不错——"

阿丽思就打断他的话说，"你拿倒了嚜！"说着就给他正了过来。

昏弟敦弟很神气的说，"啊，真的，我是拿倒了！我说看着有点儿古怪嚜。我刚才不是说，这象是算对了——不过我刚才还没有工夫给它细细的对一遍——那么从这上可以看出来你是有三百六十四天可以得不是生日礼了——"

"自然了。"阿丽思说。

"而只有一天可以得生日礼，你想。这你荣耀了吧！"

阿丽思说，"我不懂你怎么叫'荣耀'。"

昏弟敦弟冷笑着说，"哼，自然你不懂啊——得要等我来告诉你啊。我的意思是说，'你这就被人家驳倒了！'"

阿丽思说，"可是'荣耀'也不能当'被人家驳倒了'讲啊。"

昏弟敦弟说，"哼！我要用一个字眼儿啊，我要它当什么讲就当什么讲——也不多也不少。"

阿丽思说，"咱们要问的是，你能不能拿字眼儿一会儿当这个一会儿当那个讲。"

昏弟敦弟说，"咱们要问的是，到底谁做主——就是这点儿。"

阿丽思被他搅混得不知道说什么了；过了一会儿昏弟敦弟又说，"它们也有脾气的，它们当中有些——顶是那些动词们：它们顶骄傲——形容词你拿它们怎么样就怎么样。动词不能，可是我能把它们个个都管得住！不可入性！这是我说的！"

阿丽思说，"请你告诉我这是怎么讲啊？"

昏弟敦弟听了很喜欢，他说，"啊，你这会儿说话有点儿象明白的孩子了。'不可入性'怎么讲啊，就是说，咱们刚才那个题目谈够了，这会儿你要是说一声你打算还要做什么也可以说了，因为我料想你不预备一辈子坐在这儿待着吧。"

阿丽思说,"嗯——拿一个名词就可以当这么许多讲!"

昏弟敦弟说,"我要是叫一个名词做那么许多事的时候,我总另外赏它的。"

"哦——!"阿丽思说。她觉着胡涂的说不出别的话来了。

昏弟敦弟很正经的拿头望两边摆着说,"啊,你应该哪一天赶礼拜六来看它们上我这儿来领工钱呐,你知道。"

(阿丽思没敢问他拿什么样的东西付它们工钱;所以你想,我也没法告诉你。)

阿丽思说,"你好象很会解释各种字的讲法的,先生。可好劳您驾给我讲讲有一首诗叫《炸脖录》的?"

"背给咱们听听看,"昏弟敦弟说。"是人发明过的诗我都会解释——连还没人发明过的诗,有好些我都会解释呐。"

这话听听有望,所以阿丽思就背头一首:——

> 有一天煮里,那些活济济的猵子
>
> 在卫边儿尽着那么跃那么觅;
>
> 好难四儿啊,那些鹁鹕鸽子,
>
> 还有窠的猪子恼得格儿。

昏弟敦弟抢着说,"够了,起头这点儿够了:这里头有的是难字呐。'煮里'是晚半天儿时候——又有点儿象白天,又有点儿象黑下。"

阿丽思说,"啊,这倒很明白。'活济济的'呐?"

"啊,'活济济的'啊,那就是又活泼,又滑济济的,不是吗?你看这是像一个荷包蛋似的,两面的意思都包得一个词儿里去了。"

阿丽思说,"我——我现在懂了。那么'猵子'是什么东西呐?"

"'猵子'啊,那东西仿佛是个獾子——又仿佛是个蝎虎子——又仿佛是个开瓶子的螺丝转儿似的。"

"那一定是很古怪样子的东西了。"

昏弟敦弟说，"它们是的嚜。它们还在日晷底下做窝——它们还吃奶酪过活。"

"那么怎么叫'跌'怎么叫'觅'呢?"

"'跌'就是像个捻捻转儿似的在地下拱,'觅'就是在花盆儿啊什么的里头转啊转的那么动撼。"

"那么'卫边儿'想是日晷四周围的草地了?"阿丽思说着自各儿都希奇起来她有那么聪明了。

"自然是的了。它叫做'卫边儿',你知道,是因为它在日晷的这边儿,又在它的那边儿——"

"又在它的外边儿。"阿丽思接着说。

"啊,一点儿不错。那么'难四儿'就是又'难受'又细得像'丝儿'似的(又是个荷包蛋给你)。那么'鸪鹊鸪子'是一种挺瘦的又蓬蓬松松的鸟儿,它的毛都是往四面撑开着的——仿佛象一个活的敦布。"

"那么还有'窸的猪字'呐?"阿丽思说,"我怕我问的太麻烦了吧?"

"'猪字'是一种绿猪:可是'窸的'我不敢一定说。我想是从'没家'变的——就是说它们走迷了路,找不着家了。"

"还有'怄得格儿'怎么讲呢?"

"'怄得格儿'的'格儿'就是说那些猪子们因为找不着家,心里头很怄气,就格儿格儿格儿,哄哄哄,嘘嘘嘘的叫,当间儿还夹着一种打嚏喷的声音:不过你就会听见它们做这种声音的,也许——在那边树林子里——你要是听见了一回你一定就很乐意了。谁背这些难念的东西给你听来着?"

阿丽思说,"我在一本书里看见的。可是有人给我背过些比这个容易的多的诗呐,是腿得儿弟背给我听的,我想是。"

昏弟敦弟伸出一只大手来说,"要是说起诗来啊,你知道,我也会背的跟别人一样好,要是说到背的话——"

"哎,用不着说到背的话啊!"阿丽思赶快说这个,想要叫他别起头儿。

可是他也不理会阿丽思说的这个话,还是接着说,"我打算背的一首全是为着给你好玩儿来写的。"

　　阿丽思觉着既然这么样她真是应该好好儿听了；所以她就坐下来，带着一点儿没有法子的声音说一声，"谢谢你！"他就加一句解释说，

　　　　"在冬天，正是满地白，

　　　　我唱这歌儿是为你来——"

"可是我并不唱。"

　　阿丽思说，"我看你是不唱嚘。"

　　昏弟敦弟狠狠的说，"你要是能看见我唱不唱，那你差不多比谁的眼睛都尖了。"阿丽思没做声。

　　　　"到春天，正是满树青，

　　　　那我就慢慢儿告诉你听。"

　　阿丽思说，"啊，多谢你，真是！"

　　　　"在夏天，正是日子长，

　　　　你也许懂得一两行。

　　　　到秋天，正是叶子干，

　　　　拿笔跟墨，把这个写完。"

　　阿丽思说，"好吧，要是我还记得的话。"

　　昏弟敦弟说，"你用不着老那么样说话。也没有意思，还把我搅得忘了。"

　　　　"我送给小鱼儿们一个字儿：

　　　　我说，'我要的是这么个儿。'

　　　　那海里小鱼儿把信一瞧，

　　　　就马上给我写回条。

　　　　这回条你看对不对，

它们说,'不能,先生,因为——"

"我怕我不大懂。"阿丽思说。

昏弟敦弟回答他说,"底下就容易点儿了。"

"我又送信去对它们说,
'还是听了我的话那好得多。'

那小鱼回得真玩皮,
说,'何必这么瞎着急!'

我说了一遍说两遍,
它们怎么也不肯听我劝。

我拿了把大的新的壶,
可是手段也许有点儿毒。

我的心又跳,我的心又乱,
拿打水桶往壶里灌。

那送信的人又走进房
说,'小鱼儿们都上了床。'

我对他说,我说的很明,
'你非得叫它们醒不行。'

我说的很清楚,说的很响,
我在他耳朵里使劲嚷。"

昏弟敦弟背到这两句,他把嗓子提起来差不多成了个尖叫,阿丽思听了心里头想,"呵! 我才不去当那个送信的呐,你给我什么我都不干。"

> "他神气很足又很骄傲,
>
> 说,'用不着这么样儿大声儿叫!'
>
> 他神气很骄傲又很足,
>
> 说,'我就去叫它们醒,假如——'
>
> 我拿了把开瓶的螺丝转儿:
>
> 要叫它们醒得自己上那儿。
>
> 我看见房门锁的那么高,
>
> 我拉咧,推咧,踢咧,敲。
>
> 我看那锁上没有钥匙,
>
> 就试试转那扶手,倒是——"

到这儿停了半天。

阿丽思还有点儿不敢似的问他说,"完了吗?"

昏弟敦弟说,"完了。再见。"

阿丽思想,"对人说话哪有这么蠢法的?"可是他既然给阿丽思一个这么明白的叫她走的意思了,那要是再不走她自各儿也怕有点没规矩了。所以她就站了起来伸出一只手,勉强做着笑脸对他说,"我走了! 咱们下回再见,啊!"

昏弟敦弟只伸出一个手指头来跟她搦,做着不高兴的声音跟她说,"要是咱们下回再碰见了我也不会再认得你咧,你简直跟别人一样嘕。"

阿丽思说,"嗯——认人大概总是认脸就认得了。"

昏弟敦弟说,"我说的就是嘕! 你的脸就跟别人的一样——两只眼睛这么着——"(他拿一个大拇指在半空中比划着)"当间儿一个鼻子,底下嘴。老是一样的。比方你要是两个眼睛长得鼻子的一边儿——或是嘴长得鼻子上头——那到底还有点好认啊。"

阿丽思说，"嗳，那成什么样子?"昏弟敦弟只是闭着眼睛，说，"你试过了再说。"

阿丽思等了半天看他还说什么不说。可是他老闭着眼睛一点儿也不睬她，阿丽思就又说了一声"再见!"他还是不理她，她就轻轻的走开了。她一头走着对自己说，"这种使人不满意的人——"(她又大声的说一遍，因为她觉着会说这么长一个名词说得很舒服)"这种使人不满意的人，我从来没——"这句话她始终没说完，因为说到这儿那全树林子里忽然一阵伊啦啦空隆隆的声音，大闹起来了。

～～ 第七章　狮子跟独角马 ～～

又一会儿树林子里跑来了些兵，先是三三两两的，一会儿十个二十个的，到后来就一大群一大群的，好像把全树林子都占满了。阿丽思怕被他们挤倒了还被他们踩了，她就躲在一棵树后头，看着他们走过去。

她觉着她一辈子也没看见过兵走道儿走得那么不稳的:他们老是绊了这个绊了那个，而且一个一摔，一大些就跟着摔在他身上，所以一会儿工夫地下就堆满了一小堆一小堆的人。

然后马就来了。他们因为有四个脚，所以比那些步兵走得稳一点儿;可是连它们也有时候儿绊倒了的。他们的规矩好象是一个马一摔倒了，那马上的人马上就从马上滚下来。那乱子是闹得越闹越乱，阿丽思好容易走出了树林子到一片空地上，觉着好受一点儿，在那地方她看见那皇帝坐在地上，在那儿挺忙的在他笔记簿子里记东西。

那皇帝看见了阿丽思，很高兴的嚷着说，"我把他们全调了去了! 你从树林子里来的时候可碰见有兵没有,好孩子?"

阿丽思说,"有,我碰见了。总有好几千呐,我想。"

那皇帝查一查他的簿子说,"四千二百零七,这是准数儿。我不能把所有的马都调了去,因为咱们这盘棋里得要有两个马,你知道。那两个送信的我也没差了去。他们俩都进城了。你顺着大路瞅瞅看,告诉我你瞅得见他们当中哪一个吧?"

阿丽思说,"我看见路上没人嚜。"

那皇帝象气得着急了似的说,"我就愿意我有这样的眼睛!能看得见没人!还是在那么远看见的!哼,象这样的光底下,要看见真的人我就够费劲儿的喽!"

这些话对阿丽思都白说了。她还在那儿皱着眉头拿一只手遮着眼睛对着那大路上瞅,到后来她嚷起来了:"我看见有个人了!他走的可是慢着呐——他怎么做那么怪样儿啊!"(因为那送信的老是上上下下的跳着,把个身子扭得像个鳝鱼似的,他一头走着还一边揸开着两只手,象两把折扇似的。)

那皇帝说,"并不怪。他是个安格鲁撒克孙的送信的——那是他的安格鲁撒克孙的态度。他心里快活的时候才做这样儿呐。他的名字是红眼。"

阿丽思听了不知不觉的背起来,"我拿一个历来爱我的可爱人,因为他很和气,我拿一个历来恨我的可恨人,因为他很寒碜。我要喂他东西吃,就给他——给他——给他火腿三明治跟黄连叶。他的名字叫红眼,他住家住在——"①

"在后湖山,"那皇帝随随便便的就这么说了出来,他一点儿没觉到阿丽思还在那儿想一个用历字起头的地名儿,他倒已经跟她一块儿玩起这个游戏来了。"还有那个送信的叫喝茶的。我得有两个,你知道——来跟去。一个来的,一个去的。"

---

① 此处原文中的许多词都以 h 字母打头,译文则改以韵文来表达。

阿丽思说，"这我得求你原谅了。"

那皇帝说，"你又没做错了什么！一个上等人不是动不动就'求'的。"

阿丽思说，"我不过就是要说，请你原谅我不明白。为什么一个来的一个去的呐？"

那皇帝不耐烦的说，"我不是告诉你说吗？我非得有两个——好送来送去。一个专管送信来的，一个专管送信去的。"

说到这儿那送信的到了：他喘气喘的一句话也说不出来，只好拿两只手乱甩，对着那皇帝做些怪样子的脸。

"这位小姐拿一个历来爱你，"那皇帝这么样介绍了阿丽思，好让那送信的瞅着别处，就不对他再做怪脸——可是一点儿也没用——他那安格鲁撒克孙的态度越变越利害，那两只大眼睛就在两边转来转去的。

"你吓死我了！"那皇帝说。"我人觉着虚的慌——快点儿给我个火腿三明治！"

那送信的听了就把他脖子上挂着的一个大口袋打开来(阿丽思看着真好玩儿)，拿出一个火腿三明治给那皇帝，那皇帝就馋得象什么似的马上给吃完了。

"再来个三明治！"那皇帝说。

那送信的望口袋里头瞅一瞅说，"就剩了黄连叶了。"

"那么黄连叶吧，就！"那皇帝虚得话都说不出声儿来了。

阿丽思看他吃了那个，人象好了一点儿，才放了心。他一头嚼着对阿丽思说，"你要是人觉着虚的时候，再没象吃黄连叶那么好的了。"

阿丽思说，"恐怕是拿点凉水在头上拍拍还更好吧——再不然吃点挥发盐。"

那皇帝说，"我没说没有东西比它更好呀。我说的是没有东西象它那么好呀。"这话阿丽思自然没法儿说它不是。

"你路上碰见谁来着？"那皇帝说着伸手还问他要点黄连叶。

那送信的给了他一把黄连叶说，"没人啊。"

那皇帝说，"一点儿不错，这位小姐也看见他了。那么自然没人比你走的更慢咯。"

那送信的噘着嘴说，"我已经拼命快走的了。我敢说没人比我走的更快了。"

那皇帝说，"那她不能啊！不然她就比你先到啦。甭管了，你现在已经喘过气来了，你可以告诉告诉我们城里头有些什么事。"

"让我轻轻的说，"那送信的说着拿两手放在嘴上，做成一个喇叭的样儿，弯着腰凑近那皇帝的耳朵边。阿丽思看了怪不愿意的，因为她也想听听他的消息。可是他并不轻轻的说，他简直就使起顶大的嗓子来叫，说，"他们又来那个了！"

那上当的皇帝跳起来甩着耳朵说，"这个你叫轻轻的说吗，你要再做这样事情我就叫他们拿黄油来抹你！把我脑袋喳喳喳的象地震了似的！"

阿丽思心里想，"那可是个小极了的小地震了！"又问他们说，"是谁又来怎么了！"

那皇帝说，"哎，自然就是那狮子跟那独角马了。"

"为了皇帝的冕在那儿打架，是吗?"

那皇帝说，"是啊，顶可笑的是闹来闹去那个冕还老是我的冕！咱们跑去瞧它们去。"他们就快快的跑过去，阿丽思一头跑着一头背着那一首老歌儿:——

> "狮子跟那独角马，它们发了皇冕的狂:
> 它们满城打着抢那个冕，就闹的个收不了场。
> 有人给它们白面包，有人给它们黄，
> 有人打鼓送它们糕，就轰它们出城墙。"

阿丽思跑的气喘喘的说，"那个——赢的——那个——就得那个皇冕吗?"

那皇帝说，"呵，那怎么能啊！这成什么话！"

阿丽思又跑了一会儿喘吁吁的说，"对不住，可好——请你停一会儿，让我——把气喘过来！"

那皇帝说,"请是好请,可是我怎么做得到啊?你想一会儿过的快得要命,你怎么能叫它停住呐,你索性想把个般得伢子都停住了得了!"

阿丽思也没有气儿再剩下来说话了;所以他们就一声也不言语的望前跑着,一会儿就看见一个闹哄哄的地方,当中就是那狮子跟那独角马在那儿打仗。它们四周围的灰土腾的那么利害,阿丽思起头简直看不出谁是谁来;可是没多会儿她看见那个有一个犄角的就知道它是那独角马了。

它们打仗的地方很靠近那个喝茶的,就是那个第二个送信的,他也在那儿瞧它们打,一个手拿着一碗茶,那个手里拿着一片面包。

红眼对阿丽思轻轻的说,"他刚从监狱里放出来,因为他下狱的时候还没喝完茶,他们那儿又只给他蛎蟥壳儿——所以你想他这会儿很饿很渴。你怎么样,还好吗,乖孩子?"他说着拿一只胳臂很亲热的搂着喝茶的的脖子。

喝茶的回过来点点头,又接着吃他的黄油面包。

红眼又说,"你在监狱里还快活吗,好孩子?"

喝茶的又回过头来,这一回他脸上掉了一两滴眼泪;可是他一句话也不说。

"说话呀,你能不能?"红眼有点儿不耐烦起来。可是喝茶的只是嗯曦嗯曦的吃,又喝了两口茶。

那皇帝也说,"说话呀,你肯不肯? 它们打得怎么啦?"

喝茶的开口拼命一试,可是结果只是吞了一大块黄油面包下去。他哑着嗓子说,"它们弄得很不错。每个人摔倒了大约八十七回了。"

阿丽思听到这儿就插进去说,"那么他们大概就要拿那个白面包跟黄面包来了吧?"

喝茶的说,"那面包在那儿等着他们了。我吃的这块就是那个上的。"

那时候它们刚刚打完了一半在那儿歇歇,那狮子跟那独角马都坐着喘气,那皇帝就嚷着说,"有十分钟可以吃点心!"红眼跟喝茶的马上就来帮忙,托着白面包跟黄面包的托盘送给各位吃。阿丽思拿了一小块尝尝,可是吃的干极了。

那皇帝对喝茶的说,"我想它们今天甭再打了。去叫它们起头打鼓罢。"喝茶的就像个蚂蚱似的一蹦就走了。

阿丽思半天站着不言语,看那喝茶的跑!一会儿她忽然又神气起来了。"啊,瞧,瞧!"她指着说。"那白皇后在野地里跑呐!她从那边那个树林子里跑出来,象飞啊似的来了——她们那些皇后们可真能跑!"

那皇帝也不回头,就说,"她后头总有敌人追来了,大概。那树林子里净是些敌人。"

阿丽思看他这么不慌不忙的神气觉着有点儿希奇,她就问他说,"那么你不打算跑去救她吗?"

那皇帝说,"唉,没用的,没用的!她跑的快的要命。要想赶上她,那你简直索性去追一个般得狐子得了。不过我可以把她登在我笔记簿子里,要是你高兴的话。"他一头把笔记簿子打开,一头就登记他的皇后,自己轻轻的说,"她真是个可爱的好女人。"写到'女'字他问阿丽思说,"'女'字是拼讷衣乌是不是啊?"

这会儿那独角马刚刚宕啊宕的走过来,两只手插在兜儿里。它走过那皇帝身边的时候眼睛对他瞅一瞅说,"这回我占了它点儿便宜了吧?"

那皇帝有点害怕的说,"稍为有点儿吧。你不该拿犄角通了它的肚子啊,你知道。"

那独角马随随便便的回答他说,"又没弄疼它。"它正要走远了,眼睛忽然掸到阿丽思:它马上就转过身子来站在那儿瞅她,露出一副很不以为然的神气。

它瞅了半天说,"这——这——这是什么东西?"

红眼连忙就回答它说,"这是一个小孩儿!"说着他走到阿丽思跟前对她揸开着两只安格鲁撒克孙样儿的手,算是介绍阿丽思的态度。"这东西我们今天找到的。跟真的一样大,比真的还天真了两倍!"

那独角马说,"我老以为这都是神话里讲的些怪物呢!这是个活的吗?"

红眼很正经的说,"这东西还会说话呐。"

那独角马眯凄着眼睛瞅着阿丽思说,"说话,小孩儿。"

阿丽思忍不住把嘴角钩起来笑着说,"你知道吧,我也老当着独角马是神话里讲的些怪物呐。我以前从来没看见过个活的!"

那独角马说,"好,现在既然咱们都见了面了,你要相信有我,我就相信有你。这个交易公道吧?"

"好罢,"阿丽思说,"要是你愿意这么样的话。"

那独角马转过来对着那皇帝说,"来,把那个梅子糕拿出来,老伙计!谁要吃你那黄面包!"

那皇帝胡里胡涂的说,"行——行——行!"他招手叫红眼来,对他轻轻的说,"打开你那口袋。快点儿! 不是那个,那个里头净是黄连叶!"

红眼从兜儿里拿出一大块糕来,交给阿丽思拿着,他自己又拿出了一个盘子跟一把刀来。阿丽思也猜不出那些东西是怎么出来的。她觉着这简直象变戏法儿似的。

他们在那儿弄这个的时候,那狮子也走到他们当中来了;它看样子象很累很困,它的眼睛都闭了一半了。"这是什么东西!"它说着懒洋洋的瞧着阿丽思,它说话是一种又低又粗的嗓子,象撞大钟的声音似的。

那独角马很起劲的嚷着说,"啊,这是什么了? 你再也猜不着吧! 我就没猜出来噻。"

那狮子无精打采的瞧着阿丽思,一头打着哈欠说,"你是——啊呵——动物——还是植物——还是——嗯——呵——呵——呵——矿物?"

那独角马不等阿丽思开口就抢着说,"它是个怪物!"

"那么就把梅子糕端过来,怪物!"那狮子说着就卧下来,拿下巴靠在爪子上,又对那皇帝跟那独角马说,"坐下来,你们两个人。没有作弊的,啊! ——分起那糕来的时候——你知道。"

那皇帝弄得坐在他们那两个大东西的当间儿,看样子很不自在;可是他也没别的地方可以坐。

那独角马斜着眼睛瞅着那皇帝头上的冕对那狮子说,"这会儿咱们要是为着那皇冕来打一仗那才有个打头儿呐!"那皇帝就在那儿吓的直哆嗦,都要把他头上的冕给甩掉了。

那狮子说,"我一定很容易赢的。"

"那倒不见得。"那独角马说。

那狮子凶凶的回答它说,"嘿！我把你赶的满城跑,你这小狗儿！"它说着身子起来一半了。

到这儿,那皇帝连忙想法子跟它们打岔,怕它们又打起来;他非常着急,说话的声音都发抖了。他说,"满城跑吗,那到是不少的路呐。你们还是走那一道古桥,还是打市场那边走咧？走古桥那边的风景顶好。"

那狮子就卧下来,很粗的嗓子说,"我是说不上来了。那灰土多的我什么都没看清楚。怎么那怪物切糕切那么大工夫！"

阿丽思坐在一条小沟的边上,盘子放在膝盖上,拿着一把刀很出力的那么锯那个糕。她回答那狮子说(她已经被人叫惯了"怪物"了),"这东西真气人！我已经切了好几片了,可是它自各儿又都长在一块了！"

那独角马说,"哎,你不会弄镜子里的糕嘛。先端给大伙儿吃,过后再切呀。"

这个听起来象是瞎说,可是阿丽思还是听了它的话站起来,把盘子端给它们,真的那块糕自各儿就分开了成三片。阿丽思把空盘子拿回她本来呆的地方,那狮子说,"现在切罢。"

阿丽思手里拿着刀正在那儿不知道怎么办好,那独角马嚷起来说,"唉,我说呀,这个不公道！那怪物给狮子的比我的多一倍！"

那狮子说,"她自各儿一点儿没拿呀,横竖你喜欢梅子糕吗,怪物？"

可是阿丽思还没来得及回答,打鼓的声音就起头了。

那声音是从哪儿来的她也听不出来;一天一世界好象净是鼓声,打得她脑袋都要震聋了似的。她吓得站起来乱跑,偷眼还看见那狮子跟那独角马爬起来气凶凶的四面看哪儿来的那么讨厌的鼓声来打搅它们的宴会。她一会儿就跑过那道小沟,马上蹲下来想拿两个手捂着耳朵也捂不了闹得那么厉害的鼓声。

她心里头想,"要是这个鼓把它们再轰不出城去,那就没有东西轰得走它们的了！"

第八章 "这是我自各儿的发明"

过了一会儿那鼓声好象渐渐小了,又一会儿除了耳朵还嘤嘤嗡嗡的叫,外头什么声音都没有了。阿丽思倒有点儿害怕起来了。她抬头四面一看谁也不在那儿了。她第一个念头是想刚才一定是做梦来者——那狮子咧,独角马咧,那些怪样子的安格鲁撒克孙的送信的什么的。但是她脚跟前还有那个装那个切不开的糕的大盘子在那儿,所以她想,"哦,所以还不是做梦,到底,除非——除非咱们都是在一个梦里头。不过顶好这是我的梦,可别变了那红皇帝的梦!"她又做着埋怨的声音说,"我顶不喜欢做人家梦里的东西了。我倒怪想去叫醒他去,看到底会变成怎么样!"

到这儿她的念头被一个大声音打断了,她听见嚷,"喂!将!将军!"她就看见一个穿深红盔甲的武士,手里耍着一根大棍子,骑着马对着她直冲下来。刚一到她那儿,那马就忽然停住了。那武士叫一声,"你是我的俘虏!"说着自己就一轱辘儿摔了下来。

阿丽思虽然吓了一大跳,可是她一时还不是替自己担心,她倒是替那武士有点儿担心。那武士爬上了马坐好了刚要说,"你是我的——"又一个声音嚷起来说,"喂!将!将军!"阿丽思就很希奇的又找那新来的敌人。

这一回是那个白马武士,他骑到阿丽思的旁边就跟那红马武士一样的从马上滚了下来。一会儿他又骑上马去,两个骑马的武士就你看着我我看着你不言语。阿丽思看看这个看看那个,有点儿莫名其妙。

后来那红马武士说,"她是我的俘虏呀,你知道!"

那白马武士回答说,"是是是的,不过后来我又来救了她了!"

"好,那么咱们来打一仗看谁赢她罢,"说着那红马武士就拿了他马鞍子旁边挂着的一个象个马头样子的一顶盔带起来。

那白马武士也带起盔来说,"你自然得要守打仗的规矩咯?"

那红马武士说,"我总是守规矩的。"说着,他们俩就乒吟乓啷的打起来。

阿丽思看他们来得那么猛,就跑到一棵树后头躲起来,她一头偷眼瞧他们打,一头想,"嗯,我倒不知道他们打仗的规矩是些什么规矩?啊,他们有一条规矩好象是,这个武士要是打着了那个武士,他就会把他打下马来;要是他打不着他呐,他自各儿就滚下来——还有一条规矩好象是,他们的棍子得要夹在胳肢窝底下,象那木人头儿戏里的罗锅儿喷区跟他的媳妇儿鸠娣似的,——呵!他们摔起跟头来可真响!简直象整套的火筷子,煤铲子什么的都砸在个炉挡子上似的!那两匹马怎么那么老实!他们让他们爬上爬下的,简直象桌子一样!"

还有一条规矩阿丽思没有留心到的似乎是,他们摔的时候非得头先下地;他们有一回两个人并排着一块儿这么摔了下来,到这样他们的仗就算打完了。他们又爬起来的时候,两个人就换换手,那红马武士就骑上马,踢勒踏踢勒踏的走了。

那白马武士气喘喘的走过来说,"我这个胜仗打得真荣耀,不是吗?"

阿丽思说,"嗯——我不敢说。我不要做谁的俘虏,我要做一个皇后。"

"是啊,"那白马武士说,"你再过了底下一条小沟就做皇后了。我护送你到树林子的尽头——我就得回去了,你知道。我的路是斜着走两方的,不是吗?"

"多谢你好意,"阿丽思说,"可好让我帮你把你的盔给摘下来啊?"看样子他自各儿是办不了的了:阿丽思就给他弄了半天,好容易才把他的头拽了出来。

"哈,现在透气好透一点了。"那武士说着把弄乱了的头发拿两手望后头拢一拢,阿丽思看着他的一副温和的脸跟一双和气的眼睛那么对着她,觉着生平从来没看见过这么奇怪样子的一个武人。

他身上穿的一套披甲是洋铁做的,尺寸样子都很不称身,他肩膀子旁边倒挂着一个松木的匣子,匣子的盖就那么开着望下搭拉着。阿丽思瞅着这东西觉着它真古怪。

那武士很亲热的跟她说,"我看你是在那儿羡慕我的小匣子是不是?这是我自各儿发明的——预备装衣裳跟三明治的。你看我给它倒挂着,好让雨淋不进去。"

阿丽思挺和气的对他说,"可是东西会掉得出来呀。你知道不知道那盖儿是开着的?"

那武士听了脸上现出有点儿烦心的样子,说,"哎呀,我倒没知道。那么里头的东西一定早都掉完了!那么那匣子里没有东西还要它干嘛呐?"他说着把它解了下来,正预备把它扔到乱草里去,忽然好象又想到个什么主意,他就小小心心的把它挂在一棵树上。他对阿丽思说,"你可猜得着我这是什么意思?"

阿丽思摇摇头。

"我盼望有的蜜蜂儿会在那里头做窝——那我就可以得蜜了。"

阿丽思说,"可是你马鞍子上已经系着有一个蜜蜂窝了——那个象个蜜蜂窝的东西,不是吗?"

那武士撅着嘴说,"是啊,是个挺好的蜜蜂窝,还是个头等货呐。可恨的就是一个蜜蜂也没飞进来过呐。还有那个东西是一个逮耗子的笼子。我想也许是耗子不让蜜蜂来——要不然就是蜜蜂不让耗子来,不知道那个对。"

阿丽思说,"我正在那儿不明白那耗子笼是干嘛的呐。那马身上也不见得象会跑出耗子来啊。"

那武士说,"象是也许不象会有,不过假如要是出了耗子的话,我是不打算让它们跑得到处都是的。"

他呆了一会儿又接着说,"你想,如果出了什么事情我样样儿都有个准备,这多好。就是因为这个缘故,所以我给马的脚孤拐上都装了些刺针。"

阿丽思觉着这个很稀罕,她问他说,"那是干嘛用的呐?"

那武士回答说,"是防备鲨鱼咬的。这是我自各儿的一个发明。现在你帮我骑上马罢。我就陪你走完这树林子——你那盘子是干嘛的?"

"本来是装梅子糕使的。"阿丽思说。

那武士说,"咱们带着它走罢。要是咱们碰见梅子糕的时候,这盘子就很方便了。帮我把这个装在口袋里。"

他们弄这个弄了好些时候,因为虽然阿丽思得小心的把那口袋拉得很开,可是那武士装盘子的手脚真笨,他起头装的两三回都是一装把自各儿掉了进去了。后来好容易弄好了,他就说,"你看这塞得真紧,那口袋里已经有那么许多支蜡了。"他就把那口袋挂在那已经挂满了胡萝卜,火筷子,铁铲子,跟一大些别的东西的马鞍子上。

那武士骑着马跟阿丽思一同走着又问她说,"你头上的头发长得还够结实吧?"

阿丽思带着笑脸说,"也不过象平常那么长法了。"

那武士有点儿担心的说,"那怕不够吧?你知道这儿风的力量大极了。跟——跟参汤一样大的力量!"

阿丽思问他说,"你可发明过一个法儿可以叫头发不给风吹掉了?"

"还没呐,"那武士说,"不过我有个法儿可以使它不会掉掉。"

"哦?我很愿意听听看。"

那武士说,"起头儿你在脑袋上支起一根棍子来。然后你就让头发绕着棍子象果子树似的望上爬。你知道头发所以掉是因为它老是望下搭拉着——东西没有望上掉的呀,你想呐。这也是我自各儿发明的一个法子。你要愿意你可以试试。"

阿丽思听这个不象是个很舒服的办法。她走了半天也不言语,心里头还念着这个主意好古怪,同时还一回一回的帮那个真不会骑马的武士的忙。

那匹马每回一停的时候(而且它停的回数很多),他就望前栽下来;它每回要走的时候(而且它每回是说走就忽然走的),他就望后栽下来。除了这个以外他总还算呆的稳的,不过他还喜欢常常从旁边倒下来就是了;而且他倒的时候既然多半是倒在阿丽思走的那一边儿,阿丽思不久就知道顶好的法子还是别走的太靠近那个马才好。

"我怕你骑马还没有练习过很多回数吧。"阿丽思说着又是第五回从地上扶他起来了。

那武士露出很诧异的神气，象不高兴听她这种话似的。他一头儿爬回到马鞍子上，拿一个手抓着阿丽思的头发，防着望那边再倒下来，一头儿还说，"你什么缘故说这个话？"

"因为练习过很多回的，不会摔那么些跤呀。"

那武士很正经的说，"我是已经多多的练习了，多多的练习了！"

阿丽思想不出别的话只好说一句，"真的吗？"不过她倒是真心说的腔调。这个过后他们又走了一段路，那武士就闭着眼睛一个人自各儿叽咕，阿丽思就怪担心的等着他几时再滚下来。

一会儿那武士忽然大声的说，"这个骑马的诀窍啊，"他说着举起右手胳臂在空中比划，"就在这会——"说到这儿，他一句话完的个快劲儿，跟刚才来的个快劲儿一样，他一个倒栽葱一摔刚刚摔在阿丽思走的道儿上。这一回阿丽思真有点儿怕起来了，她挽着他起来，很着急的说，"该别摔断了骨头了吧？"

"啊，没摔断什么，"他说得好象摔断两三根不在乎似的。"这个骑马的诀窍啊，我刚才说呀，就在个会——身子呆的稳。就是这么样，你看——"

他把缰绳扔下来，拿两个胳臂举起来，做给阿丽思看，这回他啪的摔了一个仰不脚儿，刚刚摔在马肚子底下。

阿丽思一头扶着他再站起来，他就还一头叽咕着，"多多的练习！多多的练习！"

这阿丽思真忍不住了，她叫起来说，"这太不成话了！你应该弄个有毂辘儿的木马的，那才是你骑的东西呐！"

那武士听这个到很有意思，他说，"那一种马走得稳一点儿吗？"他说着连忙拿两只胳臂把马的脖子一抱，这才免了又滚下来一回。

"比活马稳多了。"阿丽思说着怎么忍也忍不住扑嗤一声笑了出来！

那武士一头想着跟自各儿说,"我去弄个来,弄一两个,——弄它几个。"

这个过后他们有一会儿没说话,后来那武士又说,"我对于发明东西倒是一个好手。你刚才这一回挽我起来的时候,不是我有点想心思的样子吗,你看出来了没有?"

阿丽思说,"你脸上是有点儿出神的样子。"

"哈!我在那儿发明一个新的跳过栅栏门的法子呐——你喜欢听不喜欢?"

阿丽思很客气的说,"我喜欢听极了。"

那武士说,"我告诉你我怎么想出来的。你看,我对我自己说,'这唯一的难处就是两个脚:头是已经比栅栏高了。'所以我先就拿头举到栅栏的上头——这样头就够高了——然后我就倒竖一个蜻蜓——这样脚也够高了——那身子不就过去了吗,你想?"

阿丽思一头想着说,"啊,你要做得到那样儿,你身子是可以过去了,不过你想这个不是有一点儿难吗?"

那武士很正经的说,"我还没试过呐,所以我不敢一定说——不过我怕这个是有点儿难。"

阿丽思看他越想越皱眉头,所以就给他换个别的题目跟他谈。她说,"咦,你那顶盔的样儿真有趣。也是你发明的吗?"

那武士很得意的瞅瞅他马鞍子旁边挂的那顶盔。他说,"啊,是的;不过我还发明了一个更好的呐——象一块方块糖似的。我从前带这种盔的时候,我要是摔下马来,它总是马上就碰到地。那我就摔得很短了,你想——不过就是还有摔到它里头去的危险,就是这一点讨厌。我曾经遇见过一回这种事情——而且顶不凑巧的是,我还没来得及出来,那个白马武士就跑了来把它带上了。他当着是他自己的盔呐。"

那武士那么板着个脸,阿丽思都不敢笑出来,她声音抖抖的说,"恐怕你总弄伤了他了吧——一个人头上又一个人?"

那武士很正经的说,"我得使劲踢啊,自然。那么他把盔摘下来了——可是不知道费了多少钟头才把我弄出来的。我在里头长得牢得象——象老虎那么牢了。"

阿丽思说,"嗯——那又不是牢字,老虎是老虎呀!"①

那武士摇摇头说,"我那一回是,各式各样的牢都在里头了,我告诉你罢!"他说得起劲起来,把两只手一举,马上就从鞍子上滚了下来,一个跟头倒栽在一个深沟里头。

阿丽思跑到沟那儿去找他。他这一跤摔的把阿丽思吓了一跳,因为他刚才半天都骑得很稳,阿丽思想他这一回怕真是摔伤了。可是她虽然只看见那武士的两只鞋底,她听见他还是象平常的声音那么说话,倒放了一点儿心。他还接着说,"各式各样的牢法。不过他也真是大意,怎么把人家的盔带在自各儿的头上——还有个人在里头,而且。"

阿丽思拿着他两只脚把他人拽上岸来,给他撂在地上好象堆成一堆似的。她说,"你怎么还能那么安安静静的说话——一个脑袋那么倒挂着!"

那武士听了这话到有点儿诧异的样子。他说,"我的身子在哪儿有什么相干呐?我心里还是一样的会想啊。其实我脑袋越望下我越会发明东西。"

他歇了一会儿又说,"你知道我生平做的最聪明的事情就是一头吃着一盘肉的时候就发明了一种新的布丁。"

"预备来得及下一道就端上来吃吗?呵,那可快极了,真是!"

那武士慢慢的想着说,"呃——不是下一道,不,横竖不是下一道。"

"那么就得下一顿了。我想你不见得一顿饭有两道布丁吧?"

那武士又跟刚才一样的那么说,"嗯——也不是下一顿,也不是下一顿。"他低着头,声音越说越小,又接着说,"其实啊,我相信那布丁压根儿就没人做过!而且我相信那布丁压根儿就不会有人去做去!不过呀,这布丁发明的可实在是聪明。"

阿丽思看那武士为着那布丁发愁发的怪可怜的,她就想法子骗骗他

---

① 此处原文为 as fast as lightning(迅疾如闪电),利用 fast 既作"牢靠"解,又作"迅速"解的双关义,译文改用"牢"与"老"字谐音。

说，"那布丁你打算拿什么东西做的呢?"

那武士嗓子里嗝的一声说，"起头用吸墨纸。"

"那不会很好吃吧,我恐怕——"

那武士很起劲的抢着说,"光是那个不很好吃,可是你再也想不到跟别的东西和了起来——比方火药啊,火漆啊,什么的,那就大不同了。啊,到这儿我得离开你了。"他们已经走完了那个树林子了。

阿丽思只是在那儿纳闷:她老想着那个布丁。

那武士看了倒不放心起来,他说,"你怎么不快活的样子? 让我给你唱个歌来安慰安慰你吧?"

阿丽思问他说,"是很长的吗?"因为她那天已经听了好些诗了。

那武士说,"长是长,可是很好听很好听的呀。不论谁听了我唱它——不是眼睛里流出眼泪来,要不然就——"

阿丽思看他忽然停住了,就问他说,"要不然呐?"

"要不然就不流眼泪,你想呐。这歌儿的名字叫做《雪鱼眼》。"

阿丽思做出喜欢听的神气说,"哦,这就是那歌的名字,啊?"

那武士说,"嗳,你没懂。那歌儿是叫做那个。歌儿的名字其实是《很老的老年人》。"

阿丽思就改过来说,"那么我刚才应该说,'那歌儿是叫做那个',对不对?"

"不,不应该那么说:那完全又是一回事了! 那个歌儿是叫做《道儿跟法儿》,可是它不过是叫做这个,你懂吧?"

这个可把阿丽思弄得整个儿的胡涂了,她说,"那么那歌儿到底是什么呢?"

"我就要说到这个了,"那武士说。"那歌儿其实是《坐在栅栏上》:那调儿是我自各儿发明的。"

他这么说着就把马停住了,把缰绳撂在马的脖子上:然后他拿一只手慢慢的拍着拍子,他那傻脸上微微的露出一点笑容,好象他觉着他自各儿唱的好听似的,他就那么唱起来。

在阿丽思这一趟走到镜子里所看见的奇怪的事情当中,这是她牢记的顶清楚的一回。她多年过后再想起这全部的景况来,觉着还象昨天的事情似的——那个武士的温和的淡颜色的眼睛跟他那和气的笑容——那斜斜的太阳光射在他头发上,又照在他披甲上,反射出来一片金光,把阿丽思的眼睛都耀得花花的——那匹马乖乖的动来动去,一条缰绳松松的搭在脖子上,随便吃吃脚底下的青草——还有后头那树林子的一片长黑影子——所有这些景致象一幅画似的,阿丽思都看在心里头,一头拿一只手护着眼睛,身子靠着一棵树,那么瞅着那奇怪的人马两个,一半象做梦似的听着那个歌儿的幽雅的声音。

"可是这调儿并不是他自各儿发明的,"阿丽思对自各儿说,"这是《我都给了你,我不能再多了》的调儿嗄。"她就很用心的站在那儿听,可是她并没有眼泪到眼睛里来。

"你要我说什么我都肯;
　　可说来不很长。
我看见个很老的老年人,
　　他坐在栅栏上。
我说,'老年人,你是谁?
　　你干点什么过活?'
他的回答好象筛子里的水,
　　就在我耳朵里过。

他说,'我常到麦子田
　　去逮些蝴蝶儿来;
把它做成酥盒馅,
　　来烤了在街上卖。
卖给什么样的人?'他说,
　　'给飘洋过海的人;
我就是这么样过的活——
　　小意思呀,先生们。'

可我又在那儿发明个法儿
　　把胡子染成青，
又拿着一把大折扇
　　老挡着脸扇不停。
所以既然我没听明白
　　那老头儿说的话，
我又说，'你做的是什么买卖?'
　　我说着就打他个巴。

他回我的腔调很和平。
　　他说，'我到处跑，
我找到一座大山岭，
　　就放火把它烧；
在灰里提出一种汁
　　叫如兰麦沙油——
他们给我两个半便士，
　　这酬劳是真不够。'

可我又在那儿想个法儿，
　　拿面糊当作饭吃，
好胖的把裤腰带
　　放二尺或者三尺。
所以我又推着他摇着他说，
　　摇得他脸变了色。
我说，'你到底怎么过活，
　　你做的是什么买卖?'

他说,'在鲜亮的石南树,
　　我找些雪鱼眼,
都磨成坎肩儿钮子一副,
　　就磨到五更天。
我扣子不卖金镑纸,
　　也不卖先令票,
你给我一个半便士,
　　我就卖给你一大包。'

'我有时候地下掘花卷儿,
　　或是插逮螃蟹的棍子,
也有时候到些草山上
　　去找些马车轮子。
我就是这么样发的财
　　(你看我多么诡!)——
所以我就祝您老人家健,
　　我敬您一大杯。'

我这回听见了他了,因为我
　　刚做完了计划书:
要莫耐桥上不长锈,
　　得放在酒里煮。
我多谢他告诉我说
　　他怎么样赚的钱,
可顶要紧的是因为
　　他祝我老人家健。

所以到现在,我假如一捏,

我捏了一手胶，

我是糊里糊涂把左脚鞋

在右脚上使劲的套，

或是让一块非常重的铁

一掉下砸了我脚，

我就哭，因为一定会想

我从前认得那老年人——

一个面很善，而说话很笨，

一头头发白的象白面粉，

一个样子象老鸹掉了魂，

一双眼睛红得象醉醺醺，

一个脸象心里很烦闷，

一个身子象老是呆不稳，

一口话的字眼儿咬不真，

象嘴里含着个大馄饨，

一个觉就睡得象牛打滚——

在那年夏天的半黄昏

那么坐的那栅栏上

的老年人。"①

那武士唱到这末了几句，就把缰绳拿起来，把马头对着他来的那条路上掉过去。他说，"你只要再走几丈，下那个小山，再过那条流水，你就做皇后了。可是你还先等一等看着我走了你再走呐吧?"他说着望路上一指，阿丽思就急急的顺着他指的方向瞅着。他又说，"我不会很长的。你可以等我到了路上那个拐弯儿的地方，就拿你的小手绢儿对我摇摇，啊!

---

① 这类打油诗就象《阿丽思漫游奇境记》里的诗一样，多系模仿当时流行的一些著名诗歌。原诗很感伤动情，拟作则插科打诨，犹如鲁迅先生拟张衡《四愁诗》作"我的所爱在山腰"之类。

我想这样可以给我一点鼓励,你知道。"

阿丽思说,"自然我等你。我还要多谢你打这么远道来——还谢谢你那个歌——我挺喜欢听的。"

"那顶好了,"那武士说着还有点不信的神气。"不过我当着你会哭的,你也没很哭。"

他们俩就挽挽手,那武士就骑着马慢慢儿的望树林子里走了,阿丽思瞅着他走,一头对自己说,"看他走大概不会要多大工夫吧,管保。啊——又是一个! 老是那么倒栽葱! 可是他这回爬上去倒还容易——那都是那马旁边挂着那么些东西的好处——"她就这么自各儿一个人叽哩咕噜的说,一头瞅着那马在路上慢慢的走,那武士就左一回右一回的滚下来爬上去。滚了四五回的样子,他到了拐弯的地方,阿丽思就拿出小手绢来对着他摇,一直摇到瞅不见他为止。

"我盼望那样真的使他胆大了一点,"她说着回过头来望山下跑。"现在就这一条小沟了,就做皇后了! 那多开心啊!"几步路就走到了小沟的边上,"啊! 第八方啦!"嚷着一跳就跳了过去,顺就坐下来在那又细又软的草地上歇歇,四面这儿那儿一攒一攒的花儿围着她。"啊,我也到了这儿了! 这是什么呀,我头上这个?"她抬起手来一摸,摸着头上紧紧的带着一个什么东西。

"可是我知道都没知道,怎么会跑到我头上来的呐?"她说着就把它摘下来搁在怀里看看到底会是个什么东西。

原来是个真金的冕。

第九章　阿丽思皇后

"啊,这多开心啊,"阿丽思说。"我没想到这么快就做皇后了——"她又很凶的说(她老是喜欢骂自己),"唉,我告诉你怎么罢,陛下,象你那么在草地上乱滚,那是再也不行的! 皇后们得要有身份的啊,你知道吧?"

所以她就站起来走——她起头走得怪直僵僵的,因为她怕那冕会掉下来:不过她想幸亏还没人瞅着她,所以还放心一点儿。一会儿她又坐下来说,"那么假如我真是个皇后,我过过就会做得很好的。"

这时候样样事情都来得那么奇怪,所以阿丽思看见那红皇后跟白皇后,一边一个挨着她坐着,她一点也不觉着希奇:她倒是很想问她们怎么来的,就是怕问了不大有礼貌。不过她想问问这盘棋下完了没有总不要紧吧。她就怪胆小的瞅着那红皇后说,"劳驾,请问这——"

那皇后挺凶的打断她的话,说,"人家对你说话你再说!"

"可是人人要都守着这个规矩,"(阿丽思有机会老是喜欢跟人争)"比方你非等人家对你说话你才说,那个人又非等你说话他才说,那么你想谁也不会说什么了,那岂不是——"

那皇后说,"瞎说! 你想,不是吗,小孩儿——"她把眉头一皱不说下去了,又想了半天,她忽然换了个别的题目来说。"你刚才说'假如你真是个皇后'是什么意思? 你凭什么可以管自各儿叫皇后? 你不经过一番相当的考试,你怎么能做皇后呐! 你想? 所以你得考啊,越早点考越好。"

"我只说'假如'呀!"阿丽思说的都怪可怜巴巴的。

两个皇后你瞧瞧我我瞧瞧你,那红皇后哆嗦了一下,说,"她说她只说'假如'——"

那白皇后搓着手着急的说,"可是她说的比那个还多一大些呐! 哎哟,不知道多多少呐!"

那红皇后对阿丽思说,"啊,是的嘎,你知道。要说说真话——想好了再说——说完了写下来。"

"我倒是真的并没有意思——"阿丽思刚起头说,那红皇后就又等不及的打断她的话。

"我怪你的就是这个嘎:你应该有意思的嘎! 你想,一个没有意思的小孩儿要它有什么用处? 就是一句笑话也得有点儿意思啊,——那么一个小孩儿比一句笑话要要紧一点吧,总该? 这个你总不能说不,你使两个手来也不成。"

阿丽思说,"我要说不,也不是拿手说的呀!"

"没人说你拿手来着,"那皇后说。"我说的是你就是拿手也不成。"

那白皇后说,"她那种神气啊,就是心里头想要说点什么不是,——就是想不出说什么不是来!"

那红皇后说,"这讨厌的坏脾气!"说完了大伙儿又是很不自在的等了半天不言语。

过了一会儿那红皇后就开口对那白皇后说,"我请你今天下午赴阿丽思的宴会。"

那白皇后很没劲的笑一笑,说,"我也请你。"

"我压根儿就不知道我是有个宴会嘞,"阿丽思说,"不过要是有的话,我想也得让我来请客呀。"

"我们已经给了你机会请客啦,"那红皇后说,"不过我敢说你还没上过多少学规矩的功课呐吧?"

"规矩不是在功课里学的呀,"阿丽思说。"功课是教你做算法那类的东西的嘞。"

那白皇后就问,"你会加法吗? 一加一加一加一加一加一加一加一加一加一是几?"

阿丽思说,"我不知道,我数不清了。"

"她不会加法,"那红皇后插进来说,"你会减法吗? 八个里头减掉九个。"

阿丽思很快的回答说,"八减九,那我不能减的呀,你知道。不过——"

"她不会减法,"那白皇后说,"你会除法吗? 拿一把刀除一块面包——这个你怎么答吧?"

"我想总——"阿丽思刚起头那红皇后就替她答了。她说,"除了面包还得要黄油了,自然。你懂不懂做减法有时候儿要借一位? 有一位狗,你从它口里借了一块肉骨头：剩下来是什么？"

阿丽思想着说，"那骨头不会剩下来了，自然，我既然把它借了来——那么那狗也不会剩下来在那儿呆着了，它一定要来咬我了，——那剩下来一定也不会有我了，我也得跑了！"

那红皇后说，"那么你想什么都不剩啊？"

"我想就是这么答的。"

"还不是又错了，"那红皇后说："那狗的脾气可是剩下来啦。"

"可是我不懂怎么——"

"啊，你想呐！"那红皇后抢着说，"那狗要发脾气的，不是吗？"

阿丽思很小心的说，"也许它会。"

那皇后很得意的嚷起来说，"哈！那么狗要是把脾气发了出来，自各儿又跑走了，它的脾气就剩了下来在这儿啦！"

"那么也许各走各的路都跑开了呐？"阿丽思虽然勉强做着正经的样子这么说，可是她不由得自己心里想，"我们这乱七八糟的，不知道瞎说些什么！"

那两个皇后很使劲的一块儿说，"她算法一点也不会！"

阿丽思不喜欢人家对她那么找错儿，她就忽然转过脸来问那白皇后说，"你会算法吗？"

那皇后把嘴一张把眼睛一闭。她说，"你要是给我工夫我能做加法——可是减法不管在什么样情形我总是不会的了！"

那红皇后说，"你 ABC 自然是会的了？"

阿丽思说，"我倒是会的。"

那白皇后对阿丽思耳朵里轻轻的说，"我也会。咱们以后常常的一块儿背，啊！我还告诉你我的一样事情——我认得几个一个字母拼的字呐！这多厉害啊！可是你用不着灰心，啊。你到时候也能这样的。"

说到这儿那红皇后又开口了。她说，"我考考你懂不懂家常的事情？面包是怎么做的？"

阿丽思很快的说，"那我知道！你先得拿点儿面——"

那白皇后说,"挂面还是切面? 宽条儿的还是细条儿的?"

"哎,不是一条一条的面,"阿丽思解释给她听,"是和面,是一块一块的——"

"几块几毛?"①那白皇后说。"你不能邋掉那么些东西啊。"

那红皇后有点儿着急起来说,"给她扇扇脑袋吧! 她想了这么些一定想得头昏了。"所以她们就弄了几把树叶子起头来扇她一直扇得她求她们停才停住,因为她们把她头发扇得乱的不得了了。

那白皇后说,"她这会儿好了。你懂语言不懂? 法文管'飞得低地'叫什么?"

阿丽思很认真的说,"'飞得低地'本来就不是英文嘛!"

"谁几时说它是来着?"那红皇后说。

阿丽思想她这一回有法子躲开这个难题目了。她就很得意的大声儿说,"你要告诉我'飞得低地'是什么国话,我就告诉你法国话管它叫什么!"

可是红皇后把腰直僵僵的一挺,她说,"皇后们从来不讲价钱的。"

阿丽思心里头想,"我愿意皇后们从来不出题目就好了。"

那白皇后有点着急的说,"咱们别打架呀。闪电是从什么生出来的?"

"闪电啊,"阿丽思随口就说出来,因为她这回觉得很有把握了,"闪电是从雷生出来的——不是,不是!"她马上改过来说。"我是要说是反过来那么样子的。"

"太晚了,不能改了!"那红皇后说,"一样事情你一说出口,那就定了,你就得来什么要什么了。"

那白皇后很不自在的把两个手捏捏放放,低着头说,"啊,说起来我想到上礼拜二咱们碰见那么大一场雷雨——我是要说上回那一套好些个礼

---

① 此处原文借谐音开玩笑,阿丽思说拿点儿"面"(flour,面粉),白皇后就岔开来,问她何处来"flower"(与 flour 同音,却是"花"),等等。译文用"一条一条的面""一块一块的……",借同字异义变成"几块几毛"。

拜二当中的一个,你知道。"

阿丽思有点不懂了。她说,"在我们国里啊,我们是一天一天的过的。"

那红皇后说,"那么样做事多穷多没劲儿啊! 我们这儿啊,我们大概总是两三个白天或是两三个夜里在一块堆儿的,有时候在冬天我们一连串过五夜呐——是为着要取暖,你知道。"

阿丽思就问她一问,说,"五夜就比一夜暖和吗?"

"五倍那么暖和了,自然。"

"不过也要冷五倍了,要是也照那个规矩的话?"

"就是这话咯!"那红皇后说。"暖和五倍,又冷五倍——就象我比你阔五倍,并且又比你聪明五倍一样!"

阿丽思叹了口气对自己说,"唉,拉倒吧! 这简直象个破不了的谜嘎!"

那白皇后低低的声音,好象对自各儿说话似的,说,"昏弟敦弟也看见那雷雨的。他手里拿着把开瓶子的螺丝转儿走到门上来——"

"他来要什么的?"那红皇后说。

那白皇后接着说,"他说他非要进来,因为他在那儿找一匹河马。不过那天早晨啊,家里并没有这样东西,碰巧。"

阿丽思听了诧异得不得了,她说,"平常有吗?"

那皇后说,"只有礼拜四有。"

"我知道他干嘛来的,"阿丽思说。"他要来罚那些小鱼儿们的,因为——"

到这儿那白皇后又起头说,"那个雷雨大的啊,你简直想不到的!"("她本来什么也想不到的,你知道。"那红皇后说。)"房顶都掉了一块下来,就进来了不知道多少雷——一大块一大块的在屋子里乱滚——把桌子咧东西的都撞倒了——把我吓得连自各儿的名字都想不起来了。"

阿丽思心里想,"我要遇见出了什么事情的时候,我就不会去想我的名字去! 想了又有什么用呐?"可是这个话她没说出声来,因为她怕那可怜的皇后听了回头又不好受。

"陛下你得原谅她,"那红皇后对阿丽思说着就拿那白皇后的一只手搁在她自各儿手上轻轻摸着她说,"她意思是很好的,不过她少不了总要说些傻话,平常时候。"

阿丽思看那白皇后挺胆小的瞅着她,觉着实在应该对她说点儿什么好话,可是一时真想不出什么话来说。

那红皇后又接下去说,"她从小就没人好好教过她,不过她脾气可是真好得出奇!你拍拍她脑袋,看她多喜欢!"可是这个阿丽思实在没胆量去做了。

"给她点儿好处——给她头发上弄点儿颜色纸——可以弄得她不知道多乖呐——"

那白皇后深深的叹了一口气,把头枕在阿丽思肩膀上。她哼哼着说,"我真困极了!"

"她累了,这小东西!"那红皇后说。"给她头发顺一顺——把你的睡帽借给她——唱一个软软声音的摇篮歌儿哄哄她睡吧。"

阿丽思照着她第一样做了说,"我没有睡帽,我也不会什么哄小孩儿睡觉的歌。"

"得我唱了,那么,"那红皇后说着就唱起来:——

> "乖乖儿在阿丽思怀里别闹!
>
> 酒席没开好咱们先睡一觉。
>
> 酒席吃完了咱们同去跳舞——
>
> 红皇后,白皇后,阿丽思做主!"

"现在你知道这词儿了,"她说着把脑袋在阿丽思的肩膀上一靠,"你给我也唱一遍罢。我也困了。"又一会儿两个皇后都睡得着着的了,挺响的那么打呼噜。

一会儿这个圆脑袋,一会儿那个圆脑袋,象一块重东西似的从阿丽思肩膀上滚下来滚在她腿上。阿丽思四面望望急的不知道怎么好,她嚷着说,"这可是怎么办呐?我想从来也没有过一个人同时得照应两个皇后的！没有的,全英国的历史里也没有过的——这不会的嘛,你想,因为从来没有过同时有两个皇后的嘛。"她不耐烦的接着说,"醒醒,嘿,你们这两种东西!"可是除了轻轻的打呼噜,她们一点也不做声儿。

那打呼噜的声音越过越清楚,成了象个调儿的声音了:到后来她都听出词儿来了,她听的那么认真,她腿上两个大脑袋忽然不见了,她都没觉到少了什么。

她自己站在一个圆框子大门的跟前,上头写着"阿丽思皇后"几个大字,那门框上一边有一个门铃的拉手;一边写的是"客人的铃",那边写的是"佣人的铃"。

阿丽思想,"我等这个歌儿唱完了我就去拉那个——那个——我拉哪个铃儿呐?"她看着那两个名字不知道怎么好。"我又不是客人,我又不是佣人。应该得有一个上头写着'皇后'的呀,你知道——"

刚说到这儿门稍为开了一点儿,一个长扁嘴的鸟儿伸出一个头来说,"不到下下礼拜不许进来!"一会儿就乒的一声又把门关上了。

阿丽思尽着打门拉铃也没人来;到后来一个很老的刚才坐在树底下的一个老蛤蟆站起来一拐一拐的慢慢的对着她拐过来:它穿着很鲜亮的黄衣裳,脚上穿着一双很大的大鞋。

那蛤蟆用一种很低很粗的沙嗓子说,"怎么回事啊,啊?"

阿丽思回过头来,预备跟谁都要找碴儿似的。她很生气的说,"那个答应门的佣人上哪儿去了?"

"哪个门啊?"那蛤蟆说。

阿丽思听它那懒洋洋的腔调,气的差不多要跺脚了。"这个门了,自然是!"

那蛤蟆睁着它那双又大又呆的眼睛对着那门瞅了一会儿:又走上去拿大拇指在门上擦擦,好象试试看那门上的漆会掉不会似的:然后又瞅着阿丽思。

"答应门呀?"它说。"那门你问它什么来着?"它的嗓子哑得简直阿丽思都听不见它了。

"我不懂你是什么意思?"阿丽思说。

那蛤蟆接着说,"我说的不是英国话吗? 要不然你是聋吋? 它问你什么来着?"

阿丽思很不耐烦的说,"没问什么呀! 我就打门来着!"

那蛤蟆叽咕着说,"不该的嘢——不该的嘢——不是惹它恼嘢,你想。"它就走上去拿一只大脚把门一踢。它喘着气说,"你不去惹它,它就不来惹你,你知道。"说着它就又拐啊拐的回到树后头去了。

这时候那门忽然一闪就开了,就听见一个尖嗓子唱着:——

> "对镜子世界里的阿丽思说,
>
> '我皇冕在头上,我令箭手里托。
>
> 让镜子里人物们大家排队
>
> 到红皇后白皇后跟我的宴会。'"

接着就是好几百人的声音和唱:

> "快斟满了酒杯子大家别慌,
>
> 在桌子上撒些钮扣儿跟菩糠:
>
> 把猫在咖啡,耗子在茶里泡透——
>
> 来三十倍三欢迎阿丽思皇后!"

唱完了就是一阵乱哄哄喝彩的声音。阿丽思自己想着,"三十倍三是九十。我倒不知道有没有人在那儿数着?"一会儿工夫又安静下来了,还是那个尖嗓子又唱一段:——

> "'喂,镜子里人物们,'阿丽思说,
>
> '你们见着我看见我荣耀很多:
>
> 来吃饭咧喝茶咧跟我们做伴儿,
>
> 跟红皇后白皇后跟我一块儿!'"

底下接着又是和唱:

> "在杯子里倒满了墨水糖浆,

> 或是随便什么喝的只要又甜又香；
>
> 拿沙子跟羊毛用果子酒泡透——
>
> 来九十倍九欢迎阿丽思皇后！"

"九十倍九！"阿丽思听了这个可没办法了，她说，"那一辈子也算不完的了！我顶好还是就进去——"她说着望里就走。她一进门大伙儿就一个也不做声了。

阿丽思一头在那大厅里走着，很担心的顺着那桌子看过去，她看见大约有五十位客，各式各样的：有的是畜牲，有的是鸟儿，里头还有几种花儿呐。她想，"它们没等到请就来了倒也好，要不然我还没法子知道应该请些谁才对呐！"

桌子的上一头有三把椅子：两把已经有了红皇后跟白皇后坐着，可是当间儿一把是空着的。阿丽思就在这椅子上坐下，她看大伙儿不做声觉着有点儿不自在，心里想顶好有谁说话才好。

后来还是那红皇后起的头。她说，"你已经错过了汤跟鱼了。把肉端上来！"那些佣人就把一只羊腿端来放在阿丽思跟前，阿丽思看着有点儿着急，因为她从来没有当过主人还得要给客人切肉呐。

那红皇后说，"我看你有点儿不好意思：让我来介绍你见见羊腿。阿丽思，这是羊腿：羊腿，这是阿丽思。"那羊腿就在盘子里站起来对阿丽思鞠了一个躬；阿丽思就还了一个礼，也不知道还是害怕还是好笑。

"让我给你一块，好不好？"她说着拿起刀叉来看看这个皇后，看看那个皇后。

那红皇后很坚决的说，"那怎么可以呐？刚把你介绍了给人家，你就拿刀来刺人家，这什么规矩？把肉端走！"那些佣人就把它端开了，换了一大盘梅子布丁来。

阿丽思赶快说，"请别再介绍我见布丁吧，要不然咱们一点儿晚饭也没得吃了。让我给你点儿好吧？"

可是那红皇后显出很不愿意的样子，她狠狠的说，"布丁，这是阿丽思：阿丽思，这是布丁。把布丁端走！"阿丽思还没有来得及还它鞠躬的礼,那些佣人就早把布丁端走了。

可是阿丽思想为什么只有那红皇后才许发命令;所以她就叫一声试试瞧,"喂,把布丁端回来!"一会儿那布丁果然又在桌上了,象变戏法似的。那布丁那么大,阿丽思见了它少不了有点儿不好意思,就跟刚才对那羊腿一样的感觉:不过她到底勉强壮着胆子切了一块下来递给那红皇后。

"真岂有此理!"那布丁说。"要是我把你刺一块下来,我倒不知道你高兴不高兴,你这东西!"

它说话是一种油腻腻的粗声音,阿丽思一句话也回答不出来,只好坐在那儿张着大嘴看着它。

"说点儿什么呀,"那红皇后说:"把话净让那布丁说了,那成什么样子啊?"

"你们可知道,我今儿听人家背了那么些诗,"阿丽思一开口,大伙口马上就不做声,所有的眼睛就都盯着她看,她都有点儿害怕了。她还接着说,"而且有一样事情真古怪,我想——每一首诗都是讲到鱼的什么事情的。你可知道他们这儿为什么都这么喜欢鱼啊,这些地方?"

这话是对那红皇后说的,可是她回答的话有点儿回答到隔壁去了。她把嘴凑到阿丽思的耳朵边儿,很慢很正经的说,"您白皇后陛下知道一个很妙的灯谜——全是押韵的——全是讲鱼的。要不要让她背背听?"

那白皇后就在阿丽思的那一只耳朵里象个鸽子似的咕噜咕噜的说,"多谢她红皇后提起这个来。那多好玩儿啊! 可以让我背吗?"

阿丽思很客气的说,"真的,请您背给我们听。"

那白皇后高兴得笑了一声,摸摸阿丽思的嘴巴子。她就起头背:

　　"'先么,鱼得要逮来。'

　　这不难,一个孩子,我想,就能逮它来。

　　'然后鱼得要买来!'

　　这不难,一个蚌子,我想,就能买它来。

　　'拿这鱼去做汤!'

这不难,已经煮了有五十九秒了。

　'用个一品锅来装!'

这不难,因为早已经把它装好了。

　'端来给我就酒!'

这不难,我把锅就在桌上一摆。

　'把这锅盖儿拿走!'

哎呀,这个很难,恐怕我做不到!

　因为那鲇鱼的粘——

把锅盖儿粘在锅祥儿,自己躲

在当间儿:

　你说那样顶难,

　还是开那个盖儿,还是猜这个谜儿?"

那红皇后说,"你先想它一分钟,然后再猜。你一头想着我们就敬你一杯。"她就使起大劲来嚷,"祝阿丽思皇后的康健!"所有的客人就都敬她的酒,他们喝的法子很古怪:有的拿杯子象倒救火筒似的倒在自各儿的头上,让酒从脸上流到嘴里就那么接着喝——有的把酒壶打翻了,让酒从桌子边儿上流下来就在那儿接着喝——还有三个(象袋鼠样子的东西)滚到烤羊肉的盘子里拼命的去舐那里头的红汤,"就象些猪在猪槽里似的!"阿丽思想。

那红皇后皱着眉头对阿丽思说,"你应该说两句很漂亮的演说谢谢大家。"

阿丽思很听话的站起来演说,可是有点儿怕悠悠的,那白皇后就轻轻的说,"我们得支持着你,你知道。"

阿丽思轻轻的回答她说,"多谢你们,我不用扶着也行。"

那红皇后死死的说,"那是不象样儿的。"所以阿丽思只好很规矩的受着她。

("还有她们拱的真要命!"这是后来阿丽思告诉她姊姊这回宴会的事

情时候说的话。"你觉着她们简直要把你挤扁了！"）

阿丽思演说的时候倒真是有点儿不容易呆得住她那个地方：那两个皇后一边一个的那么拱，她们差一点儿没把她举到半空中去。"我起来对各位道谢。"阿丽思说着真的离地起来了好几寸；可是她抓住了桌子边儿，好容易才把自己又拽了下来。

"当心你身子！"那白皇后拿两只手揪住了阿丽思的头发大嚷起来。"一会儿要出什么事情啦！"

一会儿工夫（照阿丽思后来告诉人说的话）真的出了各式各样儿的事情了。那些蜡烛都长到顶棚那么高，好象一攒香草顶上都放了月炮似的。那些瓶子就每一个拿了两个盘子匆匆忙忙的装上去当两个翅膀，再拿两把叉子当脚，就到处的乱飞：阿丽思在这越闹越乱的情形里倒还想到说，"倒很象些鸟儿，它们的样子。"

在这时候她听见她旁边有一个粗嗓子的笑声，她就回头看看那白皇后怎么了；可是椅子上并没有皇后，是那羊腿坐在上面了。那一品汤锅里出来一个声音说，"我在这儿呐！"阿丽思一回头，刚刚赶上看见那皇后的扁扁的和气的脸在那一品锅的边儿上露出一点儿来对她笑着，一会儿她缩回到汤里去了。

一会儿也不能再耽搁了。已经有好几位客躺在盘子里了，那掏汤的大勺在桌上对着阿丽思的椅子走上去，很急的对她做手势叫她让开。

"这个我受不了了！"阿丽思嚷着就跳起来两只手把桌布抓住：使劲一拉，那些盘子咧，碟儿咧，客人咧，蜡烛咧，都哗啦啦掉在地上堆成一大堆。

"还有你这个东西啊。"她凶凶的回过头来对着那红皇后，因为她想都是她一人闹出来的乱子——可是那皇后不在她身边了——她忽然变成一个小洋娃娃那么大小了，现在在桌上活泼泼的转圆圈儿，追她背后搭拉着的自己的披肩。

要是别的时候啊，阿丽思就会觉着诧异了，可是这会儿她心里慌张得什么也不会使她诧异了。"还有你这东西啊，"她说着那小东西正在那儿跳过一个刚落下来歇在桌上的一个瓶子，她一把抓住她使劲一拧，说，"我把你拧成一个小猫儿,你看我不吧!"

～～～ 第十章　拧 ～～～

她把她从桌上拿下来拼命的把她尽着拧尽着摇。

那红皇后一点儿也不傔:不过她的脸越变越小,她的眼睛越变越大越绿:阿丽思又甩了她两下,她越变就越短——越肥——越软——越圆——她就——

～～～ 第十一章　醒 ～～～

——它敢情就是个小猫儿嘿。

～～～ 第十二章　是谁做的梦呐? ～～～

阿丽思揉着眼睛很恭敬可也有点儿严厉的对那小猫儿说,"红陛下您别那么大声的打呼噜啊。你闹醒了我哎唷! 多么好的一个梦啊! 敢情你一直跟着我的,华儿华儿——在那镜子里的世界里。你知道没知道,乖乖?"

它们小猫儿们就有个讨厌的坏脾气(阿丽思曾经说过这话),不管你跟它们说什么,它们总是打呼噜。"只要它们比方要说'是'就打呼噜,要说'不是'就叫声喵,或是不管定个什么规矩,好跟人家谈得起话来么,那就——！你想一个人要老是只说那一句话,你怎么跟他谈的起话来呐？"

可是这一回那小猫儿只是打呼噜:那么就没法子猜它到底是要说'是'还是要说'不是'了。

阿丽思就到桌上棋盘里把个红皇后找出来:她又趴下来跪在炉子前头的地毯上把那猫跟皇后面对面搁着。她很得意的拍着手说,"啊,华儿！招出来吧,这就是你变成的！"

("可是它看都不肯看,她后来讲给她姊姊的时候儿说:它就把头背了过去,假装没看见似的:可是它有一点儿不好意思的样子,所以我想它一定做过那个红皇后的。")

"坐直一点儿,乖乖！"阿丽思笑嘻嘻的说。"你一头想说——想打什么呼噜的时候儿就得一头请安。这样省时候,记得吧！"她就把它端起来轻轻的亲它一下,"就算是恭敬它曾经做过一个红皇后的一点儿意思。"

"雪珠儿,我的小玩意儿！"她说着回头看看那小白猫儿还在那儿乖乖的让大猫舐。"黛那到底几时才给您白陛下弄完啊,我倒不知道？哦,你在我梦里头一身那么不整齐的样子,原来是这个缘故。啊,黛那！你可知道你在那儿刷的是一位白皇后吗？真的,你太不恭敬了！"

"那么黛那变成了谁呐,我倒不知道？"她一头叽咕着,就舒舒服服的靠下来把一个胳臂肘子支在地毯上,拿手支着下巴,一头看那些猫。"告诉我,黛那,你是不是变成昏弟敦弟来着？我想你是的——不过你顶好先还别告诉你的朋友们,因为我还不敢一定呐。"

"喂,华儿华儿,你要是真到过我那梦里啊,有一样事情一定会给你开心的——我听了人家给我背了那么多的诗,都是说鱼的！明儿早晨一定好好儿的请你一顿。赶你吃点心的时候,我就背《海象跟木匠》给你听;你就可以假装你吃的净是些蛎蟥,乖乖！"

"那么,华儿华儿啊,咱们来想想看这一大些事情到底是谁梦见的。

这是个很要紧的事情呀,乖乖,你不应该尽着舔你的爪子呀——到像黛那今儿早晨没给你洗过似的!你想呐,华儿华儿,那一定不是我就是那红皇帝。他是我梦里的人,自然——不过那么我也是他梦里的人啊!到底是那红皇帝做的梦吗,华儿华儿?你是他的媳妇儿,乖乖,所以你应该知道吁——啊,华儿华儿,帮帮我定了得了!我知道你那爪子等一会儿不碍事的!"可是那讨厌的小猫儿又换了那个爪子来舔,假装没听见人家问它话似的。

你想是谁呐?

跋

斜阳照着小划船儿,
慢慢漂着慢慢玩儿,
在一个七月晚半天儿

小孩儿三个靠着枕,
眼睛愿意耳朵肯,
想听故事想得很——

那年晚霞早已散:
声儿模糊影儿乱:
秋风到了景况换。

但在另外一个天
阿丽思这小孩儿仙,

老像还在我心边。

还有小孩儿也会想，
眼睛愿意耳朵痒，
也该挤着听人讲。

本来都是梦里游，
梦里开心梦里愁，
梦里岁月梦里流。

顺着流水跟着过——
恋着斜阳看着落——
人生如梦是不错。

第二编　科普文

科学与经历[①]

　　科学者,集多数有关系依定律配置之事实而成也。试取一物理教科书阅之,则见所载者或为由观察而得之事实,或为须学者自为之实验说明。此种种事实又归入各种主要分门(如力,热,电,磁等),以例解统括众事之定律(如牛顿[Newton]之动律,欧姆[Ohm]之电流与电差之关系律,能量不变律皆是)。各种科学教科书无论其为物理,化学,生物学,心理学,方言学,经济学,皆属于上述之通式。

　　科学之定义既如是则有数疑问起焉。各种科学如何而生? 各种科学有何种之区别点? 其范围如何划清? 吾人常言每一科学之事实均互有关系,究属何义? 此等关系究属何性质? 确切言之何为科学定律? 何以科学必须求定律始有进步? 今试略为解答如次。各种不同之科学大抵皆研究同一之事物。此言似奇而实甚正。无论何种科学皆研究同一之人类经历界;不过每一科学各有其特异之观点,而各自其特异观点研究世界之事物。此其所以不同耳。试即世界一小部分观之,如吾侪一日内之经历,一极紊乱之混合物也。家用火炉风箱之作用依空气压力之定律,而其风之助火则依化学之定律;食物之不洁或由社会上经济情形所致,而食味之不美则为心理之现象;吾人言语之法以语音学定律而定,而其中所言之事则或关于政治或关于科学,或关于游戏等类:约言之,一科学与他科学似互

[①]　赵元任摘译自铁岂纳(E. B. Titchener)所著心理教科书。原载《科学》第一卷第二号,第130—134页,1915。——原编者注
　　第二编的底本选自:赵元任. 赵元任全集·第14卷. 北京:商务印书馆,2004.——编者注

相混合而全无统系者。

虽然,使吾侪不拘于一日内之事而统观世界之大体,或从历史之观点察验人类历史中之一久长时代,则所见者不如前之惑人。试观天然世界则分生物及非生物。凡生物皆以生长而变,非生物皆以毁败而变。生物又分为植物与动物二类。由此则地质学,植物学与动物学之材料皆见矣。

又观人类进化之某时代:例如未开化社会之生存。上古之人必躬自造器械以猎禽然后得食,又须制衣服,营巢穴,慎饮食防毒物。如浮于海,则须观星而定路向,与同类交则须遵礼俗。夜梦,醒则以告人。有喜怒则以举动或容貌达其感觉,苟其人一思及其日常之经历,则其紊乱之状亦犹以上所述一日内之经历也。然以锐利之眼光观之,则此等经历已含有多数科学之种子,如力学,动物学,生物学,天文学,伦理学,心理学等皆由此出者也。

由此可见人类之经历并非全无统系与规则者。其中已具有界线之痕迹及秩序与组织之大略;故现时所谓各种科学之发源及其材料早入吾人观察注意之中。然此仅科学之发源及其材料而非科学也。若科学者必待有人依天然界之指点,施特意之研求而遍验经历界之全体然后成。桥梁也,房舍也,器械也,家具也,有力学以前久已制造矣。然科学的力学则必待吾人观全世界如一大机械,观万物之变动皆依力学定理而后始。梦也,巫术之现象也,喜怒哀乐之表诸外也,有心理学以前,为人所悉知久矣。然科学的心理学则必待吾人视全世界为心理学的现象,为依心理学定律的经历之大群,然后有。总言之,每一科学有其特定之观点,而自此特定之观点以观人类经历之全体;既择定此特定之观点,其第二步则为叙述由此方面所呈世界之事实或现象。各科学之区别皆自观点之不同而生;而每一科学之所以能统一,及其多种观察之所以能互相系连者,则因无论何事实均自此同一之方面用同一之理研究之之故。

吾等既知凡经历之事物皆可由各种不同之方面观之矣。于是此等方面常为吾人所注意。如上言每科学必遍验经历界事物之全体然后成,则一人决难尽研究所有之科学;是以有分工之必要。人之兴趣不同,故历时既久,凡经历界事物所有之方面必皆各有学者注意而研究之。科学之研究逐渐进步,科学家人数逐渐增多,则经历界之各方面可见者愈多,而各科学之分门别类亦因之以增。然此等科学并不各自独立,如分世界为若干部或分经历界为若干部而叙述其各部分者然;各科学皆互相交错而会合,其所由观之方面虽异,而其所叙述之经历则一。科学之门类,非若七巧板,可并成一世界图,乃类于一书之前后各章,以通论一大题之各方面者。各章有长者,有短者;有泛论普通者,有详论特点者:皆以每科学对于经历界事物所持之态度而定。然所有各章(指各科学言)皆讨论同一之世界,所异者,观点之不同而已。

今当问何为科学的定律,又科学之进步何以视发见定律之多寡窳良为准。其答颇简。科学的观察愈久,科学的方法愈精,则吾人愈见经历事物有规则,有秩序。一事之发见也,必有其地位,时间,及其他种种情形;使他日一事出,其情形与第一次相类,则二事亦必相类。此言似浅而实为各种科学公有之基础的假定。定律者,表述经历事物之规则者也。世界有规则,人类方能有科学。依上所言,吾侪每求得某科学中一定律,犹于"世界大书"之各章内写成一节。章,科学也;节,定律也。今日之科学无一可称已经完全发达者;然每得一定律,则包含此定律之科学即得如许之发达。定律之为用,(一)包括,总结,概述一大群观察所得之事实,(二)作观察他事物之起点。此所以科学史上紧要之年日大抵皆求得诸定律之年日,科学界中有名之人大抵皆发见定律之人也。

以上为科学观点之大略,兹再条列其要点:

(一)科学自人生经历始。

(二)各科学皆研究经历界事物之全体。

(三)各科学之不同在观点之不同。

(四)各科之异于日常知识,在其守一定之观点而遍究经历界之全体;非若日常知识之东撾西拾不重系统也。

(五)科学之进步视求得定律之多寡与窳良为准。

二

海王行星之发见[①]

　　或曰海王星之为物与地球似无关紧要;述其发见之情形,以供文人消遣则可;若持此以饷研究科学之进步者则殊无谓。且此星发见已越半世纪;小学生徒能知其存在;浪费纸笔以宣陈语,毋亦多事乎？曰否否,吾译此篇厥有四因:(1)篇中所述关于天文之事实与学理,皆可施之普通应用。(2)此题于研究科学,虽属小事,然亦不可忽;失之一分,差之一星,有甚于毫厘千里之比矣。(3)海王星发见史饶有兴趣,稗官说部,无以过也。且有谓科学事业往往平淡寡味生气索然者,读此当亦知不尽然也。(4)人谓近世科学重实验;此言良信,然非谓理论可忽也。归纳演绎,唇齿相依;二者相须之殷,于天文学尤显著。海王星之发见实近世演绎科学收功之最大者。孰谓纸上空谈为科学家所不齿乎。译者识。

〜〜 Ⅰ.天王星行动之惑人 〜〜

　　天文史中大事罕有如海王星发见之可歌可泣者。夫发见天体非绝无

[①]　*The Discovery of the planet Neptune*,见《通俗天文报》(*Popular Astronomy*)1912年十月号。——译者注
　　赖因斯(David Rines)原著,赵元任译。原文载《科学》第一卷第十二期,第1359—1376页,1915。——原编者注

仅有之事也,然海王星则非得之于平常方法,如偶见之望远镜,或见异形于照像片之类。有某算理天文家居当时此学泰斗之列,经年余之精明分析与烦重计算,乃语远处之天文家,谓天空某部可见一新行星。以望远镜窥此部天空,果见悬一太阳系之新分子。不独此也。当时世界惊喘未复,而此目未近镜之发见家所受之荣誉,又几为人所夺,以平素不闻名之少年。更有异于寻常者,科学人物心神甫定,又为西半球第一算学家所惊动,此公勇往直前,竟欲取二人之功而并褫之。科学世界目为之眩。

天王星之行动实为此等骚扰之原因。此星一自1781年威廉赫歇尔(Sir William Herschel)发见后,即成天文家注意研究之目的物。望远镜之注视殆无虚夕;形体也,位置也,行动也,无夜不细察而详纪之。

此星发见数月后即有人粗测其轨道。当时姑假设其为正圆形;然行星轨道实皆为椭圆形,故其所算仅为约计值,以待后日观察成绩积多,再为准确之测定。后二年由各地得椭圆之理。

既知天王星轨道略形,天文家遂希冀前人观星之纪载中或有曾误认其星为恒星而纪其位置者。此愿果达。盖自1690至1771年,弗兰斯地(Flamsteed),迈耳(Mayer),柏剌立(Bradley),与勒模尼叶(Lemonnier)诸人载其位置,多至二十次左右。

越九年而观察成绩日积。巴黎科学社以为此时所得之资料已足为计算一准确轨道之用,遂悬天王星行动之学理为奖题。德郎柏耳(Delambre)以算法之精巧获赏;德氏施其算法于当时所积之材料,遂定此星轨道之原数,制成各时位置表。数年内天王星虽似依表进行,然未几即渐背德氏费无量心血所成之表而循纯异之轨道前进。惟因德氏所据之成积为数毕竟不甚多,其所测轨道亦不过近似之值,故其去行星真行动虽日远,人亦不甚惊异。

读者勿忙,计算轨道为事至繁复。依万有引力定律,每行星不独受太阳引力之影响,且又受他行星之引力。若仅由太阳引力着想而推算某行星之轨道,则其真轨道因他行星之引力与此理论的轨道相去之远,实非可忽之量。因有此种之叛离(在术语中名牵扰,perturbations),故算真轨道时不仅须知太阳之引力,又必知近旁大星其扰力不可忽者之影响;故此题似简,实则甚繁。

岁月不居,观察日众,各行星之扰力渐明,理论渐进,科学家觉重提旧案之时期已熟。步乏耳(Bouvard)遂于十九世纪第二旬年中试制一新表系。

步氏苦新旧观察不相合。盖见旧时观察所得之位置(即未知其为行星时观察所得)皆可作为一椭圆形上之点;而近日观察之位置亦可作为一椭圆形上之点;特可异者,二椭圆非同一体。步氏觉无法调和前后两次观察之结果,不得已,遂从旧观察不准确之说,弃旧数专以新数为准。

数年以内此行星似循新定之轨道行。然未几又如前之宣告独立,而步乏耳表之不可靠与德郎柏耳表相伯仲矣。

此行星不可解之游行与步乏耳调和新旧观察之失败皆不能免大书深印于当时天文家之心上。论运算之准确则毫无疑义,其过不在表而在星。

调和天王星之真动与其理论,试之者又有一人,惟其结果亦无寸进。步乏耳成表后廿五年,其侄祐金(Eugene)研究同一之问题,而见此时欲调和近数年观察与其叔时之观察,其难不减其叔之欲调和彼时与多年前弗兰斯地之观察。有此末次劳而无功之举,世乃大愕。勒维利叶(Le Verrier)因其友法天文领袖阿喇戈(Arago)之劝,乃暂弃其彗星之研究而专任解释此异事之责。

～ II.未发见之一行星 ～

伍耳班·约翰·约瑞夫·勒维利叶(Urbain Jean Joseph Le Verrier)者,于此责实最胜任,其算理天文探讨中所示分析之高深,实足证其为有价值之实际算学家,其运算之精巧乃并世无双。年仅三十一,已居当代最著名之天文家之列矣。

勒维氏始验查步乏耳表之精确与否,以定天王星行动之出轨是否貌似抑为实有此等预备之研究终证天王星之异径不在步氏表之不精而在理论之误。然则结论为何? 即曰,天王星之行动,异于仅自太阳与已知行星之影响所算得者也。

勒维氏既不得不假设一种未知之力扰动天王星之行动,遂著手查考各科学家对于此力之设想。一说谓牛顿万有引力定律之式不尽准确;天王星距日既如是之远,则因假试彼式所生之差误当必显而可见。又一说谓空中以太如气之有阻力,而制表未计及此。又一说谓天王星或者为一彗星所牵扰或冲击而出常轨;又有一解说则谓其星或为一未发见之大属星(一作卫星)所影响。天文家中猜度天王星为一未发见之行星所牵扰者亦不乏人。在此诸设想中,勒维利叶以未知之行星牵扰之说为最近似;于是遂致意于定此未知星在天空之方位。

此非易事也。由行星之轨道与质量而算其牵扰之量,是平常求牵扰题;勒维氏所欲解者,乃由牵扰而算行星之质量与轨道,是为牵扰之反面题,自古所未有也。其题不得不谓天文难题中之最难者,然不有天文探讨中之巨擘决不能解也。

本篇之主义本不在详述算理精细之处;然欲使下文明了,不得不述其题中之一阻碍,依算理论,若不预知彼未知星距日之远,则此题不能解。既无从知之,则不得不猜度之。若解题时见所猜度距离过大或过小,则可据此而猜一较近之值,而自此重算一轨道。故若猜之得法,则大可省劳。

当时所知之行星去日之距离皆合一公式曰波得定律者(Bode's Law),世知之久矣。故设想彼未发见之行星亦从此律,似甚近理。依此则其星去日应较天王星倍远。勒维利叶遂姑定其未知距为天王星距之倍,以为第一次之近似值。

困难之待解也,阻碍之须去也,覆辙之当避也,在在皆是。于其解题之某时期,勒维氏三阅月未进一步,其丧气可见。然卒解其题。天王星之怪异似已说明矣。其行动可由一理论的行星之牵扰解释之矣。

当时研究家之例,凡欲定发见之孰先,发见者须发表其发见之结果;或登入科学期刊,或演说科学会前。勒维利叶依此例,曾报告其进步于法国科学会凡三次。1845 年十一月十日报告其预备之研究;1846 年六月一日宣布第一次之近似值;今更于八月三十一日呈其末次结果。此次勒维氏以用镜索星之业责之诸天文家。欲鼓励之,更告以用良天文镜则其目的物不难与近旁第八第九号恒星辨别谓此星如他行星之有圆面可见也①。

如是异常之研究,乃不能引起科学人物之深趣,诚可憾也。或以其题难,或以应用器具之缺乏,或不深信其说,其因虽不可知,而天文家对于此事之袖手则一。勒维氏之请愿几狂。其陈辞卒入愿闻者之耳。勒维氏接柏林观察台之蛤勒博士(Dr. J. G. Galle)所赠之科学论文,当其覆谢之时,即乘机劝柏林天文家用其望远镜觅此行星。蛤勒毫无厌弃之心,立设法寻一星象详图,以为此事之助。

二十年前曾有制天空数部星象详图之举。含勒维氏行星部分之图已于 1845 年末为柏雷米客(Bremiker)所制成,然尚未分送各处,因之天文家多不知此图之存在。以少年学生大赖斯得(d'Arrest)之告(大赖斯得后成著名天文家),蛤勒遂索得此图。时 1846 年九月二十三夜,接勒维利叶信之同一日也;蛤勒坐天文镜下一一呼其视域中之星,而大赖斯得于图上一一较证之。近彼行星理论的方位处,镜下人见一八号星,为其副手在图所不能见,于是大喜。此目的物即该行星也。

行星确用天文镜发见之报告既出而科学人物所显之热诚乃与迩时淡漠态度成极端之对比。全世界为怪异与惊愕所慑。天文家之赞赏与快乐若狂,无不对其镜于此新发见之天民细看。不独科学家如是也,无论何业之人莫不联合以称颂勒维利叶之天才,在在皆呼此发见为天文史中之最光明者,而列之为人智成功之冠。

转瞬间更奇之消息越英伦海峡而来。此发见之荣彩又为一敌所夺。

---

① 恒星距地甚远。虽最强之镜无有能放大其形而见其面者。——译者注

~~ Ⅲ. 约翰·犒迟·阿旦斯 (John Couch Adams) ~~

阿旦斯自幼深好算学与天文学。十岁时即从事代数，小时即喜阅天文与算学书；常观天体之象，算其行动，自创器具以纪其方位，乐之不疲。身家虽微，人早见其才能，乃决意送之入大学。二十岁入肯柏列基 (Cambridge) 之圣约翰学校，自始至终皆居前茅。毕业为斯密司奖员 (Smith Prizeman) 与算学特试之第一人 (Senior Wrangler)。

在校第二年，偶见爱列 (Airy) 呈于不列颠会 (British Association) 述十九世纪初天文进步之报告；其中述天王星惑人之行动，惟未略指一解释法。此事乃深印于此少年学生之心；慧光一闪，忽擒此现象之真因。惧事多而忘题也，遂为札记如下：

"1841 年七月三日。本星期初拟成一策，拟于毕业后视力所及从早研究天王星未经解释之不规则行动；又如能行则可测定此星轨道等件之大略原数，此星或可因是发见也。"

1843 年毕业，时年廿四，今稍有暇研究此题，始以其志施于实行。先假设天王星与未知星之轨道为正圆；又假设波得定律，以未知星之日距为天王星日距之倍；至于天王星轨道之原数则姑以近时之观察为准。据此诸数乃作一粗略之探试运算。其结果甚有望，遂作一更近之运算。见二次粗试结果皆近理，阿氏遂信其设想所据为真，乃决意作一更准确之题解。

此第三次题解所据之数量较好，盖得自皇家天文家爱列 (Sir George Biddle Airy, Astronomer Royal)；经阿爱二人之公友肯柏列基天文台卡立斯教授 (Pof. Challis) 之介绍而得。此次题解虽不能合意，然足为改良方法之指导。阿旦斯遂进而作第四次题解，此次甚有成效。

1845 年九月,时在勒维利叶十一月论文前一月有余;且在其 1846 年六月一日宣告第一次近似计算前七阅月,阿旦斯即置一理论的行星之原数于卡立斯教授手中,宣言此星之牵扰尽足以解释天王星之行动。

卡立斯教授本无进取心之人;接此题解不知适当处置之法。彼亦未用镜探搜天空。"仅以理论的演绎为据而从事实际的观察,为事可谓新奇;心力之劳可必,而成功与否则甚可疑",此卡教授之语也。久之,决意呈其事于皇家天文家,而为阿旦斯作一绍介书。

希望此法可引起搜寻行星之举也,阿氏遂自陈于格林威志(Greenwich)天文台;不幸台长爱列已往大陆(指欧陆)。阿氏遂为人见请与爱列通信。然欲面见之,故一月后又来访;又因爱列一时不在,遂留一刺谓不久将再来。既来时,则仅闻传语谓天文家方用餐。阿氏遂留一论第五次题解之文而去。

爱列对于未知星既屡以怀疑态度寒热诚天文家之心,至是其态度仍不变。在此世纪之初三十余年时,爱列曾发见天王星之行动不独于天经①有异,且其去日距离亦有怪处,遂执此事以试阿旦斯所得之价值。阿氏去后十五日,爱列致书答之,问其假设之行星,除解天王星经度之行动外,能否更释日距不规则之惑。

以阿旦斯自观之,此问似甚琐碎而近敷衍。盖彼曾希望得其鼓励也。阿氏为警觉之人,皇家天文台既遇之不善,今于答此皇家天文家又遭困难;虽试数次,未能成功,冀其可得较满意之解也,乃第六次再算全题,决意俟新结果得时再覆爱列书。

在爱列方面则当阿旦斯未答书时,亦置此事于度外,不进而搜寻其星,亦不发刊阿氏之计算。此实大不幸之事;盖其令勒维利叶得时蹈隙而褫阿旦斯先发见之名也。

---

① 天经天纬为纪星位置法之一。其法以太阳为中心,以地球轨道投射于天空之大圈(通称黄道)为零度纬圈,以经过春分点之经线为零度经线。因诸行星轨道之平面与地球轨道方向略同,故行星绕日行,则其天经变而其天纬增减常甚微。

勒维利叶六月一日之论文出而爱列之酣梦为之唤醒，既见勒维氏所定理论的天体之天经与去年阿氏所定相差不远，爱列氏始回想未知行星扰动之说或究有可信之处，二人研究各自进行，彼此不相识而能得同一之结果，则二人理论皆是之分数必为之增。昔时逢人冷语怀疑之爱列，未几变而为诚心之信奉家，见人即欲以此理服之矣。

爱列之热心亦传染于卡立斯，二人遂划法搜天。卡立斯当尽弃不急之事务，而从事作一详图，以彼理论的行星之位置为中心，该处四周星凡在十一号光或十一号光以内者皆列入之。其策包括三次不同之搜寻。若第一次搜寻所载某星不在第二次搜寻之同位处，则由此可证其必为行星，若有疑处则可再与第三次搜寻之结果比较。

读者或怪何必用如此繁费之搜寻法。盖当时无人希冀此星可与近旁光明相等之恒星辨别；故惟一之法则观其有无行动而已。有吾人今日照像等精法，则不难由行星留长痕而辨别之。当日既无此助，则第二善法，当用前发刊之星图与镜中所见对照，以定有无镜中可见而图中缺如之天体。此法即以后蛤勒所用，而因以成功者也。不幸者，则当时英与他国天文家大都无柏雷米客之详图，并不知有此物。故惟一可能之法，即由每夜之观察自作详图为比较用；法虽至繁，亦有一利，盖若不能发见新行星，至少亦可证该部天空无行动体能如十一号星之光明者也。此业如是之大，至令卡立斯不敢信一年内可毕事，然不为之挠，遂进行。

1846年九月廿九日卡立斯接勒维利叶八月三十一日之论文，见其谓此星有可见之面，由是可与旁星辨别，颇留意焉。阿旦斯当时计算未终时亦早结论谓彼行星至少必有第九等星之光明，且谓其物理的形状或可由望远镜中认出。卡立斯以欲透确故，宁从其初划之方法，今阿旦斯所信既得他处之同效，卡氏遂依之行。当夜即对望远镜于彼行星理论的方位之左右而一一细审其较大之星。约三百星中忽有一星惹其注意，固其似有一可见之面。是即该行星也。

伤哉卡立斯之希望也！欲得发见之荣誉，斯已晚矣。此星已于六日前为柏林人所见矣。蛤勒好运之消息至而肯柏列基之工遂止。彼时卡氏已观察约三千星,方将预备作图覆阅其纪载而更见有可悔憾者。盖其观察之首四夜内,纪此行星之位置者凡二次,故发见之之资料已足。设使其夜夜较其纪载而不因算彗星急务以缓其事者,则今蛤勒所得之名或即卡立斯之名也。不仁哉命运也,此热诚之天文家功垂成矣,而终归失败。

若命运对于卡立斯不仁,则其对于阿旦斯更当如何!彼实为解天王星题之第一人,算知新行星存在之第一人,乃其研究于实在之发见无少许之影响,发见时并其名亦无知者。

事成如此非阿旦斯之过也。彼曾解其题而呈其结果于欧洲最著名天文学家二人,且其一为英国公家天文长。既未受鼓励,阿旦斯遂不再设法以发布其计算之事,亦未激励天文家探查其星。其意若无人助,且将亲自搜寻,为此曾移动圣约翰学校之仪器。吾苟念其少年羞涩警觉,不达世事之出入,则阿旦斯可谓尽其所能,不宜更有所奢望。

其过在所信托之诸天文家,无疑也。彼等藏材料。足用以发见其星者,几一年之久,藏之不用,终至太晚。因其忽略之故,遂令发见之报酬为异国天文家所夺,又令一异国之算学家夺先见之名于同国少年之手中。

以此诸罪,而其受英国舆论攻击之罚,酷重可知。然吾人亦断不可谓彼等有意放弃责任。彼等皆有事之人也。爱列居皇家天文家之位,其事亦足忙,卡立斯为肯柏列基天文台监督,方在视扩充彗星与小行星研究之事。若欲为一理论的行星,设有条之搜寻,则必以无定期搁弃他重要之事而废时耗力费金以求其所谓不可预知之结果,故不为也。且吾人又当忆者,则勒维利叶独为之功一经发布而成功之分数加多,则彼等亦不复踌躇矣。

阿旦斯之名宣告于新行星故事中,与勒维利叶并列,此事在法国激起凶苦之批评。此种怨声亦不得不认之为有据。盖此行星之发见全为勒维利叶研究之结果,因其理论之指导听其用镜之请求而发见者。发见已前罕有闻阿旦斯名者。故此时举出一名以与勒维利叶之光荣计较,则英国之天文家不免似逾国际竞争应守之分而擅夺法国应受之分矣。

又有似可怪者,则英国天文家中亦有多人反对阿旦斯之功者。若法人反对之原因为受欺之感觉,则英人反对之原因为为己国讲公理之过甚。彼等虽觉荣誉让于外人之可惜,然必不认阿旦斯呈于卡立斯与爱列之论文为发刊品,故此行星理论的发见之功,全归于勒维利叶一人,言之亦似甚有公理。

大西洋两岸他国之天文家对于此事之意见则较公正。虽皆承认勒维利叶以先期发表其所得而定其首发见之名,亦不忘在事实上阿旦斯之理论的发见实先于勒维利叶。彼等亦明云过在阿旦斯不若云过在爱列与卡立斯。此种判断均为后来天文家所赞同,惟事过多年方如是也。

阿旦斯自己毫不问此争辩之事。无片语之批评出其唇舌,不出一怨言,亦不责一人。在自己方面亦未稍致力,而在他方面且与勒维利叶以"其应有之发见荣誉"。

彼佳运之法人则受全世界无量之荣誉。庆贺赞美,无处不来。欧美诸科学会均争先举之为社员。奖赏与荣牌不求而自来。各国君主亦称赏之。甚至有人提议以其名名此行星。即蛤勒亦受此荣誉之一分。独阿旦斯不与焉。

～ Ⅳ.后此之发展 ～

观察结果积多,遂出一震人之事。观察之结果竟不合自阿旦斯与勒维利叶理论所算之表! 于是人始不恃以前理论而全用新行星之观察以算其轨道。其结果乃更震人。其轨道不若预料之近长椭圆而实近一正圆,且其直径远小于理论所指示者。

是真奇事矣。天文家靠计算之预告而发见一行星。发见后乃见该行星循行之轨道全异于计算所定者。勒维利叶与阿旦斯曾得一椭圆形,其平均日距约合波得定律。真行星则循一近正圆形行,且全不从定律所言!

海王星轨道初次算得结果既达波得定律,天文家为之摇动。人不肯信其事,皆疑计算轨道之有误。

欲得较良之轨,必取于下二法之一:一法待观察结果日积月累既多而后用之,否则如天王星初发见时情形,翻查旧星表中有否认海王星为恒星而纪载其方位者。

若此之观察竟为发见。各自研究方法不同之二天文家,一在书案,一用望远镜,一在美,一在欧,几同时作同一之结论,其言谓1795年五月十日纪载之某星此时忽不见,而其方位则彼时海王星似应经过之处。稍事追究,遂证此星即其行星。且示明当日观察者若曾稍小心则海王星之发见必为之提早五十年也。

此观察之发见使海王星已经考察之路程延长至全轨三分之一,故尽足为计算一准确轨道之材料。

此等奇异之发展当时已惹起泼耳斯教授(Prof. Benjamin Peirce)之兴趣;此著名之美国算学家遂注射其精力于海王星。经多次探讨之后,遂于某晚于饱学者之前宣布如下:

"海王星者,非几何分析及望远镜所指之行星也;其轨道不在当初几何家研究天王星异行原因时所探索天空部范围之内;蛤勒之发见当视为侥幸之事也。"

此语似据坚实分析而来,且出自公认识事者之口,无怪其惊动全世。勒维利叶曾算一未发见行星之方位;数月前又有一探讨家阿旦斯独力得同一之预算;在所预算之方位合所预料之条件,其行星果被发见。世既惊欢,而呼此发见为人智所及非常之证据。今谓欲令人信如此赫赫之发见,终不过为"侥幸之事乎"?

在算学中,常有一题多解之事。泼耳斯谓天王星之题实为此种题之一例。解释天王星不规则之行动,数个不同之理论的天体中,任择其一皆可为之。真行星海王为此诸天体之一;阿旦斯与勒维利叶之假设行星亦为其一。其"侥幸"之处则自一独异之情境而来,即在其题之二解虽他处皆远异,而在发见时仅以对于地球之方位言则二解全相吻合,因之对镜于假星亦即对镜于真星也。至于勒维利叶与阿旦斯二人题解之符合,则以其研究时过信波得定律解释之。

泼耳斯更进而攻击勒维利叶与阿旦斯所用之理论,谓其研究时曾用不准确之公式。此评语之公正与否虽曾为人诘问,然其后时之发展似证其非全无理。今日苏格兰皇家天文家曰:"设使阿旦斯与勒维利叶早知其自己之公式与事实相去之远,则吾亦不能信彼等之信其预算方位之精确,有能如彼之坚定也。

在此苦争中,泼耳斯从未否认此数理论的发明家之天智。泼氏欲划分算学家与天文家之事业,示明阿旦斯与勒维利叶既证扰动体之存在而得一题解,虽仅属假设,然果存在者,则能全解天王星之惑,如是则算学家之事业可谓成矣;其应受赞美与报酬,犹如其题解与自然界中真题解相合之应受也。

然勒维利叶则不悦此批评。彼不愿承认海王星非其理论中之行星。初尚不认海王星之行动与其所算有差;并指出近时算轨道时疏忽处,而言其计算之结果不合天王星被牵扰之度。终不得已而让此一步,遂进一说,谓天王星既为海王星所扰动,则海王星或又为一海王外行星所扰动。此海王外行星之设想惜不能立,盖泼耳斯示明海王星行动规道虽异于所预算者,然足以尽解释天王星诸牵扰无余,其准确实令人惊异。于是勒维利叶返其初据之地,固执为海王星即其预算之行星而非其他。

阿旦斯则异于勒维利叶;已全不问此事。多年后在一至适之机会方吐一语,谓泼耳斯有数点虽是,然论及目下之问题,则其批评无力。虽承认海王星发见中不全无机遇,然阿旦斯与其好动之并世法国学家仍同声谓海王星即其预算之星。

海王星之发见究有几许之侥幸,恐至今仍有可辩之处。所可断言者,则泼耳斯与勒维利叶急辩中所出之语颇有似怪幻而自相矛盾者。泼耳斯至晚年仍信其意见之准确。且在其重次推广研究之后。他天文家则以相等固执持反面之说。

今日天文家不复深信此题有多解之说。惟不幸泼耳斯之研究结果除一小部分外从未经发刊。吾人所切望者,或有胜任之算学家出以查究泼氏之原稿耳。

～～ V. 结语 ～～

关于海王外诸行星之存在,请呈一语。

海王星一经发见,天文家即皆以发见去日更远之行星为希望。勒维利叶或为表此望之第一人,曾表一奇想,谓此行星虽微远为望远镜所不及,其存在或可以算理测知。数天文家曾于此题颇有所为,惟据其研究而施诸望远镜之搜寻,则终无所得。

海王外行星实在之有无尚待时日定之。第有一事,吾人几可必者:即如有此种行星之发见,则其发见之情境,恐远无若是异常之性质,如缠绕于海王星之发见者也。

三

煤烟之四害①

　　辟次堡（Pittsburg）在美国各城中烟为最多。高囱林列，烟云迷漫，青天白日，至为罕见。以故城之多烟者，人每以辟次堡拟之。辟次堡大学有美伦实业研究馆（Mellon Institute of Industrial Research），呵柯讷为其中研究员之一。此篇即载其探索所得者也。吾国实业固尚在幼稚时代，无机厂丛列之城，故煤烟之害亦少。然吾国产煤既富，他种富源又多，则实业兴而烟城出，乃将来必有之事。有心于实业与公共卫生之关系者，盍早注意焉。——译者识。

　　谈煤烟之害者，无论见于纸笔，或出于口舌，大抵皆举社会与生烟者两方面金钱上之损失为要点。人多视此种罪状为最足服人。谈此题者，若言"消除煤烟之害异于消除他种有碍公益之事，盖其结果不独有利于社会之全体，且直接有利于生此害之人也"，则自觉言之尽矣。

　　然煤烟尚有他害为吾人所宜注意者。本篇目的即在陈述今日所知之四害：

　　1. 影响之及于建筑物者。

　　2. 影响之及于气候者。

　　3. 影响之及于植物者。

---

① 见 *Popular Science Monthly*，Sept.，1915.——译者注

　　呵柯讷（J. O' Conner Jr.）著，赵元任译。原文载《科学》第二卷第八期第882—888页，1916。——原编者注

4.影响之及于人身康健者。

1.影响之及于建筑物者　近数年来颇多修饰城市之谈。多数之心理,以为修饰城市之用意,大抵在污丑之城心设一甚美厚值之一小方地而已。然真正之城市修饰,必以清净空气为要务之一。约四十年前,约翰·络斯金(John Ruskin)演说于英国建筑会,其言曰:

> 美丽之建筑,皆为空气中无烟雾之城而设。居黑空气中,污秽日积,始则遮蔽饰品,稍远望者则不见其美,终乃烟煤充塞雕刻品。有城如此,建筑学乃无可言。

烟城中之建筑家不可不顾虑空气之情形。屋檐泄水管之设置必须得当,使含煤烟之雨水不至泼污屋墙。墙基嵌线之设置,必使其上所积之烟煤不至为雨冲下而流过墙面。凡凸部之形,必具漏孔,使雨不沿墙下流。雕刻诸部不宜有雕空,细线,锐角等形;盖烟煤积聚既久,终必填满细隙而损其外观之美,失其本来面目;美丽之建筑物,降为龌龊褴褛之砖石架矣。

在多烟城中用磁面砖与烧泥(terra cotta)以代石,甚为通行。石易为烟与燃烧所生他物质所损害,其途有二:

(1)表面被污,数月之间,石皆现同一灰黑之色,因之石色衬映之美不存。欲保存之必勤刷洗。然刷洗既费金钱,且损害石质。

(2)燃煤所生之酸类能直接损害石品,此作用于含碳酸钾与含碳酸镁之石尤甚。惟建筑石质之他成分则不甚受酸类之影响。

在美伦馆烟雾研究科曾有人研究烟于屋外涂色之影响,发现有数种色料在辟次堡较他处耐久。此亦半因表面所积之烟煤遮去日光褪色之力也,惟由此可见此种色料必令微菌易生,盖菌畏日光,无光则易生也。

烟使墙色变暗甚速,故淡色不宜用于多烟处,因其不能久保真色也。由分析色料表面之成分,测得其变暗之因,盖由二氧化硫[1],烟煤,与他种相似之物质而来。

---

① SO₂,即平常燃硫时所生之气。

烟于金类之作用,亦为建筑家所宜注意者。含煤膏之烟煤与金类相接触,能使烟煤附着其上甚固。如是,其中所藏酸类(大抵为硫酸与亚硫酸)与金类相接甚密,使之剥蚀易而且速,视含雨点中同量酸类滴于金上之作用为甚;盖含酸之雨点甚易流去,而烟煤则保存其酸,使尽与金类体化合而后已也。

询诸辟次堡各类金工,因知烟城中金类装饰之耐久,仅及无烟城中之半。

烟之损害室内装饰更不待赘言。多烟处则室内可用之色类与物料必为之限制,致令美术之效皆成惨郁之象。

2.影响之及于气候者　适宜之气候,可宝为城中产业之一。观各城商务部年报中气候之报告,可知空气中多烟之城,于此乃落人后。

烟虽不生雾,然雾既生则烟能使雾更密,因之延长其存在时间。故他事相同,则烟城受日光不若无烟城所受之多。又烟城中即有日光,其效亦较薄弱,盖其短浪(即紫蓝等浪)多分为烟所吸收也[①]。不独此也,日间之光来自天空之散射光(diffused light)甚多,而烟吸收散射光甚于吸收直入光,故其结果更不悦目。

1913年美伦馆曾为辟次堡及其北十二英里之西威里(Sewickley)二城作一比较的实验;其结果辟城之太阳光少于西城百分之25,天光少百分之40。又自辟城远望所及,较自无烟旷野远望所及仅达其十分之一。自1890年伦敦之烟略减,而重雾亦较罕,日光亦增加。在1885与1195[②]间辟城亦然,盖彼时工厂与人家用天然气甚流行也。

3.影响之及于植物者　柯恩(Cohen)与络斯顿(Ruston)在英厉磁城(Leeds)研究所得,谓烟煤之害植物有三处:(1)填塞气孔(stomata),阻碍呼吸;(2)遮叶面之日光而阻碍二养化碳之同化;(3)酸类溶蚀之作用。据实验结果,知桂叶同化之力与空气纯净之度有一定之关系。厉磁各部所种红萝葡与青菜收成之不同,可与其空气纯洁之度相对照。实验者又发见

---

① 隔烟见日红,则因短浪为烟分子所吸收也。——译者注
② 原文如此,疑为"1915"。——原编者注

树之年圈能自纪空气之情形。如某年空气多烟,则与该年相当之树圈较薄。

1913 年爱呵瓦省立大学(Lowa State College)之拔克(H. L. Bakke)曾于兑莫湾(Des Moines)研究城烟于植物之影响。其结论如下:

(1)气类与烟类有害于植物之生长。

(2)工厂附近植物之种类,可以同心之带分之,如纬圈然。盖有植物受烟害较轻,稍近厂尚能生,他植物则稍远方能生长也。

(3)兑莫湾虽为工厂会聚之城,然其对于消灭植物之作用,其各种情形,与独立之一工厂无异。

克累文仇(J. F. Clevenger)在美伦馆中研究,发见烟之害植物不止于外观,且于内部亦有影响,如年圈之缩窄与叶部之损伤其例也。克氏之研究系据制定之实验而行。作此实验时,置植物于大匣中,微洒烟煤其上,则此诸植物皆呈欲倾之状,其中多叶皆渐自尖头死;植物全体生活之被阻碍亦甚显然。

4.影响之及于人身康健者 烟之有碍卫生与否,久为不决之问题。昔人皆以为含烟之空气无害于人生,有时且有益;至今尚有信此说者。此说之由来,因有人观察煤矿工人不易受结核病(tuberculosis),然此观察殊不可靠。

研究烟于呼吸器官直接之影响者,德意志有叩尼克堡(Königsberg)之阿什耳博士(Dr. Louis Ascher)。阿氏所探颇广。据统计法与实验法之成绩,结论急肺病(acute tuberculosis)之死亡率颇有增加,于老幼尤甚。博士谓其因空气为烟所污之故;盖其死亡之增加,在实业聚汇处高,而乡村等地则不然也。又谓在同一实业发达之地,其中死亡率尚有不同处:多烟之工业处,其由急肺病之死亡率恒高于少烟之工业处,如纺织厂类是也。

医学家助美伦馆烟害之研究者,曾贡有用之知识数端:

贺尔门(W. L. Holman)医士研究烟煤霉菌学之结果如下:

(1)烟煤必有杀霉菌之力;或因其吸收水分,或因其中酸类或石碳酸(phenol)作用,后者较近似。

(2)烟中,云中,雾中,与树面,街面,屋面各处之烟煤能遮去日光之杀菌力,而保护菌之生活。

克洛兹(Oskar Klotz)医士自病学方面攻此题,谓碳肺(pulmonary anthrocosis)为城市特有症之一,其盛否视空气中含烟多少为定。克氏测验多数居辟次堡成年者之肺,计其中所积碳量颇多于居较小之实业城者。

黑薆恩(Samuel R. Haythorn)医士讨究人体纤维内积多量之灰与碳,是否可视为病症。其结果如下:

(1)在无他病之人,略轻之碳肺并不为害。

(2)如有肺结核,则碳肺或全无损益,或稍助痊愈,盖碳能塞住林巴隙而限其病于一处,不令其曼延也。

(3)在肺炎症(pneumonia)则肺中炭之作用全异。林巴隙为碳所塞,林巴管则消失,因之肺中疏流之道不畅,而肺炎之收功不易。故于此症,则有碳肺者,其生机不及无碳肺而患同病者之多也。

怀忒(W. C. White)医士研究肺结核与肺炎二症死亡率与空气含烟量多寡之关系,求得辟次堡之肺炎次数与烟之密度俱增,而与居人密度及生活之贫穷无关;肺结核则与烟之稀密无关,而以居人过密与住宿过陋处为最多;此事在他城亦然也。

总结四医士实验之研究,可言烟能使呼吸器官之急症增猛,且增其死亡率。受病之易,半亦因受烟者天然之抵抗性较弱。质言之,空气之烟愈多则伤风与肺管炎(bronchitis)更多,而医金所费亦更多。

自以上四端观之,则吾人对于烟害乌可仍作酣睡。自醒而改良之,此其时矣。夫扫清空气之重要,岂有减于清洁食物与饮水哉。吾既顾此甚勤[1];则何故忽彼等要之事?故吾人应教导社会人民,使知此等害处,有有作用与有意识之舆论压力,然后可迫生害者以改良其方法。吾人应要求除公害之要求;毁及卫生,财产,与其他关于社会进步诸物之公害,必当歼除,此吾人所宜要求者也。

---

[1] 此指美国情形言,在吾国则并饮食之洁净亦不甚讲求也。——译者注

四

七天中三个礼拜日[①]

"你这个硬心肠,呆头,固执,长锈,带壳,腐败,恶臭的老头子阿!"这句话就是我有一天半天的胡思乱想要骂我舅舅龚革岑的,一头还想对他摇摇我的拳头给他看。但是这不过我心上想的罢了。老实话说,论起我真说的话同我想说而不敢说的话,我真做的事同我想做的事,比较起来,恐怕稍为有点两样呢。

我开开房门,就看见这个老畜生坐在火炉旁边,两只脚高高的架在横板上,爪子里抓着一大杯的红酒,好像拼命的要实行那

| "Remplis ton verre vide! | "杯空倒满他 |
| Vide ton verre plein!" | 杯满喝空他" |

两句话。

"我的好舅舅阿,"我一头叫一头轻轻的把门关上,满面和气的走近他跟前说,"你待我这么样好,处处给我这么许多好处,我觉得——我觉得,还只有一点儿小事情再问一问明白,我就放心了。"

他道,"哼,好孩子,说就是了。"

"我的再好没有的舅舅阿(你这讨厌的老光蛋!),我一定知道你没真打算——正经话说——没有真打算反对我和茹飒琳表妹联盟的事情? 那从前的不过是你的笑话,是不是呢? 我知道阿! ——哈哈哈! ——舅舅,

[①] "Three Sundays in a Week", by Edgar Allen Poe. ——译者注
陂氏原著,赵元任译。原载《科学》第四卷第四期,第 391—397 页,1918。——原编者注

你好会斗玩笑。"

"哈哈哈！诅你！可不是吗？"

我道，"对呀，那自然了！我知道你是说说玩的。那末，现在没有别的了，现在茄表妹和我所愿意的就是请舅舅告诉我们——关于时候的问题——你不懂么，舅舅？——一句话说了，舅舅几时最便当，可以让我们的喜事可以——可以——好做，懂么？"

"好做，你这流氓！你说的什么？还是等着让他'去'罢。"

"哈哈哈！嘻嘻嘻！咳咳咳！呵呵呵！呼呼呼！唉，真好！真真好！舅舅，你真会讲笑说！你可知道我们不求别样，就是请你指示一个一定的日子就行了。"

"噢！一定的日子？"

"是阿，舅舅，可是只要合舅舅的意就行了。"

"宝贝①！这样行不行？我给一个随便的日子，譬如一年以内的光景，怎么样？难道要一定的日子吗？"

"舅舅，假如你肯。请你给一个日子。"

"好，那末，宝贝，我的孩子，你是个好孩子，是不是。你既然要一个确实的日子，那我就——我就，得了！我就依你一回罢。"

"好舅舅阿。"

"不许作声！我这回依你一次。你现在有我的允许了；而且陪嫁亦在里头，不要把嫁妆忘记了！——让我看，几时行呢？今天是礼拜，不是么？好，那末就这样定个日子罢——听着一定的日子，——我说**要等到七天当中有了三个礼拜日**在一块儿。到了那个日子，那末你们两儿可以结婚了！你听见我没有？怎么，你张开着嘴干什么？我说：茄飒琳和他的陪嫁都是你的，只要一等到七天里有了三个礼拜日在一块就行了，可是不等到这日子你一定不能要他，懂么？你是认得我的，我这人是说话当话的——现在你滚罢！"说到这里，他把杯里的红酒一口灌下去，我就垂头丧气的踱出房门。

———————————

① "Bobby"．——译者注

（中略）

凑巧命运里注定，同我表妹相识的有两位海军朋友，这两位先生在海外游历了一年，刚刚回到英国。有一天礼拜日，恰正我完全失败后的之礼拜，我和茹表妹预先约好了请这两位老船长一同去访龚革岑舅舅。起初大家谈了半点钟，不过谈的平常应酬的话；可是到后来，我们两儿想法子不知不觉的引入下头所谈的题目：

船长柏喇德："唉，我出去了已经一年了。算到今天刚刚一年；等我看！对阿！今天是十月初十。你不记得么，龚先生我去年今日正在这儿来辞行呢。还有一样，简直更巧了，咱们的朋友斯密顿船长出去了亦恰巧是整整的一年，可不是么？"

船长斯密顿："是啊，差不多刚刚一年。龚先生，你不记得么，去年今日柏船长和我临行时一同来告辞的么？"

舅舅："是，是，是阿，我记得很清楚；好不希罕！你们两位去了刚刚一年。天下没有再巧的事情了！这一定是双而第博士①所谓异乎寻常之世事会合点了，这位双而第——"

茹飒琳（插进去说）："爸爸，这事奇怪到也奇怪，可是有这一层，柏船长和斯船长不是同路去的，这就有点不同，不是么？"

舅舅："这事我到没知道。我怎么会知道呢？我想因为路程不同，这事岂不更巧了么？问起双而第博士——"

茹飒琳："爸爸，你知道柏船长是先绕了合恩角②，斯船长是先绕了好望角出去的。"

舅舅："对阿！那末一个往东去，一个往西去，两个都是全世界游了一周了。还有一层，说起这位双而第博士——"

我自己马上插进去说："柏船长，您明天晚上一定要到我们这里来谈谈，您同斯船长都来；你们一定可以告诉我们一路游历的事情，我们大家

---

① "Dcctor Dubble L. Dee"（L. L. D）.——译者注
② Cape Horn.——译者注

还可以抓牌消遣消遣,还可以——"

柏船长:"抓牌！我的伙计,你忘记了！明天是礼拜阿。等别的晚上我们再——"

茄飒琳:"那里来的话！宝贝不至于荒唐到这样,明天是礼拜一,今天才是礼拜日呢。"

舅舅:"不错,不错。"

柏船长:"我请你们两位都要恕我;可是我不会荒谬到这样,我明明知道明天是礼拜日,因为——"

斯船长(大诧异):"你们大家讲的都是什么东西？昨天岂不是礼拜日么？我到要请问请问你们。"

大家齐声:"真的！昨天！您算输了罢!"

舅舅:"今天是礼拜,听见我说么？我还不知道吗？"

柏船长:"笑话,笑话,明天是礼拜。"

斯船长:"我看你们个个人都疯了。我知道昨天是礼拜日,如同我知道现在是坐在这张椅子上一样的清楚。"

茄飒琳(急忙的跳起来):"我懂了,我全懂了！爸爸。这是判断你的案子,关于——关于,你知是什么。让我一个人说,我一会儿就可以都讲明白了。这事情其实是简明极了。斯船长说昨天是礼拜,本来不错的呀;他是对的。我们三个儿说今天是礼拜,今天本来是末,我们也对。柏船长说明天是礼拜,明天自然亦是礼拜,他也是对的。实在说起来,大家都对,这样看起来,我们**七天里头真有了三个礼拜日了**。"

斯船长(停了一停):"你倒别闹,老柏,茄飒琳是把我们都打倒了。唉,我们两儿真是呆子！龚先生,这事情原来是这样的:你知道咱们的地球是周围二万四千里,每一天二十四点钟里头这个球就从西向东转一整圈,您懂不懂。龚先生?"。

舅舅:"那是不错阿——那是不错阿——可是双而第博士——"

斯船长(抢插进去):"好,这就是一点钟一千里的速率。现在假如往东驶行了一千里,那末自然我就在伦敦的东一点钟,我看见出太阳就比你们早了一点钟。要是再进一千里呢,那末我就看出太阳比你们早了两点钟;再走一千里就又早一点钟。这样走上去,等到我环球走了一遭,回到原地方,往东共总走了二万四千里,那末我看见出太阳岂不是要比伦敦早了二十四点钟,岂不我的时候比你们的时候快了一天,懂不懂么?"

舅舅:"可是说——"

斯船长(越说越响):"在柏船长方面呢,他往西走了一千里,他的时候就慢了一点钟。走了一全周呢,那就慢了一整天。这样看来,所以您们在家的人今天是礼拜,我东游的昨天早就礼拜过了,他西游的非得要等到明天才礼拜。还有一层,龚先生,就是我们大家都是不错的;因为谁也不能有什么哲学的理由说我们三家子里谁的意思比谁的强些。"

舅舅:"这可怪了! 茄儿,宝贝,你的话不错,这真是裁判我的案子了。可是我已经说过的,我这个人是说话当话的,听着! 好了,宝贝,茄儿连嫁带装的都是你的了,随便什么日子由你说罢。成了,娃娃,七天里三个礼拜日一连串的来的,我倒要去请教请教双而第博士的意见看。"①

―――――――――――

① 读者假如不甚明白斯船长的解释,可以参观兄弟的"说时"篇第八段地理时。见本报第二卷第六期第 619 同 620 页的万国日期线图。——译者注
原文后有一手绘示图。这次编辑时省略。——编者注

第三编　歌　曲

有个弯腰驮背的人

　　有个弯腰驮背的人,走了一里弯曲的路,上了弯弯曲曲的台坡,他走进了弯曲的铺。买只弯腰驮背的猫,逮些弯腰驮背的鼠,他们一起租了个弯弯曲曲的房子住。①

---

① 译自一首英语童谣。

　　第三编的底本选自:赵如兰.赵元任音乐作品全集.上海:上海音乐出版社,1987.——编者注

二

湘江浪

原歌词：

一更里月照湘江，俏人儿独坐兰房，她独坐凄凉。才郎一去不归，好不心伤，心呀的心悲伤。

二更里月照墙头，俏人儿独坐床头，她独自心愁。才郎一去不归，永不回头，永远的不回头。

英译歌词：

Silent moon smiles o'er the Xiang Jiang, Ling-'ring hours why are you so long? O, sing not a sad song. My love though from me art thou ever gone, to thee I'll belong. My heart shall to thee belong.

三

鲜　花

原歌词：

好一朵茉莉花,好一朵茉莉花,花开哪吧花谢满园里属着它,啊我有心采花把花来戴,哪吧又怕看花人来骂。骂。

英译歌词：

How sweet a sweet Hua! How sweet a sweet Xian Hua! Little floweret, O do tell me why hide you a way so far. She an- swers not but sends such a sweet breath. I know it must be the fra- grance of a lit- tle Shian Hua. Hua.

第四编　语言学

高本汉(Bernhard Karlgren)的谐声说①

本篇中所用符号凡例:

四声:₍平,ᶜ上,去ᵎ,入₀。

←　由来,例如羊 ịang←z-。

→　变成,例如羊 z-→ziang。

⇒　时代变,音不变,例如甘 kân ⇒ kân。

k-　声母 k-,例如佳 kāi 的声母是 k-。

-k　韵尾-k,例如谷 kuk 的韵尾是-k。

ā　长音,例如佳 kāi。

ě,ị　短音,例如身 śịěn。

ṭ　舌尖后音:tṣ, tṣʻ,……照₌,穿₌,等等。

tʻ　舌面前音:tʼ,tʻʻ,dʻʻ,tʼś, tʼśʻ,知,彻,澄,照₌,穿₌,等等。

kʻ　送气 kʻ, tʻ, tʻʻ,……溪,透,彻,等等。

x,ɣ　舌根摩擦清浊两音(晓匣),例如呵 xâ。何 ɣâ。

j,ị　舌面半元音(喻₌喻₄)(j 较 ị 稍紧,但没有ź(禅)音那么前或摩擦得多)

ˀa　喉部破裂音(影,)例如安 ˀan。

a,â　前 a 后 â,例如山 san,寒 ɣân。

å　a,o 中间的音,例如江 kång。

———————

① ［瑞典］高本汉著,底本选自:赵元任. 赵元任语言学论文集. 北京:商务印书馆,2006.——编者注

ä　e,a 中间的音,例如炎 jiäm。

ə　中性元音,例如恩 ˑnə。

ɐ　ə,a 中间的音(不很开的 a 音),例如庚 kɐng。

[以上符号是本文所附的字典里所用的,所以都仍旧(除←→原文是
<>外)。其余的都跟国际音标或别种音标都差不多,可以不用注解
了。——译者]

∽∽ **第一篇　谐声原则概论** ∽∽

想到中国的文字是经过了好些不同时代的造字者渐渐的造成的,似
乎很难指望其中谐声字的造法会有甚么一致的规则,可是咱们也得记得
在中国文字史当中,谐声是造字法的最后时期(除掉于字的本素无关的纯
粹形式的变化不算外),而且在上古中国语①的时候大多数的谐声字都已
经造定了,在那时候虽不无方言的差异,可是总不见得有现在方言不同的
那么厉害。要是细看起这字典②里的例来,一定可以看出谐声法例是异常
的有规则的。这儿那儿固然会遇见些不合系统的特例,像是外行的或是
粗心的人写的。但是从全体看起来,都可以找得出整套整套的谐声字,从
其中可以看得出谐声的方法来的。

现在可以定下来的第一条原则就是这个:谐声的部分跟全字不必完

---

①　原文 Archaic Chinese,指周秦汉初时代语。在西历前 500 年以前的叫原始中国
语,原文 Proto-Chinese。本文所谓古音(Ancient Chinese)是指《切韵》所代表的
音,大约在西历第六世纪。——译者著

②　指 *An Analytic Dictionary of Chinese and Sino-Japanese*,Paris,Paul Geuthner,
1923(以后简称为 *Anal*,*Dict*.)本文第一篇就是这书的序的一部分。——译者著

全同音。例如咸、减、喊、感四字在古音是 ɣam, kam, χam, kâm 四个音,假如在上古音的时候是完全同音的而到古音的时候各自变成那四个不同的音了,那照一切语言史的经验上看起来是不会有的事情。咱们可以无疑的说这四个字在上古音时代已经有甲、乙、丙、丁四种音了,而且甲既然可以做乙、丙、丁的谐声,咱们也可以晓得那四个音虽然不同都也是相近的音。不但如此,就假使在古音是绝对可以"单念偏旁"的,例如奇、骑,都念 g'jie,咱们也不能因此就断定,在早先造骑字的时候本来是完全同音的。因为从近千余年的音史看来,咱们知道总是早一点时代所有的分别,过些时代就混了,所以同样在古音里分不出的音(例如奇、骑),在上古音里也许本来是有分别的。

造字的人所以不用完全同音的谐声而让它有一点出入阿,总也有种种的理由。在好些例中,就是因为他愿意兼取会意的造法,因此愿意用义合音差的写法,例如酣、贫,还有一个理由就是恰恰同音字不容易找。如上文所说,中国语在早年时候不同字的读音可以辨得很清,那时候同音字的例恐怕不见得多于一般印度欧洲的些语言中的。①

要从已详知的最古音系(就是《切韵》的音系)起头来做谐声字的研究,得要用很多材料,才能够得满意的结果。要用《康熙字典》的全部当然是不行的,因为里头三分之二是极冷的字,所以相沿下来的注音是靠不住的。可是单用这 *Anal. Dict.* 里所载的字又不够。下述的研究是根据大约 12,000 字所做的。

A

在有一大类的字,差不多占谐声字的大多数,它的主谐字跟被谐字,就说在古音中,也是有相同或相近(cognate)的声母辅音、韵中主要元音跟韵尾辅音。

这句话得要加几句注解:

---

① 不然《论语》中所用的字,明明是直抄下来的口语,怎么跟当时的别的文字一样简约? 一定是那些字当时就可以单靠音就可以跟别的字辨别的了。

第一，假如在古音中主谐字跟被谐字的声母不同，至少大都是发音部位相同的(指"唇、齿、舌、牙、喉")，例如古 kuo：苦 kʻuo，干 kân：罕χân，干 kân：旱γân，等等，都是舌根音("牙音")或般 puân：盘 bʻuan，半 puân：判 pʻuân，等等，都是唇音。

可是要留心在古音不同部位的声母也许在上古音是同部位的，也许是虽不同部位而因为部位相近可以互相谐声的。所以有时舌尖前音与舌尖后音可以互换，例如才 dzʻâi：豺 dzʻai 或舌尖前音与舌面前音互换，例如尚 ẑiang：堂 dʻâng，关于这类的变换，其中还有些定律，以后再讲到。

口部音与鼻音互换的，像难 nan：摊 tʻân 的例，是很少见的。

第二，假如韵里头的主要元音不同，大概都是因为有没有受介母 i 与 u 的影响的关系，例如蘿 kuân：權 gʻiwän，鬣 lʻiäp：臘 lâp，仓 tsʻâng：枪 tsʻiang，等等；元音相差更远的，像丩ki̯ə̯u：叫 kieu(前元音 a,ä,e 与中元音 ə)互换句，那就很少见的了。

第三，在本 A 节下所论的字的韵尾辅音差不多完全是相同的，有些极少数的例外，差不多都是口音鼻音的互换，例如占 tʻśi̯äm：帖 tʻiep。

同一个主谐字当然可以谐好几个别的字，其中有的也许全谐，有的也许差一点的，例如甘 kâm：柑 kâm，坩 kʻâm，酣 γâm，钳 gʻiäm，等等；合 γâp：盒 γaʻp，鸽 kâp，恰 kʻap，洽 γap，给 ki̯əp，等等。

通共说起来，谐声字当中大概有五分之四的字，它们的音的三要素(就是声母、主要元音、韵尾辅音)都是大致跟谐声部分的音相合的。[①] 像 kân：kuân：ki̯än：ki̯wän：kʻan：kʻien：χan：χi̯wän 互换的例是常见的。但是像 tieng：ki̯eng 或 an：tan 或 si̯əu：pi̯əu 或 mâu：mân 或 li̯äp：li̯ät 或 ki̯ən：ki̯əm，等等互换是不大遇见的。

B

以上讲的是谐声字中大多数的倾向，现在再讨论不属于 A 类的谐声

---

① 假如两字都是没有辅音起头的(例如羊：洋i̯ang)，当然也算同声母(喻母)，假如韵尾都没有辅音(例如哥：歌 kâ)，当然也算同韵尾。

字,就是在古音看起来,谐声的声母、元音、韵尾三者不全是相同或相近的。这里头就有两头的字,其特点就是或在主谐字,或在被谐字,不是声母的辅音失去了(变喻母)就是韵尾的辅音失去了。例如:

B 类:甬 i̯wong:通 tʻung,炎 i̯äm:谈 dʻâm,匀 i̯uĕn:钧 ki̯uĕn,于 i̯u:讦 x̯i̯u

C 类:乍 dẓʻa:昨 dzʻâk,敝 bʻiei:瞥 pʻiet,卜 puk:赴 pʻi̯u。

现在先讲 B 类。

乍看起来,好像造字的人有了两样事情相合了,第三样虽不相合,只要没有积极的冲突就算行了,所以甬 i̯wong 的主要元音与韵尾跟通 tʻung 相同或相近(o 与 u)就可以谐它了,而 kung 却不能谐 tʻung,因为 k、t 是冲突的。

这不过好像是这么样。假如真是这么回事,那么同一个甬 i̯wong 字应该又可以谐 tʻung 字又可以谐 kung 字。咱们一看见古音无辅音声母的字作主谐字的,就应该可以预料它所谐的字可以甚么部位的声母"唇,齿,舌,牙,喉"都有。可是在事实上这是很少见的。举几个例看看:

甬 i̯wong(勇 i̯wong 等等):筩,甬 dʻung,捅,桶,痛,通 tʻung,诵 zi̯wong 等等;

炎 i̯äm(掞 i̯äm 等等):淡,倓,惔,錟,餤,郯,痰,窞 dʻâm,毯,赕,菼 tʻâm,睒 śi̯äm;

匀 i̯uĕn:均,钧,袀 ki̯uĕn;

爰 i̯wɐn:谖,媛,愋 x̯i̯wɐn,镬 ɣwan,缓,煖 yuân。

用不着再多举例了;只要在字典里查,就可以看见无数的例都指明这类谐声的字是每一套只限于一种部位的声母的。这个当然不是偶然的。假如造字的时候总是这么严格的,要嚜限于舌尖音(或舌面前音)范围之内,要嚜就全限于舌根音范围之内,而两不相混,那是因为有个很强的理由在里头,这理由是甚么,就是在上古音里,甬 i̯wong 类的字本来是有一个舌尖前的声母,匀 i̯uĕn 类的字本来是有一个舌根的声母,不过在《切韵》时代以前就失掉了。这就可以解释从它们所得的谐声何以那么严格的各归各系了。

这一个要紧的结论还有下列的别的佐证：

a)细查这类字的许多例，就可以看出来凡是缺辅音声母的字，都是 i 音(或是松的 i，或是紧的 i̯i)起头的。比方像甬 i̯wong：通 t‘ung，炎 i̯am：谈 d‘âm，匀 i̯uěn：钧 ki̯uěn，云 i̯uen：魂 ɣuən，等等的例，要找多少就有多少；可是咱们很少遇见一个 uən 音的字谐一个 kuən 音或 tuən 音的字，或是一个 âu 音的字谐一个 kâu 音，tâu 音，或 sâu 音的字的。这倒很有趣味，因为它使咱们想到别的语言中的一个常遇的现象：

第一，一个 d-或是 g-在 i 前头的时候很容易掉掉；比方在我自己瑞典语里，di̯up→i̯up，gi̯uta→i̯uta。

第二，一个 g-，不问后头有甚么元音，自己就变成 i；一个很好的例就是在有些德国的方言里 gans→i̯ans，gut→i̯ut。

b)在古音中没有(口部)声母的字都严格的分成两类，就是影母跟喻母。在我的《中国音韵学研究》(*Études sur la Phonologie Chinoise*)当中，我已经证过影母是一个喉部的破裂音，是由声带闭而忽开所成的辅音：古音的恩 ˀən，仿佛跟德文的 ˀEcke 一样起头的，而喻母乃是一个简单光软的元音性的起头，像英文 end，法文 aimer 起头的读法。这么微细的一点区别，而分得这么严，岂不有点古怪？看来莫非是本来还有很显的区别，到后来只残留了这么一点小小不同的地方了？试比较比较影喻后的元音看。影母的字，甚么样的元音接它的都有，例如阿 ˀâ，欧 ˀəu，乌 ˀuo，噫 ˀi，央 ˀi̯ang，等等，而喻母的字没有不是 i(i 或 i̯i)音起头的，[①]再加之(甲)凡是 i-(i-或 i̯i)跟 t-系或 k-系互谐的，像甬 i̯wong：通 t‘ung，匀 i̯uěn：钧 ki̯uěn，等等，其中 i-差不多全是喻母，而(乙)i-不限 t-系 k-系相谐的，像因 ˀi̯ěn：烟 ˀi̯ěn，烟 ˀien，恩 ˀen，等等，其中的 i-就都是影母——那么咱们可以无疑的断定：

---

① 喻母字合口字成所谓"撮口"ü 音，是后来的事情，在古音时代还是先 i 后 u 那么读的。——译者著

古音的影母字(ʾ),本来就没有口部的声母;ʾnɤ 本来就是 ʾnɤ。

古音的喻母字(软起头),本来是有一个舌尖前或舌根的声母的,而古音喻母字所有的那个 i 音,不是那旧声母失落的致因,就是它失落后所留的痕迹。

c)这个说法的一个很显的佐证是有好些一字两读的字,其中一个读音是喻母,一个读音是舌尖(包括舌面前)或是舌根音。这里不过举几个例;要在《康熙字典》里翻起来就可以找出许多百像这么样的例来:

姚	古音 tˈieu	跟	i̯äu	
怊	古音 dˈi̯əu	跟	i̯əu	
瞆	古音 kjwəi	跟	iwi	
湲	古音 ɣwan	跟	jiwän	

要是假定上古音就是一个字有 dˈi̯əu:i̯əu 两式,那太不像了,但是假如咱们加还它一个失掉的舌尖音,说 i̯əu←d-,那么一个字有 dˈi̯əu:di̯əu 两种读法就好懂多了。

那么现在有没有法子求出那些失掉的声母的性质来呢?

甲)上文 a)节所讲的 d-、g- 在 i 前失掉,或自己失掉了变成 i,那些例已经是很值得想想的了;可是还有更强的证呢。

乙)在古音有一条通则,就是平上去入当中,音高高一点的字都是清音声母的字,低声调的字都是浊音声母的字。影母的字在四声当中都是属于高类的而喻母的字都是属于低类的。所以它是在浊音声母的系里的。可见得失掉的舌尖或舌根音一定是些浊母。

丙)古音声母系统特别的地方就是清音有送气跟不送气两种(p, pˈ; t, tˈ 等等),而浊音都是送气的(bˈ, dˈ, gˈ 等等)而无不送气的纯浊音 b, d, g 等等;所以只有 k, kˈ, gˈ; t, tˈ, dˈ; tˈ, tˈˈ, dˈˈ; tˈś, tˈś, dˈź, 等等,这个现象(证明在《中国音韵学》(*Phonologie Chinoise*,356—359 页)很古怪。可是现在咱们看出它的理由来了:就是上古音里是四样都有的,k, kˈ, g, gˈ; t, tˈ, d, dˈ 等等,到了古音时期 d- 跟 g-母的字都埋在喻母里去,d-声母的甬字成了i̯wong,g-声母的勻字成了i̯uěn,所以系统不那么整齐了。

这么一看,古音缺乏 b,d,g 等等既然可以这么样解,这种解释就一方面是声母掉落说的最强的证据,一方面又是帮助考定这些失掉的声母的性质的方法。

有一样不可解的事是,上古的 d-,g-有时成古音的 ji-(紧,多辅音性),有时成古音的i̯-(松,多元音性);从字形上看不出那是甚么道理来。上头又讲过 g-的掉落有两种掉法:

因为后头有 i 而掉的:gi̯uta→i̯uta。

g 自己变成 i:gut→i̯ut。

那么中国语言中的那个变迁是属于那一种? 是不是一个上古的gi̯a变成古音的 ji̯a,上古 ga 变成古音 i̯a? 从文字的研究上也看不出来。所以我在 *Anal.Dict.*里只把上古的声母标出来,这么样:i̯wong←d-,ji̯äm←d-,这就是说古音是 i̯wong, ji̯äm 的字是从 d-音起头的字来的,并不说在上古音的时代那些字的其余的部分(介母,元音,韵尾)是甚么。

现在咱们得到的结论就是掉落的声母都是不送气的浊音,而且

甬 i̯wong←d-,所以能谐通 t'ung。

勻 i̯uěn←g-,所以能谐钧 ki̯uěn。

可是是不是靠得住这不送气的浊音声母总是 d-,g-两种? 不是 z 跟ɣ,也是不送气的浊音声母吗? 这地方就走进了一个最要紧的问题的范围了,简直就是到了上古声母系统的问题了。

1)关于舌根音——g-或ɣ-——不难就得到一个结论。咱们已经知道 k,k',l 等声母在古音或是简单的跟韵母相接:哥 kâ,古 kuo,见 kien,或是有舌面附颚作用的(yodicized,就是加 j):蹇 kji̯än,几 kji,可是ɣ[匣]母的字总是用在没有附颚作用的韵母前的(何ɣâ,胡ɣuo,县ɣien),而 g·[群]母的字总是用在有附颚作用的韵母前的(乾 g·ji̯än,强 g·ji̯ang,其 g·ji)那么说它在上古音本来是一个声母,到后来因韵母的不同而分歧为两个声母,倒也是近理的说法。现在所以有两种可能:

$$上古 \quad 古$$

$$或是\begin{cases}何 & g\text{'}\hat{a}\to\gamma\hat{a} \\ 其 & g\text{'}i\to g\text{'}ji\end{cases}$$

$$或是\begin{cases}何 & \gamma\hat{a}\to\gamma\hat{a} \\ 其 & \gamma i\to g\text{'}ji\end{cases}$$

从这上不难看出来前者比后者较合乎音理一点。而且古音的 γ 母的确是从上古的 g' 来的还可以从谐声上头证出来。从字典里可以看出来 k∶x(干 kân∶罕 xân)相谐的例极罕,而 k∶γ(古 kuo∶胡 γuo)相谐的例很多——总有几百个例。前者的 k∶x 都是清音,岂不比后者,一清一浊的 k∶γ 更切近一点?假如古音的 γ 就是上古的 γ 传下来的,那么 k∶γ 多于 k∶x 的例就不可解了。可是假如咱们假定 γ 是从一个上古的 g' 来的,那个问题就解释了。因为 k∶x(一个破裂音,一个摩擦音)相谐虽是罕见,而 k∶g'(两个都是破裂音)常常相谐那倒是当然的事情了。

到这地方咱们就可以得到关于那个掉落的声母的结论了。就是既然破裂跟摩擦音(例如 k∶x)那时不算可以谐的,只可算是例外,那么跟 k,k', g' 互诺的"不送气的浊音"一定不是 γ 而是 g。

2)关于舌尖音的情形也很顺利,这里咱们可以找出几条很要紧的定律来可以给语音学作参考的。这些定律固然不是绝对一点没有例外,有些不很严格的造字者造了字,这些字通行之后就成了不少的不规则的例;可是从所根据的 12,000 多个字里看起来,里头有许多倾向大致是很明显很强的,叫它们作定律不算过分。

乍一看像:童 d'ung∶鐘 t'śiwong,憧 t'śi'wong,撞 d'·âng;召 d'iäu∶超 t'·iäu,昭 t'śiäu,绍 źiäu,貂 tieu,笤 d'ieu;戋 dz'ân,tsien∶笺 tsien,钱 dz'ien,浅 ts'iän,线 siän,残 dz'ân,盏 tṣan,栈 dẓ'an,划 tṣ'an,这类的谐声,好像

一切的舌尖前音:t, t', d', ts, ts', dz', s, z [端,精系]

一切的舌尖后音:tṣ, tṣ', dẓ', ṣ [照二系]

一切的舌面前音:t', t'·, d'·, t'ś, t'ś', d'ź', ś, ź [知,照三系]

都可以互相谐声,里头的系统像很松似的。可是除掉刚才说的比较的少数不规则的例之外,其实这里头的系统并很严的。

下列的几条通则是可以注意的:

甲)舌尖前的破裂音可以随便互谐:t:tʻ:dʻ[端:透:定]

乙)舌尖前的破裂摩擦音跟摩擦音可以随便互谐:ts:tsʻ:dzʻ:s:z[精:清:从:心:邪]

丙)舌尖后的破裂摩擦音跟摩擦音可以随便互谐:tṣ: tṣʻ: dẓʻ: ṣ[照₂穿₂床₂审₂]

丁)舌面前破裂音可以随便互谐:tʹ:tʹʻ:dʹʻ[知:彻:澄]以上都很自然的;可是还有的规则就很妙了。

戊)同是舌尖前音,而一方面破裂音 t,tʻ,dʻ 不跟他方面破裂摩擦音和摩擦音 ts,tsʻ,dzʻ,s,z 互谐。这条定律的例外比较的不多。

己)舌尖前的破裂摩擦跟摩擦音 ts,tsʻ,dzʻ,s,z 跟舌尖后的破裂摩擦跟摩擦音 tṣ, tṣʻ, dẓʻ, ṣ 可以随便互谐。

庚)舌面前的破裂摩擦音 tʹɕ,tʹɕʻ,dʹʑʻ[照₃穿₃床₃]跟舌面前的摩擦音 ʑ[禅]可以随便互谐。

辛)舌面前的摩擦音 ɕ[审₃]大都不跟上述的 tʹɕ,tʹɕʻ,dʹʑʻ,ʑ 互谐。

壬)舌尖 { 前 / 后 } 的破裂摩擦音跟摩擦音 { ts,tsʻ,dzʻ,s, z / tṣ, tṣʻ, dẓʻ, ṣ } 大都不跟舌面前的破裂摩擦音跟摩擦音 tʹɕ,tʹɕʻ,dʹʑʻ,ɕ,ʑ 相谐。

癸)舌尖前的破裂音 t,tʻ,dʻ 不但可以跟
舌面前的破裂音 tʹ,tʹʻ,dʹʻ 随便互谐,而且可以跟
舌面前的破裂摩擦音 tʹɕ,tʹɕʻ,dʹʑʻ跟摩擦音云 ʑ 随便互谐(可是不跟 ɕ 互谐!)

从这些事实,咱们可以得几条很要紧的结论。

一)假如是先看庚辛两条,就看得出禅母 ʑ 是跟 tʹɕ,tʹɕʻ, dʹʑʻ[照₃穿₃床₃]相通,而不跟 ɕ[审₃]相通。这个证明我在《中国音韵学》(原书 450—452 页)里所说古 ʑ 从更古一点的破裂摩擦音来的说法(那书里所举的各

种理由之一就是梵文ǰ音[破裂摩擦音]照例是用禅母的字译,比用床母字 d′ź译的倒多。)我那个时候假定床禅的字都是同一个声母 d′ź,到了《切韵》的时候嘛,就已经分成一个床₌母 d′ź 一个禅母 ź 了。可是这个说法的弱点是在我说不出为甚么理由有些字另外分开了成一个 ź 母,而其余的字又仍旧保存着原来的 d′ź 音。可是看了上文庚)节里所讲的情形这问题就明白了。在西历第四五世纪的时候[晋,六朝]有一套全的四件头的照₌ t′ś,穿₌ t′ś‘,床₌ d′ź,禅 d′ź(不送气的!),到了古音时代送气的 d′ź 没有变,不送气的 d′ź 变成了 ź 了。

那么这就解释了为甚么古音的 ź(早一点的 d′ź)可以跟 t′ś,t′ś‘,d′ź 互谐而不跟 ś 互谐了。

二)在上文戊)节下已经指出破裂音 t,t‘,d‘很不愿意跟破裂摩擦音或摩擦音 ts,ts‘,dz‘,s,z 互谐,两者虽然同是舌尖前音并不因此相通。可是在癸)节下又看见舌尖前的破裂音 t,t‘,d‘非但跟舌面前的破裂音 t′,t′‘,d′‘互谐,而且又跟舌面前的破裂摩擦音 t′ś,t′ś‘,d′ź‘,d′ź(禅)互谐(可是 ś 不在内!),连 t 系跟 t′ś 系发音部位不同都不要紧似的! t:ts 都嫌不够相近作互谐,而 t:t′ś 倒可以互谐,这好像古怪极了。这问题还有一方面,

破裂摩擦音跟摩擦音

在舌尖前音 ts,ts‘,dz‘	跟 s,z 可以相谐,而
在舌面前音 t′ś, t′ś‘,d′ź	跟 ś 不可以互谐;
又　　舌尖前音	跟舌面前音
在破裂音 t,t‘,d‘	跟 t′,t′‘,d′‘可以互谐,而
在破裂摩擦音 ts,ts‘,dz‘	跟 t′ś,t′ś‘, d′ź‘不可以互谐。

从这些事实上推起来,只可以有一个推论,就是古音的舌面前的破裂摩擦音 t′ś,t′ś‘,d′ź 在上古音不是破裂摩擦音,而是破裂音 t′,t′‘,d′‘。

所以 t,t‘,d‘才会跟它们(t′,t′‘,d′‘)互谐而不跟 ts,ts‘,dz‘互谐,所以它们才不能跟 ś 互谐,犹之乎 t,t‘,d‘不能跟 s 互谐一样;所以 ts,ts‘,dz‘不能跟它们互谐,要是它们在上古音也像古音似的读 t′ś,t′ś‘,d′ź 那就不会不能了。

这个解说阿,看起语言史上一个舌面前破裂音多么容易变成加摩擦

的音:t′→t′ś 来,更显得是可靠的了。

这个说法可是还有一道好像过不过去的难关:在隋代的古音中非但有舌面的破裂摩擦音照〓,穿〓,床〓 t′ś,t′ś̔, d′ź。而且还有舌面的破裂音知,彻,澄 t′,t′̔,d′。假如照〓系的字是从上古的破裂音 t′等等来的,那么知系的字呢? 这个困难不难解决。咱们容易证明 t′,t′̔,d′(知系)的字在《切韵》前不多时候还是 t,t′,d 音的字。在《切韵》的音系里,破裂音声母的字有

tien,tieng 等字跟 kien, kieng,sien,sieng 等字相当,

而没有 tiän,tiäng, 等字跟 ki̯än,ki̯äng,si̯än,si̯äng 等字相当。① 这里头的理由不难明白。在上古破裂音的 t′,t′̔, d′(照系)变成破裂摩擦音 t′ś,t′ś̔,d′ź 之后,上古的 ti̯än 类的字变成了 tji̯än,就像 ki̯än→kji̯än 一样,随后这先舌尖破裂音 t,后舌面附颚 j 的 tji̯än 字,变成了同时舌面破裂音 t′的 t′i̯än 字,于是上古的舌面破裂音 t′,t′̔, d′(照〓系)虽变掉了,而又生出一套新的舌面破裂音(知系)来。可是在 kien,kieng 类韵母的字[四等],k 后不发生 j;同样在 tien,tieng 类的字 t 还是 t(端系),并不变成 t′。②

这一种变迁晚到连《切韵》里都留的有痕迹在里头:贮,丁吕反,可是从方音的调查,可以晓得在唐初已经是变成知母了,例如现在贮字在官话里是 ṭṣu 而不读 tu 了。

现在总结上古音的舌尖音跟舌面音变迁的结果如下(表中的 a 是代表随便甚么元音):

上古		古(第六世纪)
端　ta	⇒	ta
透　t′a	⇒	t′a
定　d′a	⇒	d′a
喻　da	→	i̯a, ji̯a
知　ti̯a	→	t′i̯a

---

① 就是"端透定无三等"的话。——译者著

② 在有几个例中 t 系字在"前 ɑ"前也变成舌面音:茶 d′a→古音 d′̔a。

彻	t'i̯a	→	t'ʻi̯a
澄	di̯a	→	d'ʻi̯a
喻	di̯a	→	i̯a, ji̯a
照	t'i̯a	→	t'śi̯a
穿	t'ʻi̯a	→	t'śi̯a
床	d'ʻi̯a	→	d'źi̯a
禅	d'ʻi̯a,→d'ź-	→	źi̯a

三)破裂摩擦音跟摩擦的舌尖前音(精 ts 系)跟舌尖后音(照₂系)可以随便互谐是一件有趣的现象。可是要要把这事情弄得对,得要再仔细一点看:

咱们假如查一遍古音中没有介母 i 的字(一等,二等),就会看出 ts, ṭṣ(精,照₂)从不同韵的奇事。

在古音下列韵中	只有下列一类的字	而无

歌 咍 覃,谈 寒 登 唐 豪

â âi âm ân əng âng âu	tsâ ts'â dz'â sâ	ṭṣâ 等等
	tsân ts'an dz'ân sân	ṭṣân 等等

而在古音下列韵中	只有下列一类的字	而无

麻 皆,佳 咸,衔 山,删 耕,庚 江 肴

a ai, āi am an ɐng ang au	ṭṣa ṭṣ'a ḍẓ'a ṣa	tsa
	ṭṣan ṭṣ'an ḍẓ'an ṣan	tsan

一个很自然的结论当然就是说在上古音系里这些字都是 ts 等等,就是遇到了有些元音(后来成"前 a",ɐ 跟 ȧ 的三个元音)的时候舌尖前的 ts, ts',dz',s 变成舌尖后的 ṭṣ, ṭṣ ',ḍẓ ',ṣ 了。[①] 这个说法还有一个很奇巧的

[①] 在介母 i 前头有时候也有舌尖后音(照₂系),例如庄ṭṣi̯ang,邹ṭṣi̯eu。固然这也许是从舌尖音 ts 来的,但是我现在还没有确证可以说这话。因为有 i 音的既会有庄 ṭṣi̯ang,邹ṭṣi̯eu 之类的字,又会有将 tsi̯ang,挈 tsi̯eu 之类的字,现在还说不出假如前者是 ts 何以它们变成ṭṣ 而后者不变。

证据。在古音里，z（邪）母总是有介母；而从不见于 â, âi, âm（歌，哈，覃，谈）那些韵的。既然这样，恰巧《切韵》里头没有舌尖后的 ẓ 音！［照等韵说法就是"邪母没有一二等，所以禅母没有二等。"］

现在在上古声母系统里绕了这么一个大弯儿，可以再问问喻母字所失掉的辅音是否总是 d 了。现在咱们也就可以否定的答它了。像甬（通），炎（谈）的例，咱们可以知道这一定是从 d 音来的，因为咱们已经知道通谈的破裂音 t, t', d' 不能够从破裂摩擦音 ts, ts', dz' 或摩擦音 s, z 谐来的。可是以同样的理由咱们也可以断定羊 i̯ang 祥 zi̯ang 里的羊字一定也不是个 d，因为 d, z 不相通的。那么羊字的喻母原来是甚么呢？

这一定不是舌尖前的破裂摩擦音，就是舌尖前的摩擦音，因为它跟古 z 相谐而别类的音都不跟古 z 相谐。所以现在得在 dz 跟 z 当中拣。① 可是假如羊字的 dzi̯ang 都变成了 i̯ang 而祥字的 zi̯ang 倒还保存着一个 z，这个不像有的事情。所以咱们只能认羊字所失的辅音不是 dz 而是 z：就是说羊 i̯ang←z-。

那么是不是在有些读 zi̯ang 音的字里头 z 音落掉了，在有些字里头还仍旧保存着呢？这一定不能的；这要跟一切语言变化的通例相反了。

那么这儿咱们就要加上咱们音系建筑的最后的一块石了。咱们已经知道古音里有 ts, ts', dz', s, z 而没有不送气的浊音 dz。这地方咱们可以看出一个极有趣极要紧的跟舌面音禅母呼应的局面。上头曾经证明说禅母原来是不送气的 d'，在《切韵》时代前不久还是破裂摩擦音 d'ź，到《切韵》的时候刚刚变成了 ź；同样，邪母在上古是一个不送气破裂摩擦音 dz，快到《切韵》的时候就变成 z，在《切韵》里还是 z。那么古音的 z 不是上古的 z 而是上古的 dz。上古音本来也有个 z，不过后来埋在喻母里去了。所以羊：祥的谐声，并不是 i̯ang : zi̯ang，也不是 z- : z-，乃是 z- : dz- 的谐声。

这个上古 dz→古 z 的说法的不错，还可以从方言中得一个佐证。就

---

① 固然也可以想到英文 *that* 的 ð 音，不过这个音本来是不常有的，而且在中国现代方音中也不存在，未免有点扯得太远了。

是古音 z 虽是摩擦音而在有些方言中不变成摩擦音的 s 而变成破裂摩擦音的 ts,例如广州音古邪母字平声都是 tsʻ,仄声都是 ts,例如祥 tsʻöng。①所以这个说法并没有甚么卤莽的地方。

这么看起来嚜,上古的破裂摩擦跟摩擦音变迁的法子就是这么样的了:

上古	古	
	在有些韵	在别的些韵
ts→ts	(早 tsâu)	ṭṣ(爪 ṭṣau)
tsʻ→tsʻ	(礤 tsʻâ)	ṭṣʻ(差 ṭṣʻa)
dzʻ→dzʻ	(残 dzʻân)	ḍẓʻ(谗 ḍẓʻan)
s→s	(三 sâm)	ṣ(山 ṣan)
z→喻	(羊 i̯ang)	

所以结果是虽然乍看在舌尖前音 t, tʻ, dʻ, ts, tsʻ, dzʻ, s, z, 舌尖后音 ṭṣ, ṭṣʻ, ḍẓʻ, ṣ, 舌面前音 tʼ, tʼʻ, dʼʻ, tʼś, tʼśʻ, dʼźʻ, ś, ź 三大系里头可以随便互谐,像很妈妈呼呼的似的,而其实造这些谐声字的人并很注意主谐字跟被谐字读音的相近。照上古音看起来只有

1) t:tʻ:dʻ:d:tʼ:tʼʻ:dʼʻ:dʼ 成内部互谐的一系;

2) ts:tsʻ:dzʻ:s:z 成内部互谐的一系;②

而 3) ś 很少跟 1),2) 互谐;1) 跟 2) 也不互谐。

现在回到 B 节讨论的起点,咱们现在可以看出来本节里所讲的甬 i̯wong,勻 i̯uên,羊 i̯ang 的例虽然好像不合 A 节所列的条例而其实是合的:在上古音里,这三种谐声字也是三素都谐,就是声母,元音,韵尾:

甬 i̯wong   ←   d-:   通 tʻung

---

① 在长江流城的官话大都拿徐、祥等字读成破裂摩擦音。但也不全如此,例如斜、谢仍读摩擦音。——译者著

② 假照本书前面所说 ṭṣiang 类的字假如原来就是 ṭṣ- 而不是从 ts- 来的,那么 ṭṣ 系的字也要加入这个里头。

勺 i̯uěn　　　← g-:　　祙 ki̯uěn
羊 i̯ang　　　← z-:　　祥 zi̯ang<dz-。

[(四)附 B 节所讨论声母变迁表：

上古音　　　　　　　　古音

```
                    g        →           i̯        喻勺 ⎞
k k'            ⎧+i̯ ⇒k k' g'         见溪 群 ⎬ 通谐
             g'⎨    →           ɣ         匣  ⎠
                    └→

                    d        →           i̯        喻甬 ⎞
t t'            ⎧   ⇒t t' d'            端透 定 ⎬ 通谐
             d'⎨+i̯ →t' t'· d'·         知彻 澄 ⎠
                    d'  →(d'ź)→ź                   禅  ⎞
t' t'· d'·          →t'ś t'ś d'ź      照三穿三床三 ⎠

                    ś        ⇒           ś        审三 ⎞ 独谐


                    dz        z→          zi       邪喻羊 ⎞
ts ts' dz' s ⎧ â      ⇒ts ts' dz' s      精清从心 ⎬ 通谐
             ⎨ a,ɐ,ä  →⎫                          ⎠
(ts ts' dz' s)(?)      ⎭→ ts ts' dz' s  照穿床审
                                          二二二二
```

看到这里，最好把 B 节全节的讨论跟这个表对照一遍，就更明白了。——译者。]

C

现在咱们还得讨论乍 dẓ'a:昨 dz'âk,敝 b'iei:瞥 p'iet 的例，这里不是声母的辅音落掉，乃是韵尾的辅音落掉了。这类的字跟 B 节所论的有许多相类的地方呢。

假如是因为乍 dẓ'a:昨 dz'âk 已经有了声母元音两者相近就算够做谐声的程度了，那么自然乍 dẓ'a 当然也可以一样做 dz'ât,dz'âp 等音的谐声，所以乍 dẓ'a 字所谐的字应该-p 尾,-t 尾,-k 尾的字都有咯。可是咱们

并不遇见这种事情;乍字所谐的字都是严格地限于-k 尾的字:作 tsâk 昨,
怍,酢 dzʻâk,窄,舴 tṣak。

这类的例差不多都有这种限制。在字典里可以找出无数的例来。这
里不过举几个:

至 tʻśi,侄,眰,桎,蛭 tʻśi̯ĕt,挃,厔,桎,室,tʻi̯ĕt,姪 dʻi̯ĕt,dʻiet,垤,
绖 dʻiet 室 śi̯ĕt 等等;

曳 i̯äi:拽,俋 i̯ät,洩,绁 si̯ät 等等;

夜 i̯a:液,袻,焲,掖,腋 i̯äk 等等。

假如造字的这么严格的不是全限于舌尖音的韵尾就是全限于舌根音
的韵尾,这是有理由的:乍 dzʻa 谐的字在上古音是有舌根音的韵尾的,不
过在古音就已经失掉了,敝 bʻiei 谐的字在上古音是有舌尖音的韵尾的,不
过在古音就已经失掉了。

这种结论可以从现代方言中得很好的比例。

在这类的谐声字里头,那些在古音没有辅音韵尾的字大都是以-i 或-u
收尾的:曳 i̯äi:拽 i̯ät;世 śi̯äi 绁 si̯ät;例 li̯äi:列 li̯ät; 孛 bʻuâi:勃 bʻuət;费
pʻi̯wə̯i:弗 pi̯uət;亥 ɣâi:核 ɣek;罩 tau:卓 tʻak;钓 tieu:勺 tʻśi̯ak;告 kâu;酷
kʻuok。

拿这些例跟现代北方官话入声字的读法一比较起来,就不难看出来
古时候的韵尾辅音变了-i,-u 跟近代的的韵尾辅音变了-i,-u 完全是一类
的事情了。例如

	古音		今北京音
北	pek	→	pei;
白	bʻɐk	→	pai;
脚	ki̯ak	→	tʻśiau;
没	muət	→	mei。

还有一个确证就是像 B 节下挑,怵,睄,溲的例似的,这里也有许多一
字两读的例:觉 kak,kau,陌 ʻak,āi,兑 dʻuât,dʻuâi,掣 tʻśi̯ät,tʻśi̯äi,这类的

例《广韵》里不晓得有多少呢。比方像一字有 t'śiät: t'śiäi 两读还有一点像。若是原来就是 t'śiät, t'śiäi 两读,那就不可解了。

那么这些失掉的破裂音究竟是些甚么呢?

想到古音有韵尾的 p, t, k, m, n, ng 而无 b, d, g 就会猜到后者这几个了,再比较起来别国语言当中也是浊音比清音容易失掉,这就是更像对的了。再举我自己的语言做例,在瑞典好些的方言里头,bēd→bē,可是 bēt⇒bēt 不变。所以在乍,敝这类字所失掉的韵尾一定总是个 g 跟 d。这个入声浊音尾的说法从一个很有趣的现象里可以得一个很有价值的佐证:

在这些失掉韵尾辅音的字,十个有九个都是去声:

敝 b'iei';瞥 p'iet;世 śiäi';绁 siät;砌 ts'iei';切 ts'iet;例 liäi';列 liät;曳 'iai';拽 iät;缀 t'iwai';叕 t'iwät;至 t'śi';侄 t'śiět;秘 pjwi';必 piět;翠 'ts'wi';卒 tsuət;內 nuâi';讷 nut;奈 nâi';捺 nât;痱 pjwei';弗 piuět;孛 b'uâi';勃 b'uət;兑 d'uâi';脱 t'uât;夬 kwâi';诀 kiwet;乍 dz'a';昨 dz'âk;亚 'a';恶 'âk;炸 t'a';乇 t'ek;绁 t'śia';斥 t'śiäk;怕 p'a';白 b'ek;夜 ia';液 iäk;诧 t'a';宅 d'ek;阨 âi';厄 'ek;画 ɣwak;懂 ɣwek;试 śi';式 śiek;赴 p'iu';卜 puk;告 kâu';酷 k'uok。

据中国的音韵学家说去声是最后分出来的调类,而且他们所定的出现的时期恰恰在我们发见乍,敝等字失掉的尾辅音的时期。现在这些字既然大多数是去声字,那么这两种同时的现象一定不是偶然的。咱们现在虽然不必说到凡去声字都是这么样来的(因为还有鼻音韵尾的去声字例如定 d'ieng),可是韵尾 d, g 的失落是去声出世主因之一,那是无疑的。所以咱们现在说:

乍 dz'ag→dz'a',敝 b'ied→b'iei'。

在支那系的语族中,凡是清音声母的字使全字的声调高:刀-tâu,而浊音声母的字使全字的声调低:萄-d'âu。这种现象当然有它的发音生理作用的理由,而于咱们这个问题特别有关系,因为假如一个上古的 dz'ag 变

成一个古音降调的 ḍẓ'aʾ,这就是因为先有的韵尾 d,g 之类的音使那字的后半变低所以成了降调(去声)了。①

说失掉的韵尾是-d,-g,当然我也不能包不会有时候是摩擦的浊音：aɣ,-ad；可是现在一点没有甚么特别的理由要假定它有这类的花样罢了。

这韵尾的讨论还没有完呢。韵尾-d 的变化倒是很简单了,就是总变成-i,例如敝 b'ied→b'iei'(仿佛是个倒过头来的 d-→i̯-,ji̯-似的。)可是韵尾的 g 有三种变法：

> 乍　　dz'ag→ḍẓ'aʾ
>
> 阤　　'ag→'āi
>
> 告　　kâg→kâu

这一定是因为韵尾的-g 有三种稍微不同的读法,阤字的-g 最前,所以有 i 的倾向,乍字的-g 居中,没有特别影响,告字的-g 最后,所以有 u 字的倾向。不过单从说文上看不出这种区别出来,因为-g 的所以有几种读法一定是前头元音的影响,但从说文上现在还看不出上古音的元音是怎么样的,所以这一层不再讨论了。在字典里也用不着用符号分辨出三种-g 来,因为

假如写	那就一定是个
ḍẓ'aʾ←dz'-g	普通的-g；
'āi←-g	带舌面前一点的-g,后来的-i 就是它变的；
kâu←-g	偏后的-g,后来的-u 就是它变的。

现在一直讨论的都是-d 跟-g 的失落。那么有没有失掉-b 的例呢？这个就不那么有把握了,我只知道几个例,可是还带踌躇的算它是韵尾-

---

① m-,n-,ng-鼻浊音的声母没有 b'-,d'-,g'-破裂浊音的声母那么会把声调带低,因为 ma 类的字虽没有 pa 类的高,但究竟没有 b'a 类的字音低阿。参观 *Phonologie Chinoise*,595—597 页。照同理就可以解释为甚么韵尾的-m,-n,-ng 没有像韵尾 -d,-g 那么大的产生去声的效力了。

b 失掉的例：

去，古音 kʻiwoˑ，谐劫 ki̯ɐp

怯，痵 kʻi̯ɐp 等等。

照中国小学家的说法，劫是算会意的字，不算从去字得声。底下的就算劫"省声"作去。可是"省声"这种说法能不用的地方总是不用为妙。像襄字那么复杂的谐声还是全部写出，何在乎省劫为去？现在去字既然刚刚是去声（降调），那么只须说去 kʻiwoˑ←-b，就既可以解释劫 ki̯ɐp 的谐声又可以解释怯 kʻi̯ɐp 的谐声了。还有一个很强的证据是呿字古音有 kʻiwoˑ，kʻi̯ɐp 两读。

此外还有一个内字。古音 nuâiˑ，也是颇难解释的。这个字（还有它谐的汭，芮 ńźi̯waiˑ）是去声，而且它既然又谐入声字，一定曾经失掉过韵尾辅音的。可是所讨厌的就是有好些个内字谐声的字，像纳字，是古音的 nâp，而又有些别的字，像讷字，是古音的 nuət。讷字固然还可以当它作会意看，可是内字谐声而有-t 尾的不尽能当会意看。而且从一定几读的例里头可以看出来这些的确是有谐声的关系的，例如呐字有 nâp，ńźi̯wäi 两读，抐字有 nuət，nâp，ńźi̯wäi 三读。

照我的意见看起来，这种现象倒可以用中国合口字避唇音韵尾的倾向来解释。比方风字从凡（bʻi̯wɐm）上古音 pi̯um，里头的 u，m 两唇音不好念，所以由异化作用（dissimilation）就变成古音的 pi̯ung 了。同样法字的古音是 pi̯wɐp，在现在广州音也由异化作用读 fāt 了（广州音在别种的古-p 尾字仍旧是保存着-p），而且法字在日本的音读也是 hotsu ホツ（旧音 potu），可见这种音变已经是很早的了。

那么我现在就假定它是这么样的：

内　-b→nuâd→nuâiˑ，

芮　-b→ńźi̯wäd→ńźi̯wäiˑ，

讷　-p→nuət ⇒nuət，

纳　-p ⇒nâp ⇒nâp。

其中内,芮的-b尾因有u,w,异化而成-d,这个-d就照例失掉了变成个-i。讷的-p尾异化而成-t,因-t是清音韵尾,所以不掉。纳是开口字,没有前后唇音的异化作用,所以一点不变。

以上不过是几个特例。大致说起来很难找出韵尾有-b的确例。莫非韵尾-b都合拼了在韵尾-m里了罢?(还说不定声母b-都合拼在声母m-里了呢?)

总结C节的结果就是乍 ḍẓ'a',敝 b'iei'这类谐声的例,跟A节大类(包括B节)的例都是根据一样的原则的:

乍　ḍẓa'　←dz'-g　谐　昨　dz'âk,

敝　b'iei'　←-d　　谐　瞥　p'iet。

D

现在既然把谐声字的三大类都讨论过了,再看还有几类极有趣的谐声字。

1)有好些谐声字里头舌根音跟舌尖的边音l常常交换:

各 kâk(胳 kâk 格 kɐk):络,烙,骆,酪 lâk 略 liak 路,赂 luo'←-g 等等;

京 kịɐng(鲸 g'ịɐng):凉,谅 lịang 等等;

柬 kan(谏 kan):练,炼 lien,兰 lân 等等;

兼 kiem(谦 k'iem):镰,廉 liäm 等等;

监 kam(轞 ɣam):篮,滥,蓝 lâm 等等;

这地方无疑的是一个复辅音声母的痕迹,早年一定是有 kl-一类的声母,到后来变成单音了。可是这些字也一定不会个个都是有一样的声母 kl-,要是的也就会变成一样的音了,怎么会在同样的韵母前有的变 k-有的变 l-呢?这地方咱们得想想几种说法的可能。第一,假设各是 klâk,络是 lâk,就是以 kl 谐 l。可是咱们研究 A,B,C 三大类的时候越看越觉得谐声规则的严密,照那种标准阿,kl:l 的谐法有点太不像了。而且假如 kl-可以谐 l-,那么 l-应该也可以谐 kl-(后来的 k-),可是古音中虽然有好些 l-[来]母的字,我只遇见过很少的例 l-母的字可以谐见母系的字的(像立:泣)。

所以咱们有理由说非但是各本字,连所有各谐的字,在上古音里也都有一个舌根音的。可是就这么说也还有两种可能:

甲)各 kâk:络 klâk;

乙)各 klâk:络 glâk,

在这种谐声系里,咱们现在还没有充足的证据来考定上古的声母究竟是甚么呢。咱们只能指出这些字的一部分大概是有个 kl- 或 gl-音的。至于准确的音值或者将来从支那语系的比较的研究里可以考查出来。

从还有些相类的例里头,咱们也可以猜上古有 pl- 或 bl-的声母。

2)有几个(可是都含字不少的)谐声系统里古音的 k-[见]系跟 t'ś-[照二]系(据上 B 节是上古的 t')互谐:①

支　t'śi̯e(←t'-):妓,技,岐 g'i̯e;

氏　źi̯e （←d'-):祇,忯 g'i̯e;

旨　t'śi（←t'-):耆 g'ji,麘 kji;

耆　g'ji:　　　摺 t'śi(←t'-),嗜 źi(←d'-)。

照这样,好像假定了上古的 t-系音本来是舌根音 k-系来的就可以解释它了,可是我想这个推想的太远了。这类的谐声字都是以 i 为主要元音的,所以就是上古的 k-系舌根音在 i 前也许有一点颚化了(就是舌高部移向舌面前部了)。既然这样那么一个 k' 跟 t' 在发音的触觉跟听觉上本来很相近,可以用不着假定上古的 t' 是更早的 k 音了。

3)稍微费解一点的就是有时候造字者好像不顾 i,u(或 w)的次序,弄颠倒了似的:

九 ki̯ə̯u　　　　　轨,宄 kjwi,　　　馗 g'jwi;

有 ji̯ə̯u←g-:　　　洧 jwi←g-,　　　贿 χuâi;

不 pi̯ə̯u　　（否 pi̯ə̯u):丕 p'jwi,　　盃 puâi。

_____

① 除下列几种例以外还有甚 źi̯em:塔 k'âm 里头连主要元音都不同,恐怕不能跟上头的一样说。

可是这种韵音的不合,一定是后来发生的事情,因为在最古的诗里头还是可以押韵。所以九,有,不(否)这些字的 u 音后一定掉掉过一个-i,而且这-i 既然后全掉完了,当初也只能是个轻短的-i(也许是一个更古的辅音韵尾的痕迹罢?)这么九 kiəu←-ui:轨 kjwi 就像了。

4)从说文上可以看出古-uo[模]韵有两种来源。一种是-o,-a 可以互换的,例如

夸 k'wa:袴 k'uo,

一种是-o,-u 可以互换的,例如

甫 piu:补 puo,

可是在一套谐声字范围里头大致没有同时有-a,-o,-u 三种的。从这上的推论是这样的:跟-a 互换的古-(u)o 也就是上古的读法(袴 k'uo);跟-u 互换的古-uo 乃是上古的-u 仿上古-uo(袴)而改成古音的-uo 的:补 pu→puo。所以关于-uo[模]韵的字跟-a 或-u 互谐者,就可以知道它是从甚么来的,要是一致的只谐-uo 韵的字,那就不晓得了。

5)最后我还要提一声皮:波,我:羲,麻:靡等等好像是不合主要元音须相似的原则,其实并不是真的例外。因为这里头的些-i 音是古音的-iɛ,而古-iɛ又来自上古的-ia,①这么着就很明白了:

皮 b'jiɛ   ←-ạ: 波 puâ

羲 ngjiɛ   ←-ạ: 我 ngâ

靡 mjwiɛ   ←-ạ: 麻 ma

以上所写下来的几条谐声的原则并不是全无例外,我已经在好几处指出过些来了。尤其是在最常见的字里很有些例外的字——也许因为这些字造的早一点,那些造字的人大概没有像后来的有科学精神的李斯辈

---

① 现在北京音家 t'śia 下 śia 等字轻读的时候是 t'śie,śie,例如王家 wangt'śie,黑下 χeiśie。更进一层还有人管王家叫 wangt'śi 的呢,这也是一类的现象。——译者著

做事那么有条理。

可是统观 12,000 个字的谐声法,再加上 B,C,D 三节下的解释,那里头真正除掉极小极小的一个百分数的例外之外没有不照 A 节下所定的基本原则的:就是在上古音的谐声字里头总是有相同或相类的声母辅音,主要元音,跟韵尾辅音。至于还有些没有讲到的例外,这里暂不能讨论,等将来详细的研究再定它们当中哪些是由于造字者的疏忽,哪些又可以领咱们发现上古音系中别的有趣的现象。

～ 第二篇　谐声字中弱谐强的原则[①] ～

［上略。(就是把第一篇的结果略述一遍。)］

Arthur Waley 先生给我的 *Anal . Dict .* 做一个很有意思的书评的时候,曾经说过这个话:[②]“最足注意的可就是在那些规则整齐一点的谐声系里头那个缺辅音声母的(就是原来有 b,d,g 等等不吐气的浊音声母的)字都是主谐字(甬),而不是被谐字(通)。我想高本汉博士的学说还没有完全解释这个现象。”

我当时倒也看出这个来的,可是我没有很注意它,因为这事情于我那字典序里的理论都没有冲突的地方:这一定不会是上古音里头有一条规则说“无辅音声母的字(甬 iwong)可以谐有辅音声母的字(通 tʻung)”,因为这还不能解释其中最要紧的现象,就是甬 iwong,炎 jiäm 类的字只限于舌尖音的字,而匀 iuěn,爰 jiwɐn 类的字只限于舌根音的字。可是 Waley 先

---

① 原题“A Principle in the Phonetic Compounds of the Chinese Script”,见 *Asia Major*,Ⅱ(1925),2,302-308。——译者著

② 见 *Bulletin of the School of Oriental Studies*,Ⅲ,364 页。

生说我的学说还没有解释何以 ia←d-常常谐 dʻa, tʻa 等等,而很少有 dʻa 或 tʻa 反过来谐 ia←d-的。关于这个问题我得找个解答。

要做这个,得要用点统计。为统计的材料,光是我那字典里的六千字不够,可是我用的字数大约等于 Giles 的大字典里的字数,有个一万二千罢(Giles 字典里的 13,848 个字,有好些是重见的跟变体的),这差不多包括古音时代一切常用的字了。

在下文的讨论中,我全不讲到破裂音跟摩擦音①或跟鼻音互谐的例。比方乞 kʻiet 迄χiet,更 keng:硬 ngang——这些虽然算不得罕见,究竟是例外的。所以现在先拿破裂音跟破裂摩擦音起头。

我想证的原则是这么的:

<u>造字者拿某强度声母的字随便来谐声母等强或较强的字而不谐声母较弱的字。</u>

咱们当然不能够指望古时候造字者对于这层上怎么十分的敏锐,所以咱们也只能粗略的分辨分辨。我没有能够发现甚么 gʻ-跟 k-用法的不同,或 dʻ-跟 t-用法的不同。这两种当中是随便互换的。两种都比 g-, d-强,都比 kʻ-, tʻ弱。所以咱们所得的等级是这样的:

弱		g	(b)②	d	dz	dʻ③		
中	甲	gʻ	bʻ	dʻ	dzʻ	dʻˑ	dʻź	dzʻ
		跟	跟	跟	跟	跟	跟	跟
	乙	k	p	t	ts	tʻ	tʻś	ts
强		kʻ	pʻ	tʻ	tsʻ	tʻˑ	tʻś	tsʻ

假如上头说的那条规则是对的,那么

1.弱字就会谐弱,中,强字。比方一个(d)ia(例如也 ia←d-)可以谐

---

① 可是古音中摩擦音的 ɤ(匣)母当然也要跟 gʻ(群)母字一道统计起来的,因为我在我字典的序里[第一篇 B 节]已经证明古 ɤa 等等是从上古 gʻa 等等来的了。

② 上古音有无 b-母还不敢定。

③ dʻ-→古 ź-,例如上古市 dʻi→古 źi。

(d)i̯a,或 d‘a,ta,或 t‘a。

2.中字可以谐中,强字。比方 d‘a,ta 可以 d‘a,ta,或 t‘a,可是不谐 (d)i̯a(i̯a←d-)。

3.强字只谐强字。比方 t‘a 只谐 t‘a,不谐 d‘a,ta 也不谐(d)i̯a(i̯a ←d-)。

假如这些详细规则能够成立,那么 Waley 先生所观察的就可以解释了:甬 i̯wong 谐箐 d‘ung 通 t‘ung 是合第 1 小条的;d‘ung,t‘ung 不能谐 i̯wong 谐那是为第 2,3 两小条所限制的。所以现在得试试这条例能不能成立。

那三小条里所讲的积极的话是用不着统计来证实的。古音 i-或 ji-[喻]母的字常常可以谐-,ji;d‘-,t-;t‘[喻;定;端;透]等等母的字,这一层在我的字典里已经有无数的实例了:例如甬 i̯wong 谐俑 i̯wong,箐 d‘ung,通 t‘ung;易 i̯ang 谐杨 i̯ang,肠 d‘‘i̯ang,逿 d‘âng,趤 t‘âng;尢 i̯əm 谐忱 ẑi̯əm (←d‘-),沈 d‘‘i̯əm,枕 t‘‘śi̯əm(←t‘-),耽 tâm;炎 ji̯äm 谐谈 d‘âm,毯 t‘âm,等等。

古 d‘-(定)母可以随便谐 d‘-,t-;t‘-[定,端;透]母,在我那字典里差不多无论哪一页上都可以找出例来:例如定 d‘ieng 谐锭 tieng,弟 d‘iei 谐第 d‘iei,剃 t‘iei;乔 g‘i̯äu 谐轿 g‘i̯äu,娇 ki̯äu,跻 k‘i̯äu,等等。

同样古 t-(端)母可以谐 d‘-,t-;t‘-[定,端;透]:例如旦 tân 谐怛 tân,但 d‘ân,坦 t‘ân。

以上只是正面一面,可是更要紧的是反面的话是否也是确实可靠?这个可以分作两个问题:

a)是不是中声母的字(b‘-, d‘-, g‘-,p-,t-,k-,……[並,定,群,非[1],端,见等等])跟强声母的字(p‘-,t‘-, k‘-, ……[敷[2],透,溪等等])照例不谐弱声母的字(i-,ji[喻母]←上古 d-,g-)——换言之 Waley 先生的观察对不对?

---

[1]　古无帮,滂,非,敷就是 p,p‘音。——译者著
[2]　古无帮,滂,非,敷就是 p,p‘音。——译者著

b)是不是强声母的字很少谐中声母的字？

从 12,000 字里所得的统计,对于这两个问题,可以给咱们够靠得住的回答。

a)Waley 先生的规则的例外比较地很少。我这里做一个全单字:"中"辅音甲类谐古音i̯-或 ji̯-)(←上古 d-,g-)的只有 15 个字:

字:	坚→	㠭	完	臽	盉	瞿	朕	虫蟲
声母:	g̒- -g̒-	ɣ- ←g̒-	ɣ- ←g̒-	ɣ- ←g̒-	ɣ- ←g̒-	d̒-或 d̒'-	d̒'-	d̒'-
所谐字数:	1 1	5	1	2	1	2	1	1

举例:臽 ɣam←g̒-谐阎 i̯äm←g-。

"中"辅音乙类谐古音i̯-或 ji̯-(←上古 d-,g-)的有 23 个字:

字:	军	均	监	贵	谷	多	詹	占	隹	粥
声母:	k-	k-	k-	k-	k-	t-	t̑ś←t̑'	t̑ś←t̑'	t̑ś←t̑'	t̑ś←t̑'
所谐字数:	4	1	1	1	6	2	1	1	5	1

举例:谷 kuk 谐欲 i̯wok←g-。

强辅音谐古音i̯(←上古 d-,g-)的有 5 个字:

字:	项	象
声母:	k̒-	t̒-
所谐字数:	2	3

举例:象 t̒uan 谐缘 i̯uän←d-。

这些例外总算是少得够让咱们说 Waley 先生的规则可以算根本不错了。从造谐声字的情形看,既然经过那么些人的手,经过那么长的造字的时期,有这么些例外也是意中的事情。所以不用中声母或强声母的字谐弱声母的字,可以算是一个很强的倾向,这倾向的强阿,可以够使咱们拿它当作当初造字的一条主要原则了。

b)要答第二个问题,咱们可以说以强谐强的例是以几百几百计,例如康 k̒âng 谐糠 k̒âng(空谐字数 10,㐬 7,充 6,夸 8,匡 8,楚 6,口 5,秋 12,采

8,曻15,岂6,旻7,区7,此10,昌7,去8,殷5,仓18,丕10,差10,参13,妻7,又6,春6,等等),而以强谐中的例虽不算极少,也只以几十几十计,例如乞 k'iet 谐纥ɣuet←g'-,讫kiət,这些例少得可以够作"例外"看待。总计如下:

主谐字	旻	崔	取	秋	妾	束	总	差
所谐"中甲"字字数		2	1	1				1
所谐"中乙"字字数	2		10	6	2	1	5	3

主谐字	甾	察	此	七	戚	气	孚
所谐"中甲"字字数			2			1	4
所谐"中乙"字字数	2	1	8	1	2		1

主谐字	專	溥	浦	普	川	橐	象
所谐"中甲"字字数	3	1	1		1		4
所谐"中乙"字字数	6			1	1		

主谐字	夸	殻	口	却	万	劫	去	乞
所谐"中甲"字字数	1	1			1		1	3
所谐"中乙"字字数		5	1	1		2	1	2

主谐字	岂	由
所谐"中甲"字字数		
所谐"中乙"字字数	2	1

在这个统计里头我没有把有强中两读的主谐字算进去,因为既然有中声母的读法,那么以中谐中并不犯例了。这类的主谐字有下列的几个:番 p'-,b'-;宂 k'-,k-;开 k'-,k-;可 k'-,k-(当哥本字);咼 k'-,k-;潘 p'-,b'-;辟 p'-,p-;票 p'-,p-;大 t'-,d'-;湯 t'-,i-;壬 t'-,d'-;它 t'-,d'-;次 ts'-,ts-,dz'-;卒 ts'-,ts-;夋 ts'-,ts-;土 t'-,t-,d'-;乇 ṭṣ'-,ṭṣ-;畐 p'-,b'-;困 k'-,g'-。

还有三类假如算了进去,那例外就更多了,但是因为它们暗示上古遗下来的复辅音痕迹;所以也没有算进去:

出 t'ɕi̯uĕt 谐屈诎 k'i̯uĕt，等等

金 tsʻi̯am 谐检 ki̯am，敛 li̯äm。

吾上古音 p'eu 跟 t'əu。

还有已列的專,溥的谐声字另有别的不规则的地方(查 *Anal. Dict.* 第 50 页)，恐怕也不能算强谐中的明例，那么以上 96 个例外又减到 86 个了。

还有一层是这 96(或 86)个强谐中的例中，不下 50 个是破裂摩擦音 tsʻ-:ts-;跟 tsʻ-:dz-(后者少一点)，等等。这里头像有个道理，因为 tsʻ:ts [清:精]音的区别听起来本来没有 t':t[透:端]两音相差的那么明显，①所以造字的对于前者较疏怎一点也是意中的。

总结起来，从上头的表，可以看出强字不愿谐中而谐强，是很显的一个倾向，再加起 a)、b)两节的结果就把我的通则证完全了:造字者以不用强字谐弱为原则，而以谐等强或更强的办法为可能，而且是最常用的。

以上讲的都是破裂跟破裂摩擦音的例。但是还有一类的例也可以归在这个原则之下，就是羊i̯ang(←z-)②谐详 zi̯ang(←dz-)的例极多而反谐的例我只找到了两种:

酋 dzʻi̯əu 谐三个字 i̯əu←z-,

巳 zi←dz-谐一个字(圯)i←zi。

所以这里又看见同样的倾向:弱字(z)i̯a 可以谐强(d)zi̯a，可是强字不大谐弱。

这么看来，谐声的规则竟有我从来没有料到的那么严呢。我想等到关于上古音的知识更扩充了之后，现在还有的好些不合基本规则的怪例也会又显出一致的条理来了。

---

① 现在江苏方言中有些也渐渐的混 tsʻ:ts 音的。

② 这地方的 i-是上古 z-不是 d-，在第一篇 B 节末已经讨论过。比较《孟子》三卷三章十节:庠 zi̯ang(←dz-)者，养 i̯ang(←z-)也，校 ɣau(←g'-)者，教 kau 也。

二

中国音韵学研究(节录)①

～～ 1 绪论 ～～

没有一种学术的领域比汉学更广的了。从前不过经传教士跟外交家"爱美的"(amateur)作了一阵,在近二十年间,它已经升为专家所作的科学了。这些专家的兴趣,大多数都在中国历史学,考古学,美术跟宗教方面。至于语言学方面,因为表面的干燥,缺少引人的地方,所以没有鼓励起同样的兴趣,这是无足怪的。但是我们不能否认汉学比任何别的科学需要语言学的地方更多,因为中国文字的构造完全不能,或几乎不能,告诉我们字的读音。哪一天语言学能够把中国古音的系统确实的拟测出来,哪一天历史学跟考古学就会很感谢的看出许多关于<u>东亚细亚</u>跟<u>中亚细亚</u>的问题,都不成问题了。

到了那时候,不会再像 Terrien 那样瞎猜的说:"<u>熊黄帝</u>"②(Nai

---

① [瑞典]高本汉著,底本选自:高本汉. 中国音韵学研究. 赵元任,罗常培,李方桂,译. 北京:商务印书馆,1940.该部分的脚注除"译者注"以外,其他皆为《中国音韵学研究》作者高本汉注。——编者注

② 据著者函称,Terrien 认"熊"为等于"能","能"有 nai 音,故称<u>黄帝有熊氏</u>为 Nai Huang Ti。——译者注

Huang Ti) = Nakhunte,'百姓'(Pak sing) = le peuple de Bachtrie；或者像 Schlegel 说：'蝠'(fuk) = 德文的 fug-l 了。

中国语言学的三个主要问题显然是下面所列的：

1)考证中国语言的祖先跟来源；

2)考清楚这个语言的历史；

3)考明白现代中国语言的各方面。

现在这些问题当中的第一个,当然先得要放在一边儿,必须等到后两个问题的研究进步的多了之后,然后才能够说到。

还有一件同样明显的事,就是我们要把这两个问题看作很有密切的关系,并且要用一个极谨严的方法。若是像向来的办法,随便拿一处方言的一个音的成分,再添上另一处方言的音的成分,连一点证据的影儿都没有,就得出一个所谓"古语"出来,或者拿现在方言之一算是古代语言的正统代表,这用不着说是一个不能成立的方法。至于拿了这种所谓"古语"再来作研究现代方言的起点,这个方法的错误就更厉害了。要想一个古音的拟测能够成立,当然先得费好多工夫使它跟这个语言的历史上的旧材料相合；其次,还要能够把中国全部方言(不只一两处方言),解释到一种可信的程度,就是在每一个方言必得能找出通一套声音演变的历程,从语言学的观点看都得成可能的变化。

所以现在我们就可以开始用中国古书的材料——如韵表,韵书等等——找出古代汉语的音韵分类来。这样所找出来的不过是代数的结果。例如这十个字的韵母同是 a；这二十个字的韵母同是 b；这一类字的声母是 c；那一类字的声母是 d。要是在有些地方先就能推想出它们的真音值来,那就更好了(例如 k,k',ŋ 等声母)。但是对于它们的真音值只要稍为有一点疑惑的时候,最好是在没有新发展以前暂时还认它们为代数的性质。例如 a 韵在现代方言中是怎么演变的,b 韵又是怎样；c 声母是怎样状况,d 声母又是怎样。这种办法的好处,一方面是拿这些音类作研究现代方言的起点,就跟拿假定已经知道了中国古音来作起点几乎一样的靠得住。还有一方面,就是我们很容易从那里看出来,语言历史上许多问题哪些可以靠方言解决,哪些不能靠方言解决。

乍一看,好像在方法上这么明显,这么基本的原则可以用不着提出来了。但是有些汉学家依然极端的违犯这个原则,所以注重这一点好像还是很要紧的。

Edkins①,Chalmers,Schlegel②,Terrien de Lacouperie 几位先生,根据了他们很不完备的汉语知识,把各种的塞姆族语(sémitique)跟阿里安语(aryenne)算是跟古代汉语有关系,这一层我们可以不必管了。

但是我们得要把人家关于第二第三两方面所作过的研究拿来看一道:就是中国语言史跟现代方言。对于中国语言史的研究,Edkins 牧师是第一个创始者③。他清清楚楚的证明在古代汉语的声母里有爆发浊音跟韵尾塞音的存在,这是很可称赞的。除此而外他的工作就很少可以启发我们的了。至于他其余的拟测大部分是很武断的,是不很有方法的,也是不能成立的。跟着他脚印儿走的是 G. A. Parker。在 Giles 大字典的叙论里有他的一篇“语言学论文”(Philological essay),这篇文章就是拿中国语言史当消遣而没有科学价值的有趣的一例。他拿纪元前第一世纪的一首诗作起点;他先说他相信这首诗的“古音”是怎么读的,然后借着这首诗的“古音”的光儿来看各处现代的方言。这个著者用什么方法来考证这个语言,他并不直接的告诉我们,不过从这篇文章后面所说的話,可以让我们看出他的工作的精神来,他说:“我好久打不定主意究竟拿客家还是广州语当作那虚无飘渺的古音的真代表。”这用不着再说他的考证是不行的了。

Schlegel④ 用同样的态度接着作下去,既没有批评的态度,又没有方

① J. Edkins,*China's place in philology*,London,1871.

② G. Schlegel,*Sinico-Aryaca*,Batavia,1872.

③ J. Edkins,*A grammar of colloquial Chinese as exhibited in the Shanghai dialect*,Shanghai 1853;*A grammar of Chinese colloquial language*,*commonly called the Mandarin dialect*,Shanghai 1857;还有他在 *China Review* 里所发表的许多别的文章。

④ G. Schlegel,The secret of the Chinese method of transcribing foreign sounds,*T'oung pao*,sér. 2.1 (1900).

法。譬如解释佛经的音译字,他就从全部现代汉语里随便在这儿跟那儿挑一些读音;所以结果简直是乱的不可思议。

Volpicelli[1] 有价值的多了。他以为必须探索全部分的方言才能找到古音的门径,并不是随便挑几个零碎的读音就成的,这个观念用不着说是完全对的。不过他实现这个观念不幸是用的算学方法。这就是 Schaank 曾经毫不留情的运用 Volpicelli 自己的方法来批评他的[2]。所以他的结果错了。不过他对于这一层的努力还应当承认。

随后就来了 Kühnert[3] 跟 Schaank,后面这一位就是一本很实在的书的著者,虽然他有些很大的短处——我以后慢慢的再讲——可是他的工作是真有价值的,而且在关于这些题目的研究中,一直到现在,还无疑的是最好的。

关于现代汉语研究的大困难,就是缺乏一个历史的起点。Parker 的"语言学论文"既然用那么靠不住的"历史的"根据,我们只好不提了。这种历史的起点的缺乏,对于别的著者也是一个致命伤。他们想要把全部现代汉语或者至少把汉语的一部分都讲明出来,那就没有办法了。von Möllendorff[4] 在 1899 的一本书里想要把中国方言分类,他所选择的起点,是拿难懂易懂作标准。他说:"我们提议来考定的:第一,是一种简单的土白或附属的方言——虽然有些轻微的变化,可是还能够听得懂。第二,是方言或主要方言——所有要紧的变化使在同一大语言区里的两处人,说起来难懂,或简直不能懂。"这个方法显然是不很充足的。假如古音 č 在北京全变成 č,而在 X 方言没有例外的全变成 ts;同时,假如所有古音的 εn 变成北京的 an,而在 X 方言变成 ε,那么从 tsε 一定不能看出本来是

① Z. Volpicelli,*Chinese phonology*,Shanghai (1896).

② S. H. Schaank, Ancient Chinese phonetics,*Tʻoung pao*,sér,1.8 (1897),9 (1898).

③ *Zur kenntniss der älteren lautwerthe des Chinesischen*,Sitzungsberichte der Akademie der Wissenschaften in Wien,卷 122。

④ P. G. von Möllendorff,*Classification des dialectes chinois*,Ning-po 1899。

čan，于是 X 方言的读音北京人就完全不能懂或几乎不能懂了。但是假如在 Y 方言里古音č跟ɛn分化了，比方说有的变 čan，有的变 tsan，有的变 čɛn，有的变 tsɛn，所有这四种读音，北京人听起来比 X 方言的 tsɛ 倒都容易懂一点。可是，虽然如此，北京方言跟 X 方言的关系比北京方言跟 Y 方言的关系密切的多了。因为在北京跟 X 这两个方言之间，从古音演变下来的时候，有一个固定的平行跟不变的对照，所以我们可以把他们变化的方法写出简单的方程式来：北京的 č = X 的 ts，北京的 an = X 的 ɛ。反之，在北京方言跟 Y 方言一方面，它们两个从古音下来的演变就没有方法可以写什么方程式了。所以两个方言的祖先的关系，完全看它们从古音下来的演变是不是平行的（虽然在语音的观点上并不完全相同）。Möllendorff 的规则太肤浅了，太不定了，是不足采用的。

从前对于中国方言的研究，普通是拿北京话作起点①。这个方法之不充足，从我在上文所说的可以看出来。这个方法假定所有方言的演变都跟北京话演变一样，好像可以定出简单方程式来（例如北京的 an = X 的 ɛ）。然而明明不是这么一回事。例如：古音的 a，b，c，d 都变成北京话的 i。有些跟北京平行的方言像直隶以及河南陕西甘肃的大部分都没有例外的把 a，b，c，d 跟北京话一样的变。那么北京话当然就可以作很好的根据了。但是在山西——a＞i，b，c，d＞ɛ——这办法就行不通了。在那个地方我们就不能定出什么方程式。其实，无论哪个现代方言都不能当作研究其他方言的起点。只有一个有效的起点，就是古音。Maspero（马伯乐）②曾用古音作起点，又用一个谨严的方法，作了一部很有趣的第一流的单刊来研究中国境外一种方言，就是安南译音（Sino-Annamite）。

虽然现代方言直到如今还很少经人研究，虽然这些研究因为所选择

_____

① A. Forke，A comparative study of northern Chinese dialects，*China review*，21；Über einige süd-chinesische dialekte，*Mitteilungen des Seminars für Orientalische Sprache*，6（1903）．

② H. Maspero，Études sur la phonétique historique de la langue annamite，les initiales，*BEFEO*，12（1912）．

的起点不好,除去上面所讲的 Maspero 的工作外,没有能够给多少有意义的结果,但是我们也不能就说连为这种研究用的粗疏材料我们都没有。有好些"爱美的"人费了好些事,对于几个中国方言的记音上作了好些工作。对于北京方言大家都知道已经有过数不清的许多字典,不过其中价值也不齐,Giles 的大字典里所记的北京音当然还算不错①。至于专记别的方言的也有些好字典。照我的意见,以下是几部最好的,我从中借用了好多材料。

描写广州话有 E. J. Eitel 的 *A Chinese dictionary in the Cantonese dialect*,Hongkong 1877。

客家话有 Ch. Rey 的 *Dictionaire chinois-français*, *dialecte hacka*,Hongkong 1901。

陆丰话有 S. H. Schaank 的 *Het Loeh-foeng-dialect*,Leyden 1897。

福州话②有 R. S. Maclay 跟 C. C. Baldwin 的 *An alplabetic dictionary of the Chinese language in the Foochow dialect*,Foochow 1870。

厦门话有 C. Douglas 的 *Chinese-English dictionary of the vernacular of Amoy*,London 1873。

汕头話有 C. Gibson 的 *A Swatow index to the syllabic dictionary of Chinese*,by S. W. Williams(卫三畏)etc.,Swatow 1886。

上海活有 D. H. Davis 跟 *Silsby* 的 *Shanghai vernacular Chinese-English dictionary*,Shanghai 1900。

南京话有 K. Hemeling 的 *The Nanking kuan hua*,Leipzig 1907。

四川话有川北一个教会里几个教士所作的 *Dictionaire chinois-français de la langue mandarine parlés dans l'ouest de la Chine*,Hongkong 1893。

---

① 这部书里所用的是 Sir Th. F. Wade（威妥玛）式的写法。

② 福州,厦门,汕头三处方言因为本地有了出版物,所以已经有了一定的拼法。

高丽译音我们有 Gale 所著很好的 *Korean-English dictionary*,1897。

安南译音也有些好字典。我特别沿用的是 J. Bonet 的字典(Paris 1899),其中安南译音是根据潘德化(Phan duc hoa)的字表。

关于日本译音大家都知道有很丰富的材料。

山西陕西甘肃河南的方言一直到现在很少人知道。我自己在中国住了很长的时间,曾经很细心的亲自调查了这些地方方言中的十七种。关于这些地方的几种方言,还有关于山东湖北湖南贵州云南等单个方言,A. Forke(看上文)曾经拿它们跟北京话作比较发刊了几个音表。不过我对于应用它们觉得很踌躇,因为据我个人所知道的几个方言,例如太原的话(我曾经在那里住了一年以上),他的音表就有些不大对的。Mateer 的 Mandarin lessons(官话类编)里曾经很概括的讲了几种方言。上文所引 Möllendorff 发刊的东西里举了些东南方言的例。关于中国北部跟扬子江流域的半打方言我曾经从瑞典的教士得了些很有趣的知识。

拼音拼的不对以致我们不能用的,那是多的很。S. W. Williams 在他的 Syllabic dictionary 的索引里把字典里的字都加上上海的读音,可是这些上海的读音是很可疑的。关于山西陕西河南甘肃等处方言有一个叫作"标准罗马字(Standard Romanisation)社"曾经发刊了些音表,是拿北京音作根据的。这些表又错又坏,简直到了不可想像的程度。

但是一直到现在,在所有发刊过的中国语言的说明当中,最"像煞有介事"而结果是最错的,就是 Parker 在 Giles 大字典里头每个字所注的十二种方音(广州,客家,福州,温州,宁波,北京,汉口,扬州,四川,高丽,日本,安南)。二十年来这个字典大家既然认为中国方言知识的主要材料,那么现在就应当给它稍微详细审查一下,好让这个东西的价值缩小到它的真尺寸。

我们先看中国境外的汉语方言,像高丽译音跟安南译音,此处著者只须照抄前人的成书;但是我们马上可以看出来他连抄都抄不对。下面的例子是关于高丽译音的:

俗 suk 应作 sok;诵,讼 chong,应作 song;达 tat(!!),应作 tal;殆 te,

应作 t'e(ǎi);臺 t'e,应作 te(ǎi);鸠 chin,应作 chim;歧 kii,应作 ki;窍 kio,应作 kiu;戒,界,届 k e,ke,应作 kie(yei);潜 ch'öm,应作 chǎm;答 ch'i,应作t'e(ǎi);锦 kêm,应作 kïm;拙 chöl,chul,应作 chol;嵩 chön,应作 tan;终 chung,应作 chong;无 u,应作 mu;摇 yō,应作 yo(ō 在这个方言里没有);用 yung,应作 yong:座 ch'wa,应作 chwa;促 ch'ïk,应作 ch'ok;猝 ch'ol,应作 chol;村 ch'un,应作 ch'on;疼 tïng,应作 tong;题 chae,应作 che(tyei)——像这样的举不胜举。

关于安南,Parker 自称是根据潘德化的字表,其实他并没有费事去实行这个计划。其中错误很多,我曾记出几条:湧 jung,应作 jong;搓 sa,sai,应作 hsai(按照 Parker 的拼法);诞 dang,应作 dan;特 dat,应作 dǎk;灯 tǎng,应作 dǎng;刁 tieu,应作 dieu;顶 dang,应作 daing(照 Parker 的拼法);嗽 sê,têu(阴去),应作 têu(阴上);獭 t'ak,应作 t'at;齿 si,应作 hsi,等等。

Parker 注的日本音跟日本字典上的音比较,可以看出有好些字不同的地方。其所以然之故,也许如 Parker 自己所说他的例子不仅是依据日本字典,特别是 Hepburn 的字典,而且也有"一部分是从记忆来的"。

关于广州福州拿 Parker 的注音跟 Eitel,Maclay-Baldwin 诸人的注音比较,我所查过的三千字至少有四分之一是不同的。所以我情愿用那两部更小心一点写出来的方言字典,那当然是无足怪的。至于温州扬州汉口不幸除去 Parker 以外没有别的材料可用,我不得已就只好用他的了。不过用的时候得用种种小心谨慎的方法去防备它。

Parker 不单因为他很严重的错误把他的工作弄糟了,就是他全体的系统也都不成话。他并不是每个字底下注音的,而往往是这个字指着那个,那个字又指着这个,这样指来指去,就弄出很大的错误来了。比如"肃"字可以作一个代表的例。在这个字底下 Parker 先写了广州客家 suk,温州 su,hsiu。然后就说看"蓿"字。但是在"蓿"字底下只写了广州 suk,ts'uk,温州 su,hsiu,(那么到底哪一个音是广州温州的真音值呐?),然后又说看"宿"。在"宿"字底下我们又读到福州 söük,seu° 宁波 soh,siu°

北京 ₍su,su⁰,₍hsü, ˈhsiu, hsiu⁰,中部方言,四川 su,hsiu₀,hsiu⁰ 扬州 suk,
hsiu⁰ 高丽 suk,su 日本 shoku,shō 安南 tuk。而这些音里顶多只有一半可
以用在"肃"字上去。事实上 Parker 指来指去的音,在有些字中只用第二
个字一部分的音,而在有些字中所有的音就都用得上去;并且有时候不管
字调,有时候又管字调。例如在"肠"字底下指"长"字音,"长"有 chang 跟
ch'ang两音(Parker 的拼法)而在这里只是后者才用得上。在"绍"字底下
指"召"字,"召"有 chao 跟 shao 两读,而他所指的只有 shao 音是对的。但
是"澳"字有 ao 跟 yü 两个音,就都指对了。"基"(阴平)字底下指"幾"(阴
上)字,不管声调。"臺"照他所指广州就得有阴平跟阳平,其实广州只念
阳平。但是"痔"字下 Parker 指"雉"字,在这里所有每个特殊的调他都管
到了。这是说不同在一条拼音标题之下的字互指起来往往只有一部分的
音是对的,不但如此,就是同在一条拼音标题之下的字互指时也有这种毛
病。例如福州"牲""笙"二字照他所指的"生"字音应当有 seing, sang 两
读;其实"牲""笙"只有 seing 的一读,并不像"生"字兼有 sang⁰ 的读法。福
州的"蔬"照他所指应当有 su, sö,saö 等音,其实只有 su 是对的。"证"在
客家话照他所指的应该读₍chang,chang⁰,₍chin,chin⁰,其实只有 chin⁰ 是
对的。"艳"在广州话照他所指的应该有 ym 跟 shym 两音,其实只有第一
个 ym 是对的。反之,"送"照他所指在福州有 soung⁰, saöng⁰ 两音,这两
个音倒都对了。有时候,一两个方言他所指的完全错了,例如:"炎"照他
所指在福州应该是 sieng,而事实上是 yeng。像这样的并不是少数几个
例,Giles 字典里到处都遇得见。所以要想得到中国方言的知识,这个字
典是一部很讨厌的材料书。

我们现在知道要研究中国方言,材料不管好坏,总算不少。但是我们
可以说这些材料都是很粗疏的。像北京这样的方言,在拼音上各家已经
不能一致(拼法的式样有一年里的天数那么多),再讲到不大很知道的方
言的拼法之乱就更可想见了。这些方言拼法的式样简直多的不得了,并
且关于这些拼法的语音上的解释,往往是毫无意义的。例如 T. F. Wade
爵士在说明北京的 hs(i)音(事实上不过是德文的"ich-laut"作声母)的时

候,说 h 是在 s 的前头而不是 s 在 h 的前头! 像这样的讨论,我们还有什么话可说呐! S. W. Williams(Syllabic dictionary)解决这个很麻烦的读音问题就对我们说:"把一个指头放在牙齿当中试着说 hing 或 hü!" Gibson(Swatow index)告诉我们说:他写作 ṳ 的那一个声音"是介乎 turn 里的 u 跟 learn 里的 ea 之间的声音";不过他倒是加了"大约"跟"有点古怪"的字样。在 Mateer 的 A course of Mandarin lessons(官话类编)以及大部分类似的书中还有好些没有语音学知识的好例子。

难道就没有人试一试用一个公共一致的标音制度来记录一大些方言么? 有是有的,那我们又得提到 Parker 了。在 China review 里他作了很多的东西,最后在 Giles 字典叙论里,他就用了一个"一致"的拼法来写他的十二个方言,这个拼法是就着 Wade 式稍加修改的。设使 Parker 是很严密一致的用他的制度,那么尽管他有好些记音的大错误(看上文),至少在中国方言上说也还有点价值;可惜他在这一点上也是弄得矛盾的不得了,结果他的工作价值还是等于零。我们只消举出几例就够了。

北京的 yu(法文 you)Parker 怎么样写的呢?

幽(平声)	北京 yu,you
悠(平声)	北京 yu
酉(上声)	北京 yu,you
诱(上声跟去声)	北京 ʿyou,youˏ
右(去声)	北京 yu,you
幼(去声)	北京 yu

所以 Parker 给我们的 yu 或 you 完全是随随便便的,有时候是 yu 有时候是 yu 跟 you,在字调上看不出有什么关系。

还有"软化的 n"他也是随便用 ñ,ny,ñy,ñi 或 ni 好几个记号的。

安南有-ak 跟-ach 两个音,这两个音非常的不同,在分类上是很要紧的,可是他只用一个拼法 ak。

假若要看一看 Parker 工作的语音学的根据,可以在 Giles 字典卷首他所作的"语言学论文"里找一个例。随便挑一个关于 ə, œ 音的讨论看看为什么原故他会那样说法,他说(Giles XXV):

[温州方言有]"一个很特别的地方,就是把法文的 eu 音分成两种,其分别很类似英文 burr 跟 bear 两音的分别[!]。不过因为在别的方言里,这两个音无论用哪个是没有关系的,所以现在的拼法在温州音都一律用 öe。事实上福州的 ö 跟温州的 öe 是一样的[!];广州跟安南的 ö 又都读成很趋近 burr 的方向,几乎析作两部分,像法文的 le heur 的样子。高丽的 e,后面如果随有鼻音或辅音,我们写作 ö,不照例写作 ê(例如 piök sönɡ),这个 ö 就像英文 bud 中的 u 字,读的很长,不像 bear 中的 ea。宁波的 öñ 恰恰是法文的 un(换言之就是 eux + n, t 的"anusvâra")"①。这个音若是用到官话上头 Parker 是写作 ê 的。

他在别的地方又说(Giles XXVⅢ):[高丽……]"sönɡ 或 syönɡ 或者应该严格的写作② sênɡ 或 syênɡ……读起来像 Miss Hungerton 那样似的。在同一页的底下一点,这个著者又变了主意了。他说:"但是高丽的 senɡ, sek 读的不像英文的 sunɡ③ 跟 suck,而像法文的 seul 里的 se, sê 或 sö,就是介乎英文的 sir + ng 跟 saw + ng 之间的音……所以在高丽音里头这个音后头有鼻音跟辅音的时候得要写作 ö,如 sönɡ, sök,为的是使读者的心里不要把这个音跟北京的 sênɡ(英文的 sunɡ),广州的 sêk(英文的 suck)混了起来"。

这一定够使人判断 Parker 语音的纪录的价值了。现在拿语音学跟中国方言学把他的工作的各方面加以衡量,结果就可以看出 Giles 在他的字典序里所说:"Parker 特别在这一行里[中国方言]大家公认为有头等专家的地位",他这话的根据是很脆弱的了。

中国语言学现在还不过刚在起头的时候,这是得要承认的。在我一

---

① 现在的新版本已经删去这段了。——译者注
② 这几个字底下的浪线是我加的。
③ 所以 Hungerton 跟 sunɡ 里头两个 unɡ 闹得不同起来了。

方面,我愿意对这个新科学的建树有所贡献,我就想开始:

1. 把中国古音拟测出来,要想作系统的现代方言研究的起点,这一层是很必要的;

2. 把中国方言的语音作一个完全描写的说明,作过这层之后然后可以;

3. 用音韵学的研究指明现代方言是怎样从古音演变出来的。

要得到可靠的结果,我以为得要把我的研究放在一个很宽广的基础上。每一条语音定律只有少数的几个例是不行的,因为少数的例不能作充分的保障。所以我拿来作基本材料的就有三千一百上下语言中常用的字(不过有些很常用的字倒是没有收,因为未能确定考出他们在古音中的地位)。这么多材料我觉得已经够把我要找的结论确定到相当的重要地位了。

❧❧ 2 现代汉语的节律 ❧❧

描写的语音学包括两大部分:关于定性的部分,就其各种音本身性质的理论,跟关于节律的部分,就是音与音相对的关系的理论。对于汉语的节律方面,就是说关于节奏跟声调①方面,我在本书里只预备作一点初步的讨论——理由已见前文(141页)。我的详细的研究乃是在上述(144—145页)33种方言的定性的方面,其中24种是尽现用严式音标的可能而写述的。

但是一个限于给每个现有的音作一个定义的定性语音考并不能告诉我们多少事情。得要加上些统计的事实,它的兴趣才会增加呐。说的就

---

① 原文还提到长度,但长度是节奏的一部分,所以不译了。——译者著

是要问音在字中的地位——当声母还是当韵母,在开尾字还是在带尾字①——然后问那音在地理上的分布,就是问见于什么什么方言,最后再问它在各个方言内遇见的次数。Parker,跟些别的作者,倒是做过算是统计性质的工作的:他们曾经给这个那个方言做过些字音表,列举某某方言中所有的单字音("cha,chai,chan,chang"等等)。但是我们不难看出来,假如这些著者的用意是在作一个只纪载各音的可能的地位跟它们地理上的分布的统计,那么他们这方法还不够精专,里头也没有明显的门路。认真要做的话,这种统计还可以做得比它有效得多呐。再不然假如他们的用意是在给我们一个各音遇见的次数的统计,那么他的字音表同样是没有多大用处,因为无从知道某某字音到底是所举方言里的哪些字。比方光知道客家跟北京都有"tang"是没有多大意思的,因为客家读"tang"的字在北京读"ting",而北京读"tang"的字在客家又读了"tong"。非得根据了音的历史才可以做得出一个差强人意的统计呐。所以我把这种问题就归到历史的音韵的部分去。在那地方(第二,第三卷)我就把所研究的方言的全体的音类(声母跟韵母)检查一道,看每种音类的见次,我的方法就是看哪些音跟中古音的什么什么声母韵母相当。

那么在下文的描写的语音学的部分我就先只给各种音举些在地理上的分布跟在字中地位的例。这些例大多是从刚才说的33方言当中找出来的。

节奏。

人的说话不是绝对匀着走的,是有节奏的,换言之它老是一大一小的变动的。这里得要顾到两种因子,(一)强度——一方面是看说话时鼓气的力量,一方面是看所用的发音器官对于出来的气所持的抵抗力。——(二)响度②,就是听觉器官对于各种音的不同的敏锐度。在定"音节"的

---

① 所谓"开尾字"就是后面没有韵尾辅音的"阴韵";"带尾字"就是后面有韵尾辅音的"阳韵"。——译者著
② 原文:l'audibilité(appeleé aussi perceptilité sonorité schallfülle,etc.),直译是:听得见度(又叫觉得着度,洪亮度,盈耳度,等等)。——译者著

意义的时候，有的著者只管强度，有的只认响度为重要，又有的就分辨
"drücksilben"（强弱音节）跟"schallsilben"（响不响的音节）（例如 Sievers
跟 Noreen）。Roudet（Eléments，p. 180）①近来想要证明强度跟响度是
完全并行的，他说，"鼓气的情形，发音器官生阻力的情形，跟耳朵听见音
的情形，三者完全是并行的"。他的讨论大半是关于最小点的方面，就是
音节与音节间分界的地方。至于这问题当中的是非，它对于全用单音节
的中国语倒是比较的不大要紧。

关于最大点可就不同了，那就得决定音节里哪个音算中止的吃重的
音了。语音当中没有像中国语这么富于两三拼的复元音的，也没有像中
国语音节里的中心最大点这么游移不定的。这地方得要管到两条主要
原则：

1. "在其余情形相同的时候，一个音越强就越听得见。在若干限度之
内，越高也越听得见。"（Roudet，p. 186）②。

2. 在同样的强度跟音高，有的音生来比别的音容易听得见，大约照这
么样一个渐大的次序：t-d-s-z-n-l-i-a。"高"元音（舌颚空间较窄的）比"低"
元音就不响一点；圆唇元音就比开唇元音不响一点。

假如这两个原则是一顺走的呐，换言之就是假如一个复元音里强度
最大的音也是响度最大的呐，那就不难认定哪个是这音节里吃重的主要
元音。在严式音标里就在非主要的符号上加一个短号"˘"：aĭ。可是这两
个原则反着走的时候，那事情就复杂化了。比方英文的"dear" dіə里头强
度最大的乃是天然响度较小的[I]音，而因为强度的帮助反而比天然响度
较大的 ə 倒更听得见。可是一到强度差别不存在的时候，比方在"dear"全
字轻读的"póor dear féllow"一个短语里头，那就 I 又不出风头了，而现在
较听得见的 ə 音又成了音节的主要元音了③：dĭə。这两种情形当中的分

---

① 文献信息不详。——编者注
② 文献信息不详。——编者注
③ 在英国内地方言里，这 I 仍旧能作主要元音。

界固然是很不清楚,照理论说起来一定会有某种强度的比例,里头 I 跟 ə 都一样听得见,成了两个都算主要元音,或者也可以说两个都不是主要元音的局面。

这种情形在中国语是很常见的。北京的"歇"çiɛ 字据我的观察跟 C. Arendt 跟些别人的观察是读作 çiɛ,里头 i 是主要元音。可是在"这些东西"一句短语里,"些"字不在鼓气着重的地位,于是 ɛ 就变成音节里的主要元音了。并且同是就重音字的例来说,为了节律的关系也会发生出复杂的情出来,比方"官话"kuán huá,kuan 的 a 是主要元音,但在"官吩咐一声"kúan fə́n fu i ʂəŋ,据我的意见,明明是以 ú 音为音节的中心,倒把天然响度较大的 a 音遮盖了。

假如再加上了特别会影响强度跟响度的声调的作用,我们就不难懂为什么在这富于声调的中国语里想找出二合三合元音的领音的那个成素出来,几乎是不可能的事情了。这问题还得从中国语句的节律跟全部的神气的研究入手,并且实验的帮助是不可少的。在本书中,我就只限于说明各复元音有些什么什么成素,例如 uy,iau,暂不论哪个成素在哪种句子里作主要元音。

长度。

中国语音的长度也常常跟着声调而生很多的变化的,也是需要实验的研究的。下列的是几条初步的观察:

1. 当声母用的辅音大致是短的,但因声调的不同短的程度不同。

2. 当韵尾用的辅音因声调的影响长度变得很多。比方北京 pan 的 -n 尾在上声极长,在平声短一点,在去声极短。

3. 单元音开尾韵母的元音大致是长的。它的长度也是跟着声调变的。北京 ma 的 a 在上声比在平去长得多。在日本音有些元音,例如 o,在开尾音节里很清楚的分半长跟长两种时值。这两种字的来源是不同的,在假名上的写法也不同的。这种长音我用一个长音号标记它。

4. 在带尾音节里的单元音,在官话区域里大致是短的。可是这种也有声调的影响,比方北京 pɜn 的 ɜ 在上声比在平声长。在几种别的方言里,例如在广州,安南,连带尾音节也有长短元音的分别。从 Parker 在 Giles XXV 跟 XXVⅢ 页所发挥的意思看起来,大概朝鲜音也有同样的分别。在我自己调查过的方言里我用长音号来注出这种区别来。关于官话区域中带尾音节的元音必短的规则,在别的方言中已经失掉古-p,-t,-k 尾而只用通常写作"h"的喉部闭音ʔ收音的入声字,也是一样适用。喉部摩擦音 h 是跟口部摩擦音 s,f 等相当的,喉部闭音ʔ其实是应该跟口部闭音-p,-t,-k 相比的。所以 paʔ,tiʔ 应该像 pan,tiŋ 或是 pak, tik 一样的认为带尾音节(这两种例韵尾辅音也都是只作势而不破裂出来),所以元音也都是短的。因分析上的错误,多数的著者忽略了这种喉部闭音的性质,把这类音节认为尾开而元音短的音节,这是一个根本的错误。

5. 复合元音里的长度问题跟它们的强度,响度问题一样的复杂,也是又受声调的影响,又受语句中节奏的影响。比方北京 ai 的 a 在上声比在别的声调长,"老"lao 的 o,在"那个人老"比在"老爷"长。

声调。

个个中国字都带着一个清楚固有的乐调,这事实是人人都知道的。这个特点不但是中国语跟东亚好些跟它有历史关系的语言所共有,并且有些印欧语系语言像立陶瓦,塞尔维亚-哥罗西亚(Serbo-Croate),瑞典,那威等国语也有的。

在中国音韵学里,"声"的名词占一个重要的地位,西方的学者有时候就认它为等于欧洲的音乐的"accent"。比方 Maspero 说[①]:"中国的字调不是个简单的现象;分化起来,里头有两种成素,就是高度跟调形。高度是跟着声母走的,而调形至少有一点是跟着韵母走的,而与元音的性质跟

---

① Phon Ann,p,88。
　该引用来自 H. Maspero 的 Étudessurlaphonétiquehistoriquedelalangueannamite,les Initiales,第 88 页。——编者注

长度不相干。在中国古音有两种高度,四种调形……这四种调形就是相沿下来所谓'四声'。"

在同页上他又加个注,说:"我承认中国古音有四种调形,为的是要跟着普通习惯认入声为另成一调。其实古音的入声字大概也像现在的入声字似的,它们跟别种字的分别,不在调的不同,而在韵尾闭音的有无。"

先把"声"认为"调形",而又接着说四声中有一"声"向来就没有自成过一调,这个我觉得不很逻辑的。Maspero 在上文所述的一切就只可以证明认"声"为调形是不对的。声字的意义很广泛的,可以当"一切声音,调子,人的声音"讲。据我看起来,我觉得"声"的观念固然包括音乐的 accent 在内,但是还含有更广的意义,也许可以译成"catégorie phonique" (字音的大类)这类的名词。中国的古人是把字分为四大类。头三类的音都是比较的舒缓的,完起来是渐渐的完的。它们自己当中的分别是在调形的不同。第四类跟头三类的不同不是在调形,而在元音有一个急促的收尾。

我现在虽然跟着习惯把声字译作"ton" (声调),可是我不跟着 Maspero 拿它限于当调形讲,照我对于声字的见解,那是不对的,我用 ton 字的时候是要包括下列的成素(Edkins,Parker 等也承认这个):

1. 调形(调儿,调子);

2. 收音法,舒收还是促收;

3. 全字的高低。

这里得要注意第三种成素一直到晚近才加入在"声"的观念里头,在古音虽然事实上也有高低的不同,但并不认为声的一部分的①。

———————————

① 看前引 Maspero 书。有些汉学家不知道广韵五音集韵等老字书把平声分为上, (中),下,完全是为分卷的方便,误认作高低的不同。Eitel 在广州字典的序论里就是这样。Parker 也是不知道上,中,下并不是高音,中音,低音的意思,因而骂佩文韵府把高低音的字都"完全搁错了地方了"(Giles,XXⅢ页)。

咱们举一个例。广州有九声，就是横①舒：高，中，低；横促：高，中，低；升：高，低；降：低②。但是这方言里只有三种调形：横，升③，降。它有三种高度：高，中，低。要是调形跟高度都算的话，一共就有六种乐调。

古人平，上，去，入四声的名称想必是表示各声的乐调的。但是声调像语言中声母韵母别种成素一样，从古时候到现在都变了，并且也像声母韵母在各处不同的方言有各种分歧的变法。比方一个古上声字在这儿是横调[例如南京 福州]，在那儿是升调：[例如北平 广州]，又在个别的地方是降调[例如苏州 西安]。

关于各方言中实在的调值，我们知道的很少。但是我们对于好些方言知道他们有几种声调，并且知道哪些字分配在哪些调里。这其实已经是重要无比的材料了，只要等实验语音学家把实在的调值一求出来，我们马上就可以把真值都代入本来已经弄清楚的第几类第几类的声调类名了。现在暂时最好的办法就是只用简单的号类来标类，例如北京第一声，广州第八声，福州第三声④。但是在这历史的研究当中我有时也不避免附带引述些各家对于调值的描写，像 Edkins, Carstairs, Douglas, Eitel, Maclay and Baldwin, Hemeling, 特别是 Parker⑤。这都只好认为初步的约略的描写，对于它的准确度我是不能负责的。

---

① 原文 égal。因为说调的真值的时候，应该避免与古调类名称冲突，所以 égal 不译"平"而译"横"。——译者注

② 原文 tombant：moyen，降：中，是指阳去。其实广州阳去是横调，并不降，现在把上文的横：低认为阳去（高氏认为阳平），最后改为降：低，作为阳平。——译者注

③ 严格说起来高升（阴上）跟低升（阳上）两种调形微有不同，前者升的音程比后者大一点。——译者注

④ 号码编法有时不一致，比方说某处"第二声"，往往不知道是指阳上还是阳平，所以本译文全用阴阳平上去入等名称。——译者注

⑤ Giles：dictionay，p XXXVIII。

·········(中略)①······

　　声调也像长度跟强度似的，非常会受在语句中地位的影响。这里一大些工作等着实验语音学来垦荒呐。

---

① 　原书 256—259 页记载北平声调的实验。因为发音人不是个好代表者,结果(特别是阳平)不能用,所以略去不译。关于方言中调值的实验的材料,参看 Fu Liu, Etude expérimentale sur les tons du chinois，Paris & Pékin, 1925.——译者注

第五编　哲　学

哲学问题（节录）①

诸君：

我这个讲演的题目是哲学问题，或可说是与哲学有关系的几个问题。哲学与别种科学不同；他不能贡献一定的知识，如别种学问所能贡献的一样。"哲学"这个字，在希腊文的原义是"爱智"；他所爱的是"智慧"（Wisdom），不是"知识"（Knowledge）。研究别种科学的结果，总是研究的越多，则知的也越多；而哲学则研究的越多，所知的反而越少。研究哲学的结果竟减少许多的"自信"。从前不会发生问题的，却都要发生问题了。哲学的价值，固然不只在这一点，但减少自信或偏见，也是哲学的一个功用。世界上许多战争，冲突，及种种惨事，其起因都不过是这边相信这种学说那边相信那种学说的结果。

现在讲到本题，世界上竟究是否有一个一定不错的知识？我以为是有的，不过很不容易求得；平常以为求即得之的，其实必须费去许多研究才能得到的。有许多明显的事，如地球是圆的，二加二等于四，看似一点不用疑惑的，其实要明白其中真理，也不是随便可以说得出。你们对于知识，如果能知道要求将来造成知识的基本，那已是哲学的精神了。哲学的精神，便是要求知识基本的难处。今日就讲这个问题，就是显象（Appearance）与实体（Reality）的关系。

---

① 原载 1921 年出版的《罗素月刊》第 1 期。由赵元任口译、瞿世英笔记，赵元任审定后公开发表。《罗素月刊》是罗素（Bertrand Russell）来华的演讲汇编刊物，仅见 4 期。——编者注

常识以为真确的事,在哲学上未必是真确的;因为这些事,稍加思想,便立刻发生了许多疑难和矛盾。所以有许多哲学家以为"实在"与所见的显象是不同的。现在且不必空说,先归到具体的事,再研究一下。即以这张桌子而论,你们虽然都看见,但我可以证明你们并不看见。我们倘要把这所见的桌子弄清楚究竟怎样,便可知道各人所见的不同了。这边的人看去是这个颜色;那边的人看去,因为反光的缘故,桌子的颜色便不同了。平常人所说的桌子,只是当他放在一个平常的地位,平常的情形从普通的观点看去。倘若叫画家来看,就不与常人相同;常人所谓黄的,他也许不以为黄;他只知道看去什么便是什么。因为许多桌子的观念不同,那桌子也就不同;倘于其中选出一种颜色来说:这桌子是什么颜色的;那么别种不同的颜色不是都要叫冤吗?若说各种颜色全都有的,又未免不合理。所以有许多哲学家以为颜色的不同在乎主观的观察,而非实在的本体。

颜色之不能定规,固如上述;但别的性质,也都与颜色一样的麻烦。譬如论到桌子的样式,说是长方的,而长方的四只角都是直角。但当小孩画起桌子来时,倘画上四只直角,便不像桌子了。细心看去,那四只角并不都是直角,却是两锐角和两钝角。桌子的大小,也不是一定的:近了大,远了便小了。故样式也与颜色一样,若要偏说他是长方的,那其余的别种样式便又要呼冤了。我们若把他的"好像"什么便算什么,或说这桌子同时也是长方的不长方也是的,如何能行呢?

再讲到桌子的材料;我们平常肉眼只能看见他的纹理;但若是用显微镜一看便可见桌面上的高山深谷了。平常人总以为肉眼是不对的,用了显微镜,一定真确了,然而再有更好的显微镜,便又不同了。从此看来,我们不能说桌子一定怎样,就是不能把桌子的"好像"当作他的"实在"。

讨论到这个地方,我们有两条出路:(一)天下没有桌子的"实在"这样东西,只有黄的,亮的,硬的等"现象"。(二)有的;与现象不同,他是隐伏的原因,从他生出现象来的。

旧的科学同哲学,以为桌子是有的,不过与现象不相同。但是近来的物理学家同哲学家,以为用不着那些看不见听不着摸不到的桌子,只要有现象就够了。科学中讲到宇宙的样子,是很奇怪的,不是常人所知道的;他本应越接近常人的见识越好,但讲来如此奇妙,是没有法的事。科学说:桌子是分子造成的,分子是元子造成的,元子是电子造成的。电子非常的小;而且动得非常的快,各个电子距离,又比电子的本体还大;放大来看,电子与电子的距离,正如各个行星的距离。所以这桌子实在是空的。我靠在这百分之九十九是空的奇怪桌子上面,要是人小了一点便要往空处掉进去,如彗星行在各个行星中间一样。

上面所说的是科学的理论,但不是最后的理论;科学并不是要奇怪,不与常人见识相近;但他实在与常人所见的不同,要近也不能再近了。科学所贡献者如此;倘先知道了这些科学的理论,再去看哲学中的古怪理论,便不觉的十分古怪了。我们可以进一层:问世界上究竟有无物质?所谓物质,有无实在的本体,可为现象的原因的?人家可以说,各人的观点虽然不同,但总须有个东西才行,这个东西,就叫物质。

所以这里发现两个问题:(一)世界上究竟有无物质?(二)倘若有的,他的性质如何?用什么法子知道他性质?这两个问题,在这讲演中,我后来可以有几条解答,但此刻还不能讲,因为此刻须先讲几个着眼要点。

哲学中解答这个问题的有三派:

(一)唯心论(Idealism)。这一派的理论,以为无论什么存在的,都是与心一类的东西。

(二)唯物论(Materialism)。这一派以为无论什么东西都是物质。即心也是假现象。

(三)现象主义(Phenomenalism)。这一派以为无论什么东西只是颜色,样式,硬度等种种现象,用不着另外的原因和本体。现象派中有许多学说,后日详讲;我自己的哲学与这一派稍近。

唯心派以为桌子的后面还有他的本体,是属心的不是属物的。这一派的第一个大家便是二百年前的巴克莱①。巴克莱的论辩与我刚才所说的一样。他以为无论什么经验，都在心中，种种现象，都是心理的现象。巴克莱的推论多半可说是对的；但他说人不看桌子时也还有桌子，那便错了。照第一句所说：桌子是种种感觉合起来的；那么没有人的时候应该没有桌子了。但是要否认也难说；你若待没有人时跳进去看一看，你自己又进去了。所以这个设论无论对不对，不能否认；桌子究竟有无的问题，也不能解答。巴克莱不喜欢说没有人时便没有桌子，总要设法使他存在。所以说，桌子虽在没有人看见的时候，在上帝的心中总是有的，所以还是心理的现象。他这种立论，到方法穷时拉出上帝来保存他没有人看见时的桌子的存在。在哲学上算是不适当的；因为桌子是平常的东西，何必拉很远的上帝来帮忙呢？

巴克莱以后的哲学家，把他的学说略为修改，虽不说在上帝的心中，但总说在人的普通的心中。他们以为宇宙有一个总心，包含桌子的种种印象；人心虽只看见一小方面，总心中是面面都有的。近代的唯心论家，以为除了心和心的意象以外，没有别的东西。他们自然还有许多证明的理论，我此刻不过简单的说一说，被他们听见了，一定以为很不完全的。他们的意思，以为无论什么东西，都可以想的；不可以想的东西，怎样能存在呢？故除心以外，没有存在的东西。这几句推论固然太简，他们听见了，一定以为未足；但这也可以略为表示他们的意见。因为他们大多数的意见都是如此的。

还有一派唯心论者的代表是德国人赖勃尼兹②。他与牛敦③

---

① 巴克莱（George Berkeley，1658—1753），现译贝克莱。爱尔兰基督教新教主教，唯心主义哲学家，认为"存在即被感知"，存在的只是我的感觉和自我。著有《视觉新论》《人类知识的原理》等等。——编者注

② 赖伯尼兹（G. W. Leibniz，1646—1716），现译莱布尼茨。德国自然科学家、哲学家，微积分、数理逻辑的先驱。主要著作有《神正论》《单子论》等。——编者注

③ 牛敦（Sir Isaac Newton，1642—1727），现译牛顿。英国物理学家、数学家、天文学家，提出万有引力定律、力学三大定律等。著有《自然科学的数学原理》《光学》等。——编者注

(Newton)同时,是微积分的发明者。他以为桌子不是现象拼成的,是许多小灵魂拼成的,所以也都是心。这样讲来,物质是许多小生物小动物拼成的,这说法应用于臭豆腐或者还相近,倘应用于别处,未免太奇怪了。但赖勃尼兹的理论,虽然奇怪,然并不奇于科学的理论。因科学中说的每个动得很快的电子,粗说说,也与这小生物小动物没有什么分别。

我可以对于哲学下个批评,哲学全靠不下定义;历史上看来,哲学家都有这个脾气。此刻讲的"心"与"物",也还不会下过定义,到很像哲学讨论的气象。假如有人问我:心是什么? 物是什么? 这个问题,我也可以详细解答,不过多费些时间罢了;但若心,物,生命等东西没有说清楚他是什么,后来成了习惯,必引起哲学上许多无意义的争论,哲学史中这种例很多的。心与物的定义,我且不下别的,只说,"心是心理学所研究的,物是物理学所研究的"。我将来还要证明,心物二者,不是截然不同,不过如同样的糖,油,粉等做出两种不同的点心罢了。

这可怜的桌子,到如今还没有求出是什么。我们所要知的一定不是外面的"好像"什么的什么。科学说:桌子是电子成功的,但其中的空间比电子还要多。巴克莱说:桌子是上帝心中的意象。近世唯心派说:桌子在宇宙的总心中。赖勃尼兹说:桌子是许多小魂灵合成的。看了这许多纷乱的话,最省事的自然还是归到没有桌子。这个没有桌子的说法,便是第三派现象主义的结论。现象派说,桌子的颜色,形式,硬度等等都是真的,也没有别的桌子可以做这桌子的本体。这个理论虽不十分真确,但比唯心唯物两派话近理得多。不过他还不脱唯心论的意味,因为"现象"这个字即含有唯心论的色彩。"现象"是从实体中表现出来,给人看的东西。世界上的东西,都是现象,我们只能看见他有什么便说他有什么就好了。譬如我要举个例,自然是举那经验中所有的;但是我们不能说不能举例的东西便是没有的;如此则人必须样样都知道,不知道的便是没有的了。近世唯心论以为无论何物都在总心中及普通的心中,似乎也没有一点根据。我所知的如此,不知的便是不知,不能妄说有与没有的。我自己的哲学,不能说是现象主义,因为现象主义还太过了一点。但我也并不说经验之

外还有东西。经验之外,究竟是有东西呢?还是没有东西呢?这个问题
谁也不能断定。我们只能说所知的是什么,不能说所知的以外还有什么
东西或没有什么东西。故我不愿意人家叫我的哲学是现象主义,而我的
哲学,实在是"中立的一元论"(Neutral Monism)。我用这个名词,与唯心
唯物两边都有区别的。宇宙中的最后原料,不能说是物,也不能说是心,
只是世界上的事情(Events)。我想哲学上许多麻烦,都起于想有长时间
的存在。但有了这个存在的偏见,哲学上的麻烦就起来了。我以为这个
存在的观念是错误的;世界上最真的莫过于暂时的东西;论理所造成是永
久的,真实的却是暂时的。譬如桌子,我们一看去就看见宇宙真体的一部
分;若说桌子是永久的,到反而很费解说了。桌子如城市或国家一样,是
很繁复的许多部分凑成的。但这许多部分,并不是说锯成小块模样的部
分;因为即使锯成了小块,每一小块还是有许多部分的。我所谓物质,便
是繁复的颜色样式和硬度以及种种化学的性质合成的。不过我们说,这
桌子便是这桌子的各种现象之合体,这种语法还是旧式;因为平常总把
"现象"当作物体之附属品,其实我说的本意是合起你们所见的种种来,便
叫做物质。譬如这个铅笔举起来人人都见了,各人所见虽有不同而却有
相同的规则;其实笔这一件事情,即从几百几千所见的样子发生的。无论
那一个人一见笔即看见这个样子,便知有这件事情发生;若要论到他能写
字与否等性质,到是靠不住起来了。所以我们可以说:合起这屋内的人所
见几千的笔的不同的样子来,放在一处,就叫做笔,更没有别的笔。这种
感觉视觉等话,仿佛偏于心理学方面,其实不然;所以我的哲学也并不是
现象主义。

二

中国的到自由之路[①]

诸君！从上次讲演到现在有许多时候没讲了。我们都很愿意在此稍久，多研究一些关于中国的文明，但是因为身体的健康起见，不得不离开中国，这是我们很抱歉的。

中国对我们的待遇和诸君的热忱，我们非常之感谢。尤其是讲学社的帮助为多；这是更要感谢的。我承受这些待遇，总算是欠下了中国人的债，现在虽不能偿还，而此种亲密的友谊，和我受中国的影响，这是深深刻在我脑里，现在虽然不能不走，但将来决不能忘记。

现在世界上没有一个国，不是应当改造的，中国也是如此。至于改造的重大责任，自然要赖青年负担。就中国学生方面看来，却是很有胆量的青年，中国的改造必可成功的。

现在讲入本题。无论那个外国人研究中国的种种问题，如果冒险下批评一定很危险。容易出错。像我这样，在中国的时候又不久，中国的语言文字又不通，在这种情形之下，更其危险。中国的文明现在世界上可以说是最古最繁杂的。中国的习俗与欧洲全不相同，中国古时在哲学上，美术上，音乐上，都有很好的成绩，毫不受欧洲人影响的，对于欧洲也没有多大影响与古代希腊的文化是毫不相关。中国社会上宗教与道德的基础与西洋基督教的社会完全不同，没有受多少基督教的影响，更加以中国近代纷乱的事实，所以外人要替中国人解决问题，是要走错路的。因此我看中

---

① 原载 1921 年出版的《罗素月刊》第 4 期。由赵元任口译，瞿世英笔记，赵元任审定后公开发表。——编者注

国真关心国事的最好自己想法子,不要靠外人的智力。要有这样的声明我才敢说几句冒险的话。但这些意见都是我与诸君接触之后渐渐发生出来的,不是一到中国岸上就有的。

就中国现在的情形看来,普通说有两件很要紧的事情:(一)不要完全用西方文明。(二)中国旧文明之不合宜者亦不要用。

欧洲文明的流弊稍有思想的人,都可以从欧洲大战里头看得很清楚,在欧战起的时候,一般人还以为这些流毒,都不是产生于制度上面,只要那一方面战胜,即可将他免除。但现在确已证实从前的话是误解,是梦想了。欧洲制度的基本是资本实业制。此种制度,在幼年时代,固然很好,能使科学进步,物质文明发展,然总免不了把人类引入于破坏的战争的道路上。始竞争商场,继竞争原料,后则因资本家与劳动者的冲突而生阶级的战争。似此继续下去,将现在文明打倒了打灭了亦未可知,充其量不过将世界变成一个极大的机器,使人类个性不得自由发展,人生的价值完全失去。所以说中国人欲为中国或世界谋幸福,万不可处处将西方文明抄过来。

我看现在中国的孔子学说,稍带佛学的旧文明,都到了自然剥落的程度,没有什么势力了,既不能使个人的事业发展,不能解决中国目前的种种问题。就近千年来中国的历史观察,中国的文明不是发展是衰败,像从前罗马的文化的衰败一样。要之无论那个地方,如果人只知道奴隶般对于古昔文明具一种服从的信仰的态度,价值如何置之不问,其结果一定是衰败的。一时代有一时代的独立的思想,所以欲解决现代的问题,不应该用祖宗遗下来的方法,应该用我们自己造出来的方法。祖宗的方法,从前在祖宗的时候,或者是很确当,然未必合乎现在的情形。欧洲有许多人说,中国如果没有孔教,则中国的道德一定破产。但据我看来,要是中国除了孔教,而中国的精神区域变成真空,那么这些人的话是对的。但是要有较新的信条创造出来,也能同样使人信仰崇拜,那这些人就未免有些过虑了。所以我以为中国真改造家不应奴隶的服从旧的欧洲文明,也不要完全保守中国的旧文明。我以为中国对于将来世界上定有特别的有价值的贡献。

现在且讲稍切实的一方面。现在稍有知识的，都反对这种无政府状态的军阀，这目的是一致的，但方法便大不相同，甚且有主张复辟者。然我以为以恢复旧制来解决新问题，是最不近理的，是决不会成功的。

中国解决各问题，欲求根本上永久的方法，自然是赖乎教育。不过教育这个名词的意义，太泛了。现在想求一种切实的教育很难办到，试看中国的教潮情形就明白了。中国现在所需要的教育又要好，又要新，不是死读古书。更要普及的教育，还要科学，而此种科学不仅取理论的，必须合乎实用。中国的人口若是之多，要是不特别注意于教育，则将来实业难望发展，其他事业也难望进步。

欲造成现在所说的切实教育，纵令有政府的帮助，至少也须三十年方能收相当的效果。就是教习都不容易得。但中国现在实业不发达，政府又不能维持教育，总好比现在政府还好的，才能使此种教育向前发展，预备教习来办这种教育，但现政府恐怕连此也作不到，虽是有限力量，也可以有相当的效果，如以哲学说他是必须的条件，非充足的条件。

说来说去，又说到经济问题了。中国物产富饶，不久即可有很大的实业制度实现。至于实业制度实现以后，到于中国是有利还是有害？这实在难以逆料。但看情形，实业之发展是免不了的事，所以我们不必去讨论要不要他。现在所应急注意的，就是要设法使他得最大限量的利益，最小限量的害处。现在世界各强国，都想开发利源，如果自己不发展，则此种外国资本制度的侵略殊难防止。

前美国驻华公使克兰氏说中国人自己没有维持秩序的能力，曾提倡国际共同管理。我想国际共同管理倒是很好的现象。但这不仅是应施之于中国，也应该施之于各国。假令英国在国际共同管理之下，则爱尔兰又何至受那么大的骚扰。我不知道中国驻美公使是谁？如果这位公使能够把美国像拳匪一样围杀黑人的事调查明白，报告中国政府，也主张国际共同管理，从非洲招些黑人联军去攻打纽约的拳匪，打胜了以后，即在纽约城中五马路(犹如北京的哈德门大街)立一个纪念碑，那时才算公平呢。世界各国若皆受国际共同管理，那世界上就有了法律，一切战争也可从此免除。但所为真正的国际共同管理,是要极其平等,无论异种同种的民族,皆应该一例待遇,不得稍有差别,而且是求公共的福利,不是仅使几个强有力的国家对于一种民族行使他们的专权。中国的政府坏,大家都承认。然世界上没有不坏的政府。要是把欧洲战胜国政府的罪恶,与中国现政府的罪恶比较一下,恐怕还是他们坏些。所以我看中国非到海陆军的力量足以抗御外国的侵略时候,不能享国际共同管理的幸福。

现在中国最紧的需要,就是有作为的爱国心。两年来反抗日本的种种运动,固然也是爱国心的表现,但还不能算是满足,还要使之较锐敏较普遍些能够实行才好,从中国的历史上看,中国向来没有极利害的仇敌。虽蒙古满人,也曾入主中国,然因人数甚少,对于中国文化无大影响,而中国人的爱国心,亦因而薄弱。从前替代爱国心的是忠君心。现在忠君心亦已破坏。然而历史上第一次遇着的仇敌,也就来了。须要努力提起爱国心才好。

欲从家族心扩充到爱国心,要求教育普及,非一日所能办到,然当改革的第一步,也不必一定要大为铺张,我看只要有一万有知识的人诚实的人,肯冒危险,牺牲性命,则很容易改造社会,去推翻旧政治。但是这一万人必须是诚实,有能力,有智识,并能采取西洋的所长而弃其所短,服从人家的好处才行。中国现在也不是无法改革,只以反对的坏势力太烈,所以使好的方面仅成理论而未能实现了。

中国有思想的人总有一个问题就是:中国怎样能够发展实业而免除资本主义的流毒?起初我以为这个问题很难解决,但据现在看来,如果此种一万人的组织,真能来改革事业,那这个问题将来定有解决的希望。

改革中国应当从政治方面入手,不应当从经济方面入手。若先从经济方面下手,而不先决政治问题,其势必归于无用。盖政治不良,纵经济事业发展,结果不过是徒供少数人之挥霍,平民那里能得益处?

改革中国的政治,最好是采用俄国的方法,不宜于用西方的平民政治。西方的国家若英若德,皆教育发达之国,而实业又甚发达,当然可用平民政治,中国如果用西方的平民政治,必须人民个个受教育,但现在中国的国民,实在还没到这种程度。所以欲使现在中国的国民教育普及,实业发达,而又不染资本主义的流毒,只有采用俄国共产党的方法最为合宜。俄国从前实业也是不甚发达的。俄国布尔札维克①党最大的错处,是待遇农民不好,但他们的制度属于初创,这些事件也是免不了的。然而俄国想把他的方法,推行于西洋各国,这是错了。因为西洋各国实业已经开发,教育也算普及,很可以实行平民政治,至于中国则与俄国有同一的情形,都是人民没智识,实业不发达,所以要用同一的方法去改革。

非资本主义的实业制度有四:(1)无政府共产主义;(2)国家社会主义;(3)基尔特社会主义;(4)工团主义。此四者之中,无政府共产主义,基尔特社会主义,工团主义三种,仅适用于实业已发达之国家,而不适用于实业未发达之国家。据我看来,现在的中国如欲开发实业而又不愿染资本主义的流弊,则惟有采用国家社会主义为最切当。国家社会主义固然也有错,但因此得免除资本制度的毒,等实业发展了,教育普及后,改到别的是很容易的。布尔札维克派改革社会的最要方法,就是水道,铁路,矿产都归国有,其实农田也应归国有。但事实上有困难,尚未办到。在此种制度下办事人不应当自私自利,要能自治要有服务的精神。

俄国共产党总以为作事须重经济方面,但道德也不应忽略。想改中国的人,必须有智识,有能力才行。然又须有高尚的道德心,方能于功成之后,将势力财产分之大众;而不据为私有。俄国失败的最大原因,是道德程度不够,他们得了势力,就占据起来,不肯割弃,但他们却不爱财,与中国人恰恰相反,中国贪财心多,贪力的心少,然这实是普遍的罪恶,要有好政府出现,这两样都是应当铲除的。中国要想除祛一般爱财的军阀,倒也不难,只要国民的爱国心胜过他们的爱钱心就得了。

西洋人多把实业和经济当作人生最终的目的,这实在是误解。实业不过是手段,只要人人够用就可以了。在我们的理想社会里,还要注意于美术科学和朋友。中国人富有艺术的思想,并享受文明的度量,将来定可作全世界文明之领袖,那就不独有益于中国,更有益于全世界了。

---

① 现译"布尔什维克"。——编者注

宗教之信仰①

宗教这题目太大,不是短时间能够讨论清白的,现在所讲的不过宗教问题中之一部分。这个问题里面包含许多要素,但是何者为宗教的要素;那几种要素为吾人应当保守的?不得不一问。现在尚不能下宗教的定义,容后说明。宗教可分为二种,一为制度宗教(Institutional Religion),一为个人宗教(Individual Religion),从社会方面着想,影响于社会者谓之制度宗教,从个人方面着想,影响于各人者谓之个人宗教。今请先说制度宗教。

宗教问题在制度个人两方面各有差别,以宗教为社会现象,对于社会有何用处?在个人信以为真理,真理究竟如何?宗教的来源,大约可分为二:一为自昔以来即有,不知其所始;一为某某人创造,源头可以探得。现在有许多宗教皆属于第一种,如日本之信神道教,中国之信天地,印度犹太亦有莫名其妙的教。这种教的发生,大都是因为对于某事不了解其所以然,遂尊敬他崇拜他,成为风气了。

上古以来各种族各有一种宗教信仰,宗教之多当比种族为尤繁;其中特出有精奥教义者有回教佛教等;尚有未成为宗教而其魔力入人之深不减宗教者,如马克斯的社会主义。信奉这主义的人,遍于世界,在各国的势力亦非常之大。种族宗教,就是表示民族的差别,民族的差别不甚者,则宗教大约类似,因为宗教相似可以融洽各民族间的感情,至若成为大教,则此教当具有特立之资,与他教教旨绝不相同,且不相谋了。于是乎

---

① 原载 1921 年出版的《罗素月刊》第 2 期。——编者注

各执其是,以证明此教如何之是,而排斥他教如何之非,至称异己者为异教徒了。几种不同的宗教同时存在于一处,在中国就是这样,如佛教孔子老子的教义,皆能随人适从,自由信仰,各有容忍他教之德。(其实孟子说杨朱墨翟之言淫天下,韩愈说赭其庐焚其居,何尝是有容忍他教之度量,幸而他们独自告奋勇,著之于笔墨,从者不多,见之于行事者甚罕,不若西方之厉。)在西方则不然,说到他人信仰的宗教与我不同,心中立觉诧异,何以他的宗教不同我的宗教,就想排斥他。或吸引他来入我这教,于是乎发生了教争。中国真是幸运,与欧洲隔得远,没有受欧洲教争的影响;又中国从未有发生很危险的宗教。宗教二字之义,在中国恐怕不若西方那样的深沉激动;这是要考察历史上经过的事实,西方的宗教,过了数百年愁惨凄恻的事迹,所以宗教二字之义,寓凄惨的色彩;这一点中国就比西方为轻了。各个宗教的历史不同,宗教二字的解释也就殊致。

制度宗教,非仅具宗教习惯,尚要以其所信仰者推之于人,化世界为一教。究讲宗教有用处没有?在今日社会制度之下,有什么用处?有存在的价值没有?我知道的宗教有一种用途,可以用以杀人!宗教的价值就是可以保卫己族!杀戮他族!因为对于杀人有用,所以在历史上都崇拜他,作诗歌颂扬赞美他,教育上鼓励他,宗教的教条也是奖励这一层。从历史上看来,宗教对于杀人确实有用处!基督教条说反对战争,反对杀人,说什么"爱仇如己""掌吾之左颊者并请掌其右",以致世界上杀人越利害。因为笃信教条太苛严,不能稍微容忍他人,必强他人以同于己,这种态度,在基督教有其教条(Dogma),合于教条者,方谓之信教(Dogmatis)①,不合者不得称之为信教。以前以杀人为有用,宗教最能杀人,人皆以其有用而信仰他,到现在杀人是用科学,宗教杀人的手段不及科学大,如俄皇德皇笃信宗教,战争仍不免一败涂地,可知宗教杀人,到现在也不能作用了。

或者说宗教可用以增进道德,骤观之觉得很模糊,好像宗教确是能增

---

① 原文有错,应为 dogmatist,教条主义者。——编者注

进人类的幸福。然在事实上看来,宗教是否确能增进人类幸福?从历史上看来,宗教有很大的功绩,就是有了宗教,社会方有紧密的组织,不紊乱的情形;从前有了宗教,所以典章制度维持到如今,非有新宗教发生,决不致破坏旧制度,如有破坏旧制度的,就说他违背教条,驱他出教。这样看来,宗教能维持现在制度,也可算其一长处。可惜宗教使社会安宁,人类生活快活的代价未免太高,有些不合算。因为图得这种安宁和快活,就牺牲得很多;野蛮的人,不惜杀子供神,以求安宁和快活,如此者方为保持其教条。又旧宗教必须一切制度守旧,不可稍加变更,社会制度之改良,必遭其反对,轶出教条,遂为背叛不经;所以要用这种宗教教条保持社会安宁和秩序,就不得不牺牲一切新文化,新制度,以及日后的幸福了。

在保存旧宗教制度之下,个人发展实难,而特别聪明的人要想发展为尤难。因为宗教信条在在束缚他,昏迷他,发展就不行了。一国有了宗教,欲想人人在社会有非常的贡献,那是很不容易的。从个人方面着想,怎么才算是宗教态度呢?必是他合于旧宗教制度,必是信仰这宗教,必是行为合于教条。但宗教的信仰抱定很坚,合于信条,却已近于盲从。在种族幼稚时代,信仰宗教在实际上甚有用处,做了好事,则以为天给以辅助,生计安乐,则以为天降之福了。普及宗教的来源,大都是一国一民族,欲想普及全宇宙的道理,及宇宙同人的关系,不讲到善恶问题,与人生运命问题。宇宙如何,我不敢断说,至于人对于宇宙的关系,更难说出;宗教上若以人类对于宇宙的希望,在宇宙为最小部分,则此种思想,非宗教所当有,而人与宇宙为人生最重要的事,宗教最可以安慰人者,以为人最重要最尊大,而宗教研究人与宇宙之事,可谓极大极重要的事业。

科学亦有信仰,但科学信仰的态度,不同宗教的态度,科学非信条的信仰,不是一成不变更的;一旦有了新发明,则变改其态度,并非其信仰之不同,所同者都是对于这制度有信仰。马克思的社会主义,一定以共产主义为社会主义的真谛,硬不可稍稍假借,就陷入宗教态度的信仰。牛顿所定的吸引律,到现在一般人信他是确实至当;持一种宗教信仰态度来信仰他;将他看做高高在上,失掉科学信仰态度了。亚谟士特从吸引律推出

"运行比较论",则将牛顿吸引律变更了,亚谟土特有此发现,因为他对于牛顿吸引律,不持宗教信仰的态度,而持科学信仰态度。其实当日牛顿自己以科学态度自居,并没有夹丝毫宗教的硬断,后人定以宗教态度待之,所以三百年来没有变更。若我们保守科学的态度,将来即"运行比较律"再有变更,亦意中事。所当注意者,亚谟土特推阐牛顿吸引律,使之愈精细明白,是持一种科学态度。并非推翻牛顿律的态度。这就是宗教态度和科学态度不同的地方。又如马克思之论社会主义,是基于一千八百六十几年的科学和哲学,他的观察完全以唯物论为主,现在物理进步甚速,知道物质可以变换,然当时是唯物论流行,故相信马克思,以马克思之书为铜板铁铸,不可更改;现在信仰马克思书者,皆以六十年前眼光信之,犹不脱宗教之信仰,若以现在文明情形看马克思的书,那就有不同之处发现了。

现在姑且对于宗教下个定义,这个定义,确是困难,因为不信仰宗教者总说不赞成宗教,而信仰宗教者又说宗教如何该赞成他,要对付这两方面,愈觉其难了。宗教的定义,可说是:"有几个条件作为人生信仰,用以规定行为准则,其灌输于人心的势力,不以理性,而以感情威力者,谓之宗教。"

宗教情形已如所说,除其害处之外,尚有可保守的地方没有?可说是没有。佛教谈理最深奥,害处少,残忍少,然每遇着佛教有深研究之人,叩其佛教真理,他表面上似满面的求真理,辩说亦甚精微,而最后的前提,仍未免以主观为说。无论何种宗教,谈理若何之深精,若以主观感情代客观事实,则真理蒙蔽,不能明彻。感情功夫,易流于伪,以感情作事,徒有热心,无济于事。事实信仰,当离脱感情,若以感情代事实,未有不摯害者。

平常说聪明太过的人,无宗教信仰,就无道德,其实宗教和道德二者的范围不同。既有宗教道德二名词,则其观念亦当比较,不可混同,野蛮人类杀小孩子以事神,神降之福,此宗教信仰,甚非道德的事了;人有高尚道德,不一定他是宗教家,或由信仰宗教方为有道德。人爱同种之人,本来是一种美德,就说这是基督教的爱,他是一个好基督教徒,然爱非必基督教方有之。佛教亦有之。所以只可说这人行为高尚,不可说他是此教之徒,彼教之徒了。

有道德不要信宗教,宗教的信仰,不一定根据于宗教,实根据于习惯,习惯既成,自己失去诚心,成为一种机械作用,别人如何说,我就随声附和,造谣生事,这都是宗教养成的习惯。在事际上的改革,宗教为害甚大,宗教的习惯,是一种守旧的态度,有稍微新的制度发生,就立起反对,宗教的真理,大都是如此就如此,前既如此,今不可不如此。断定自己的愿望,对人纯以情感。宇宙间充满神仙鬼物,不知外界究竟如何,不敢用客观的态度来问问。自然界与人独立,若空造神说,发生渺茫变故,不若求其真理所在,对本心上觉得妥帖,对于人类也可尽适当的义务。

四

心的分析(节录)①

(五)

诸君,上次讲动物的运动共分二种:一种是机械运动(Mechanical Movement),一种是有生命的运动(Vital Movement)。机械的运动和死物相同;有生命的运动者是动物的身体里,藏着好多能力,在不稳固的平衡情形时,可以发生很大的结果。这样的说法,并不是精确的定理。因为上次所举的炸药那个例,并不是有生命的。那有生命的运动,是在他生理内,储藏着能力,在不稳固的情形下,稍受碰撞,就会发生的运动。这种运动,可分本能和习惯两种。并不像上次所分的有意的和反射的等运动。所以此次特讲本能与习惯的运动(Instinctive and Habitual Movement)。

关于本能这个题目,西人的解说,很多错误,不知中国人对这本能,有何见解。英人有名(L. Morgan)②者在他的本能和经验那本书里,给本能下一定义说:"凡动物的行动,第一次不靠先有的经验但做出来便于本身有利益;并能保全他的种族;他的同类中,有限数的动物也同他做此行动,此行动是因经验而变异的。这便是本能的运动。"

---

① 原载 1921 年出版的《罗素月刊》第 2 期。由赵元任口译、许光迪笔记,赵元任审定后公开发表。——编者注

② 现译摩根。——编者注

摩氏的定义可以用在生物学上,若用到心理学上就不妥当了。他有一地方说:不单一个动物是那样做,还有他的少数同类,亦是同他那样做;这样,先得察看一个动物是怎样的做,然后再去察看和他同类的几个动物又是怎样的做;将他们做的互相比较比较,看看是否符合。这个方法,实在不便。他还说:本能的行动,在动物的本身和他的同类身上都有益处。这话未必尽然,我可以举几条例证明动物的本能行动,也是有时有害于本身的。所以本能的行动有益于本身的说法,可以不要。那末他的定义只可这样说:本能的行动,不是学的也不是从经验得来的。动物的本能行动,在他第一次遇见一种情形时便会做出来。这个说法,仍须改正,就是加上假如两字。

假如遇见的情形是新的,那个本能的行动便会做出来,虽然后一个的说法加上了假如两字,仍不算清楚,因为动物的本能行动,虽然是本有的,但不是拢总一时有的,乃是先有个萌芽,缓缓生长而至于成熟,中间必经过变更,但所经的变更不是学的,是本能的事。那样就将本不是新的情形,就将他当做新的情形一样了。譬如动物的两性之事,在他们幼小时,不大显出,后来经过四季的变迁缓缓成熟,遇见伴偶,自然就显现出来。这宗情形,不是新的,在他未成熟之前,就是这样。假如是新的情形这一句话,说得下去?所以要解明这种问题,必得用别的方法,拿来做比较才算合适呢。

什么是习惯的行动(广义的习惯)?"凡是学来的,本已往的经验,在适宜的情形下,做出来的行动,便是习惯的行动。"这两种行动的定义,在表面上看起来,似乎分得清楚,其实亦有时不容易分,因为本能的行动是先有个萌芽而后缓缓成熟。所以动物就有时候做出来的行动,好像是习惯的学来的。这是常人认错了,其实就是本能的行动,不过成熟的慢一点罢了。例如小孩儿走道,是不是他的本能呢?人常说:小孩儿到了几岁,就会走道了,杰姆士说:小孩儿会走,是本能的,不是学来的。刚走道路的时候容易跌倒,是本能还没有成熟的缘故,如果到了时机,那本能自然会使他行走。这个说法,怎样去实验呢?就是小孩子长到二三岁时不叫他走动,等到十几岁,再让他走,他走起来,便和大人一样。这个实验法试问杰氏的儿子受过没有呢? 这种试验,恐怕杰氏的夫人绝不让他办。所以杰氏没有这样行,他曾说过:愿意有一富而热心于科学的人,假如他的妻子才死,可用他的二三岁的孩子实验实验:先不让他走,等到十岁时再说,这样便可试出走路和本能有什么关系。

杰氏虽没有实验过小儿走是怎样,但他实验过别的东西。他看鸟飞来飞去是和人相同,小鸟初次飞时,总是飞不高飞不久,但是慢慢地便会飞了。在那情形之下,很难定规鸟能飞起空中,究竟是学的呢? 还是本能的呢? 要解决这个问题,就把小鸟放在竹笼里,等他长大了,再放出他去,那时他自然就翱翔乎空中,和别的禽鸟一样,可见鸟能飞实在是本能的。所以本能未成熟的时候之情况,很不容易分出是本能的行动和习惯的行动。这是他们第一层的混杂的原因。第二层的混杂的原因,就是本能成熟之后,其细处也不能分别清楚,越是高等动物,越是如此。所以虽有本能,也要看他们所学的怎样,才能有准定的行动呢。有几个动物,虽然具有同一的本能,一致的趋向,只因习惯不同,就会有种种的区别。所以研究本能,也要看他们学习的是怎样才可。然而动物长成后,要分出什么是本能的行动,什么是习惯的行动,真难。第三层混杂的原因,就是有时见一行动,明知属于习惯的,学得的,但是本能总缺不了的,因为无有本能,就没有学的趋向。譬如说话,是学来的,小孩子先听见别人说话,他也乱嚷胡叫,日久了,慢慢地也会说了。假如小孩儿没有天生的乱嚷的本能,怎能会由嚷叫而到能说话的地步呢?

学说话是有模仿的本能,这就是言语的来源,关于本能习惯两种的行动,分了以上三层混杂的原因,似乎他们绝对的难分了,其实也能分别出来,例如小孩子没有吃东西的本能,想吃只得先学吃,恐怕学会吃了就要饿死了。又例如踏自行车,人生下来没有会的,必得先学,学踏自行车便成习惯的行动了。这是那两种行动显然的分别。

美人 Thorndike① 者,在一九一一年,本其研究动物的习惯之结果,做了一本书,名叫动物的智能(*Animal Intelligence*)。书内有一个试验,他用个组织纷杂而又透气的铁网,仅有一处开口,口旁边搁着一些东西。把饿的老鼠放进去,他在里边,嗅着那东西的味儿之后,便想找那东西吃。于是动身就找了,但网内的组织太乱,左一条道,右一条道,碰着活路,便走过去,遇见死路,就转回来,如此经过好久,他才找着网口吃那东西,所以第一次试验很费事了。到第二次试验时,走错的路数,比较少了,时间也较用的少了。到第三次试验,比较的更少了。这样试验几回,道路纯熟,再把有味儿的东西,放在网口,他嗅着后,可立时由最短路走到那里,毫不费事。

此外又用一只饿猫放在一个笼里,笼门有个小闩,一举就开,口边仍搁些东西,猫一嗅着味儿,就想吃,他便东撞西蹿要找那东西,忽然将门闩撞开了,就吃了去。但第一次试验时,他不知道门闩何用,所以当然费了时候不过偶然碰开的。到第二次试验时,虽然还得乱撞乱碰,但撞碰的数目和用的时间比较少些。第三次试时又较少些,第四次试时更较少些,一直到第八次试验就会直接举闩了,猫的智慧就因此试出,就无须费事了。用这方法还可试验出一猫和别猫的慧能是如何。我们看见猫鼠找东西吃的过程,都以为他们蠢笨不灵,其实动物无论学习什么,全是用这试验和错误的法子才学会的,这就是科学的方法,那老鼠和猫,也可称他为初等的科学家,常人老是照旧法子去做事,今天这样做,明天还是这样做,不想个新门口,新方法,不像猫和鼠能够试验,错喽还想法去试验,他们事业怎能进步呢?要知道科学的方法,是在一切事情里常做新试验的。

桑氏试验的结果,就做了二条公律,第一条叫做结果的公律(Law of Result)。意思就是,一切动物在任何情形下,发生任何的行动,如果这行动的结果足使他愉快,那种情形,和这种行动的中间,就发生出强的联带关系。反而言之,如所得的愉快不算什么,那末,情形和行动的中间,就不

———————————
① 现译桑代克。——编者注

发生什么关系。所以做那行为的心思就减弱了好多。因此就晓得结果的愉乐越大,联带的关系越密,结果不好关系就少,关系大,行动就容易发生效力,不然能力便大减消了。

第二公律叫做练习的公律(Law of Exercise),就是情形和行动中间的联带关系,与做的次数,时间的长短,注意的强弱,成为正比例。做的次数越多,时间越长,注意越强所发生的关系就大。不然,就得不着什么好结果。

他的公律内所用的愉快二字,讲解和平常的愉快不同,日后再详细讲他,仅就他研究的结果看起来,定出的两条律,倒很便当。所以用到人身上,也未尝不可,不过人和动物的学事之程度,有些不同罢了。成年人做事,多受经验的影响,少受本能的支配,他学习上的工夫,比较动物多好些。动物专靠本能,越下等的越是如此。有人说人不靠着天性,这句话未免唐突。例如小孩学话时,先胡嚷乱叫,后来渐渐就能说了。这是因为他有乱嚷的本能。未成熟时,只得嚷叫,久而久之,便学会能说。没有本能,能这样吗?无论学什么,只得用试验和错误的法子,但试验时,又必须用本能,做他的原动力。第一次试验未免就有错误,若常常试验,自然就会对。所以有错就有对,如老鼠饿了,嗅着味,就胡跑乱撞找东西吃,这是他先有动的本能,而后才有行动,无本能,便无行动。

小孩学说话时,总得乱嚷乱叫,这是本能现象。不然,就不会说话。学说话是如此,别的行动,都是一样。因本能是普通的,他先有一定的倾向,靠的学才有了定向,以补其不足,所以本能便是行动的原动力。譬如猫要吃鱼,他便去到厨房偷鱼,假如里边有鱼,自可满偿所愿,设无鱼就无有别的法子。猫的聪明,不过如此。人却不然,要想在厨房找鱼,必得先把鱼放在里边。要想放在里边,又必得每天到公署去做事,得了钱就可买鱼,回来把他放在厨房里边。如此看来,早晨到公署,晚间就见着鱼,并不是本能上的事,是习惯上的事。人能说话,所以学什么是很容易的,然而因有言语,心理的现象便复杂的多了,但无论怎样,本能是要紧的,关于言语,姑且不讲,日后有两三次专讲他。

俗见以为本能很智慧,可靠,不能错,这些话在普通的时候,还可说下去,设在反常时,容易引人走错路。平常看见小鸡恒随老鸡走以为是小鸡的本能,其实前面有什么,他便跟着什么走,不必专随母鸡前行。那末,本能之说,在异常时,不普通时,是错的,不可靠的。

柏格森(Bergson)①很信本能的说法,他以为用他研究哲理比理论靠得住,柏氏深知生物学,他说有一种麻蜂,名叫(Ammophila),灵巧神奇,富有本能。他先把毛虫的神经中枢蜇麻,使毛虫一不致于死,二也不能动,然后在他身上下子。小麻蜂便可在他身上活着。吃不腐的肉。

柏氏这样的说法,是从法国生物学家范卜(Fabre)②得来的。范氏说:麻蜂蜇毛虫的神经系,蜇的工夫很准,使他也不能动,也不能死,能动,子虫就不能在上边生活,死了,虫肉就不新鲜。他说的很奇怪,只因他是最精细的生物学家,所以柏氏将他研究的结果引来,做为本能可靠的证据。

那种麻蜂的名子,因范氏的研究,很传扬一时,后来美国博克翰(Peckham)③夫妇二人又把他深深底研究一回,就晓得他的美名,实在虚传,他并没有本能。关这种麻蜂没有本能的说法,在朱伟尔(Drever)④的一本书人的本能(*Instinct of man*)中,讲的很详,朱氏说:按范氏说那麻蜂把毛虫蜇的不动也不死,很与他的子虫的生活合适。可是他又说:照博氏夫妇所研究的结果,便知麻蜂的蜇法,未必都准,有时蜇了,毛虫尚能动,有时蜇了,毛虫便死去。诸所试验,都足证明范氏柏氏相信的不对。可见好奇心的危险,使得这什精的生物学家和哲学家都被错领了。

再举一例,证明本能不单无益,而且有时还有害处,照朱氏说:有种甲壳虫的幼虫,偶而跑在蚂蚁的窝里去,蚁不知他是异种,就照着小蚂蚁的

---

① 柏格森(Henri Bergson,1859—1941),法国哲学家,获 1927 年诺贝尔文学奖。——编者注
② 范卜(Jean Henri Fabre,1823—1915,现译法布尔),法国昆虫学家,主要著作为《昆虫记》10 卷。——编者注
③ 现译佩卡姆。——编者注
④ 现译德雷弗。——编者注

方法养活他,但有时蚁也知道养法很不合适,立刻改了方法。因此甲壳虫便能在那里长大。这样,本能真可靠吗? 假如可靠,他绝不会那样办,这是一方面的说法。常见甲壳虫长大后,就把蚁害死。从这方面看来,蚁不当养活他。

有一名叫西梦(Semon)的[①]他举动物的本能例,说:本能便可因经验可致于精进。譬比猎人去打鹿,他会学母鹿的叫声,公鹿听见了,就可出来。公鹿一露面,就可得着他。打母鹿也是一样,不过鹿越老越难打着,因为鹿老了,经验的多了,真鹿和假鹿的声音,都能听出来。所以不容易打着,而容易打着的多是小鹿。

关于本能的书籍文章,不繁枚举,姑不详细讨论,仅将紧要的条目说说在下边。

(一)本能的行动,只在受何冲动,就有何动作,在生存竞争中,无预料,无思想,无功用,无目的。

(二)本能的功用只在最普通的情形里,才能发现。若情形稍有改变,就不可靠了。况且本能是否的确,也难预定。譬如把鸟放在屋里,他必定向玻窗上乱碰,碰不出去,是因为没有法子的缘故。昔日有一动物学家,把养鱼池中间用玻璃隔开,一半养大鱼,一半养小鱼,大鱼见了小鱼,就想吃。于是向玻璃乱撞,直撞了半年,没撞过去,日后不再撞了,然后那位把玻璃拿开,但是小鱼虽过他嘴前大鱼也不去吃他们了。

(三)本能完全成熟时,越有经验,越显进步。

(四)本能是试验的原动力,凡有行动,必先有趋向,而后才去试验。试验和错误,乃学事之必要。

(五)本能可变更,由时期而变更,由经验而变更,小鸡亦随他物走,就是本能可改之证。

以上五条,从第二到第五都可用外观法试验他们,惟第一条,不易知之,但也有法证明。如小孩子生下来就会吃物,这并是预料到吃物便能生

---

① 现译西蒙。——编者注

存。又昆虫下子,他也没想到为传种的缘故。如此可知本能有的属里边事,也可以知道的。

本能的要素,无预料,无目的,受冲动,就要做。下次讲欲望的原理之应用,是此次所讲的,第一次应用的结果。

（六）

今晚讲欲望,这题目上次亦曾讲过,大意诸君业已知道了,这次更要详细底讲他。

研究欲望,要得正当的合理的结果,必常和普通的见解相反。平常以为欲望就是对于某种预想而非实在有的东西的一种态度。心想一物,此物已在心内,而实体尚未存在。这种预想的东西,是欲望的目的。欲望是行动的原动力,先有这种欲望,而后再设法达到这种目的。

平常以为欲望的内容和信仰无甚差别,不过对于内容的态度有不同罢了。如说"我盼望明日下雨",又如说"我信明日下雨",前者是一种欲望,后者是一种信仰。他们的意象是一样,都想明天下雨一回事的,但态度不同。欲望的初步,就是悬想一物,随即有一种正想要那物的感情。欲望到达之后,心里觉着舒服,没有达到,就不舒服。这是平常的说法。在我看来,是根本的错误,在论理上虽然不能反对他,但在事实上,那种说法,易生出难题来,所以,必采用新鲜的方法来讲欲望。

第一种事实和平常对于欲望的见解不同的,就是解心术家所得的结果。他们专研究精神病见神见鬼的事,以为有种无意识的欲望,藏在心里,恒不得发现。所以就成了各种的神经病。解心术家不注意理论心理学,不问抽象的问题,不重心理的解析,只就外面的观察就去解欲望。我想倘用科学的方法去讲欲望,用行为家的理论去讲欲望,那解心术家所有的奇点,自然消化了。所以用平常的字眼讲他不如用科学法去讲好。

照解心术说:"假如有人说,他的欲望是如此如彼的,但吾人稍加考察,就知道他的行为之趋向和他所说的大不一样。那不一样的地点,大概是他的真欲望之所在。因为自己恐怕所欲望的,是不道德。吾人问他,他就不肯承认,等到他去施行的时候,那真的欲望便显出来了。如此,那种欲望确实存在,不过隐伏在暗昧的域境,人怕他于己不利,不让他发现,其实吾人研究他的行为自然可以见出。"这是解心术的讲法。总之仍脱不了用平常的见解来讲欲望。

照解心术的说法,我想在实事上,不能如此复杂,如此有趣。但他们重观察法而轻内省,如人有病,应当看他的行为,不管他说什么,这倒不错,只因用平常的名词去讲,就不免觉份外的离奇了。所以我以为无意识的欲望这个名词并不必用。欲望不过是我们行为的公律,在心中并没有存在那件东西,不和别的心理原素并行。讲到此,不能不先讲欲望的情形及其本性是如何。

不单病人有时不知自己的欲望,常人亦如此,如有人说他的欲望是 A,他的行为定要达到 A 了,但自别人眼光观察,就知他的欲望的方向不是 A 是 B,而 B 方向所得的结果是野人或禽兽的欲望的目的,是常人所不当有的。那人也知是下贱的欲望,所以不肯坦然承认,明说是向 A 去,其实趋在 B 向了。

人有时发现许多错信,如把别人说服,或叫别人容忍了自己的话就是算在错信之一。被说服的人之欲望方向确乎要向 B 方面去,但人错认他是向 A 方向去了。例如吾人有害所恨的人之冲动,想把他杀死;但又想到杀人的行为不是文明人办的事;然而又相信他是恶人,于是就用刑罚惩治他使他迁善了。这是一种信仰,而此信仰,确乎使人依附了自己的冲动去达杀害别人生命的目的;然而在表面上还说这种行为实足使人改悔前非。我想古今各国的刑法,莫不因此规定,如果真存着使人改过迁善的目的,毫无报复私仇的野心,现行的刑法必定减消了好些。

论到自骗自(Self-deception)似乎很简单,其实却很神秘;因为好多时做出的事似乎骗了自己。其实是由自己不知道,并非欺了自己。例如因恐森严的刑法之故倒将"报复的冲动"（Vindictive Impulse）收藏起来，这种行为，他本人毫无所知，他的不知道和未学过代数的人不知道何谓"二项式"是一样。因此我们的冲动，不能用因果的观察法（Causal observation）研究的很清楚。若非用科学的方法简直不容易把他发现出来。所以吾们研究的时候，必得将自己看作客观的东西，对待自己就如同对待行星的运行化学原素的变化一样。

关于这种问题，施用外观的方法，在研究动物时很是便利；而且备用查得动物的结果还可研究人的欲望。何以呢？因为研究动物时，不容易染受了伦理的气味。动物是怎样就说怎样，始终用中立的研究态度观察一切。大概在学问上除了单讲论理学之外，最好掷弃了道德的观念，省得他做我们研究科学时候的阻碍物。研究人类学时，常有人批评说，这是悲观的说法，那是厌世话头，过个思想不好，那个主张不好，这种批评，都是武断的主观的。都认人的道德智慧，渊令绝伦，莫可比京，而他自己就容易陷入在安然自在的乐乡了。这种人无所表现，只是见人用了科学的研究法以讨论一切的东西时便信口批评，这种精神，实在不易见出真理来。因此研究动物，自己不致受伦理的影向，所得的结果，比较可靠的很多。

我们不以为动物都有意识，然而认他们的有效的动作乃由本能而来，可是没有预料后来发生何等目的，因这些缘故，在心理解析中因用研究动物的方法所得着的结果，比较用普通观察人类方法所得的结果好多亦容易好了。

在观察动物行为时，多少可以看出他们要的是怎么，这是大多数人承认的。假如如此（我固然信他如此）那欲望便可用动作去说明。并且只有动物的动作可以观察，我目下不断定动物有无意识。他们也或有心理以指挥所有的动作，但他们如何只可由动作而知；心是怎样，却无法领会。因此要试验动物的欲望，只可从他们的动作考察了。如果如此，就可得着结论。可知道动物的欲望，就是除去连续动作之特质外，并无他物。这样，所谓欲望可引起动作的说法，就无可凭信。这种说法，关于动物的欲望，贡献了一个满意的解说，关于人的欲望，也可用这同样的解说去解说了。

动物是饥,渴,快乐,痛苦,好奇,害怕等等都可从他们的行为上断定。断定的证据——一切可能证据——定必由动物直接的继续的动作中抽出来,多人看见动物发生动作,便想到他们的心境如何。从他们一切的希望上——饥,渴,——转过来再断定他们的行为。饥,就说他要吃东西;渴,就说他们要水喝。这种绕湾儿的假定,也怕他不备具道理,所以不如简便说。动物有不安宁的行为,便是饿了,或是渴了。不必绕湾儿说他心内想吃什么,想渴什么,外面就露出饿渴的样子来。且说他们这种行为不是折断的,是连接下去。除非欲望满足——得着吃,得着喝,——或受了强烈的冲动为惊悸所碍阻,不得接续前行,只可停住。不然总是接续往前走的。

动物有什么行为就算饿呢?先有不安的形态,去到放置东西的地方用眼看,鼻嗅,爪摸,用他所有的感官,四面寻找,设若得着东西的所在;立刻跑到那里去吃,吃足了,他的态度就改变了。这些情形,和相似的情形,都从我们观察而知。从他们所呈出的现象,而判定那是饿的动物,那是渴的动物,这种种符记,乃是他们表现动作的东西,不是那无从探知的心理之标记。饿是由他们身体表显出来的动作,可以观察的,不是心理的物件。

由上看来,在饥饿情中所有事,总起可以这样说,一切的欲望恒从动作的循环中表现出来,都有明显的特性,凡是动物都是这样。起初都有不安定的情形,里边含着要求某种结果的运动,这种运动除非受了阻碍,不往前行,不然总是接续向下走的。目的达到,便即安稳了。从不安定而到了安定中间这些运动,便是欲望。

这种动作的循环(Cycle of action)和死物的动作截然不同,最明显的地方就是:(一)动物行动的适当,是为实现某种结果的。(二)行动联接下去,直到结果成全而后已。这两个地方在动物身上也有定然的界限,并非和死物完全差别。因为(一)死物多少也有适当的动作。(二)动物的行为也未必完全适当,有时中途断止不接续下行,不过死物适当时候少,动物适当时候多些罢了。

非动物有时行动也是适当的,如水,水总向海里流,水流不息,一直流到海中或者碰着碍阻,就不往前行。我们固然可说他在正流时,所要做的事情,只因关于水的往下流,已明白好些。所以只用物理的法则解说罢了。假如关于动物的知识一旦加增,简直可用物理的化学的法则来讲说一切的行为。那末欲望的字直可取消,无奈理化尚未研究很精,只可这样讲罢。

反而言之,动物的行为,有时不适当,不连续,简直是机械的运动。如同足踏着瓜皮,立刻身倒,又例如已讲过的一个人,从山上倾倒下来,在空中任凭他手足乱动,他的中心点,总合死物一样,顺着抛物线掉下去。假如摔死,我们骤然一看,似乎欲望里头,动作的循环运动起来,一直到地方才停住,他所遇见境遇——伤——死——实是机械的运动,能说他达到目的吗?此外固然还有别的运动;现时不必详说。

有二层运动,不在心理学范围之内,一属机械的运动,如人自某地掉下来摔伤了,日后怕了,自然就小心。这种行为,和达到欲望的目的绝不一样。普通的欲望达到之后,就想试验第二次,但由机械的运动所得情形,不是相同。

另外还有一种运动不属在欲望之内,动物的行为,和一种情形断了,就不相连而下。譬如小鸟看见田中有米,就想飞过去吃,但在飞的中途,被人家看见把他惊走了,他的目的模糊不清:他的行为是截断的,行为循环的特点又不易看出。所以有欲望的行为,和机械的行为不会相同。

从这些观察的结果看来,动物和死物,并没有极细微的分别,因此常使幻想家说石头木块也会有灵魂,然而在诸般模糊的事情外,动物的行为中还是循环的存在,这是根本上和平常物质不同的地方。动物的行为循环是他们的特质,这些特质,就使他们的行为和人类有欲望的行为相同,因此我说他们也有欲望。

现在为动物的行为下三条定义:

(甲)行为的循环,就是动物有意的运动,趋向一定的结果,连续下去,除非中途碰见了碍阻物和种种意外的事,这些行为总是不断,非达到目的不能停止。

(乙)行为循环的目的,便是运动的结果,在普通情形下,能使行为停止,使动物得着比较安宁的光景。

(丙)欲望的定义,就是当行为循环正在进行中时,动物有他的目的。

我相信这些定义,在人们的行为和欲望上也可应用,关于人的行为和欲望,暂且不提,先讲说动物的行为和欲望是如何。诸君讲目的和欲望时,除了以上三条定义外,不可夹上常识上所用的定义。

我们现没讲到行为循环的起头是怎样,常识说人有欲望,便接续下去,而本能的行为,多没有预料后来有何结果的。例如鸟儿到时候搭巢,育卵,哺养小鸟等事,不能说他受了目的指使,组织他的行循环的动作,伊等这样办,简直是属本能的事。所以他们有那些行为,由后面的冲动起的不由于前边的引力生的。研究人的心理,也有可以讲明的地方。譬如说人饿了,觉着不安定,忽然嗅着厨房中有香味,或者见了东西,立刻就有了趋向,就想得着他吃了之后,就坦然舒服,在行为循环中,我们自己知道饿了,也说出饿的话来,这便是有意识的饿。但有时饿了没有说出来,或者又想到别的事情上去,那个饿便叫无意识的饿。

所谓意识,他的功用,并不实在,不过像看戏的客人而已,有时意识下个命令,做一件事,如父母命令小孩子,怕他不听,就按着他所乐意办的事,下个命令。意识的命令,不过一句话。关于意识的真意,日后再讲,暂把有意识的欲分为两部,(一)相信要什么,(二)和别的欲望相同,相信要什么,有时对,有时错误,第二部分是实在要什么,可先细讲之。

欲望中无意识的欲望,最要紧,他是由于后面的冲动起的,不是由意识的命令而来,也无有目的。人的行为刚起始时,先不舒服,想要这个,想要那个,于是就生出动作,等到有了结果,就觉着舒服了。怎么知道是舒服呢?在那个时候,使他连续的做下去,他还接续往下做。因为从那个程序中间可以得舒服,譬如说动物饿了——像上次讲的老鼠放在一个铁网里——就先有不安定的形状,左找右找,一直找到手之后,吃了就安定了。这样看来他的行为好像心中有个目的,其实他一有了欲望的冲动,就可发生动作,假如欲望得到手,动作就断住不往下续行。这些行为都是从后面推动的,不是前面有引力引的。

人有回想的能力,用已过的经验想到不舒服时,可以设法使他变做舒服,这也是后面的推动的结果,不是前面的引力所引起的。

现在用行为论的方法讨论这个问题,关于舒服与否,也只可用行为的方法给他一个解释,至于内省法对于舒服不舒服另一件事,暂且不提,先就行为论给他下个定义。

什么叫好受不好受? 舒服不舒服呢? 动物在某种情形下,能发生什么事情的原故,乃为有一种刺激使他发生,先有这刺激,而后发生一种有意的运动。这种运动,只可稍稍减少苦痛,这个运动,便是不舒服。

什么是舒服呢? 好受呢? 假如动物有感觉有经验从运动所生的结果,使他可以延长最初的情形,或者没有有意识的行为,或者没有反对的行为,这便是舒服。

现在讨论有意识的欲望,常人总信自己要什么一定不差,其实欲望内的意识,有时不对。就接简单的欲望说罢,饿了,就想吃,吃了就舒服。舒服不舒服,必先有经验而后知道,因为有了经验才能把不舒服变做舒服,但这些地方容易弄错了。

另有一种繁杂的问题,就是一个冲动与别个冲动未必完全相合,也不都发出来,强的冲动,把弱的冲动压制下去,所以冲动,不是接着原来的形状发生动力的,像傅拉伊德(Freud)①说的有好多的欲望被监督看守,不能发生出来,这与自欺原是一样,都少不了别的压力压他们。

研究有意识的欲望,可生出许多繁复的原因,有时自己生出一种欲望自己不知道是什么,就想猜他一猜,但因他一猜,便真生出那种欲望。猜度自己的欲望是什么时,便相信自己的欲望就是那样。所以就真生出来,对于这层,今暂不讲;但请大家想一想这种情形——因猜而生出的欲望,究竟有没有。

---

① 傅拉伊德(Freud)即 Sigmund Freud(1856—1939),奥地利精神病学家,现译为弗洛伊德,主要著作有《释梦》等。——编者注

（七）

诸君：今天再接讲欲望，前已说过，无意识的欲望者，就是自己有了欲望而没有说出来。我可用行为主义给他下个定义，欲望者就是人的行为或动物的行为循环中之连续的关系。常人以为人有何欲望，就可发生行为，吾们不必研究他心的原素如何，只就外面行为现状观察就行。

我上次已说过何为行为的循环，他就是动物的许多的行为接连一串，趋着一个方向去行，不到了目的不能结止；达到了目的，便有比较安定的情形，这便是欲望的目的。在未达到时，他们只一直趋了去，这种运动，便叫做有欲望。动物有了欲望，便有趋向目的的运动；并没有什么心理的意思。

今日讲"有意识的欲望"，常人总以为欲望是有意识的，其实自我看来，有意识的欲望实在不多。有意识的欲望，不单在行为上有他行动之表现，同时还有信仰。信仰者，就是自己觉有何欲望，信结果现出后，可从不安的情形，转到安的情形。不过这种信仰，有时会错。

无意识的欲望约有两种：（一）是没有信仰的欲望，只觉着不安定，无想到要什么。这种欲望，在行为循环中，恒常见之。（二）是有信仰的欲望，以为自己要什么，其实信错了，既或得着那些欲望的东西，自己仍不满足，第一种的欲望叫做初级的欲望，动物，小儿童，常常有的。第二种的欲望，叫做什么，日后再讲。前面说过使动物达到目的而至安定的情形，必赖乎信仰；但只有信仰，而无经验，仍为不当。常见的事情，不易错误。少见的事情，容易错误。这就是少经验的缘故。饿了要吃东西，是常见的事，不容易错。两性的事，假如没有经验，便不容易对了。也因为当初对于异性有一种欲望，到了经过之后，常觉与原来的欲望不同。因此想到从前的欲望的是错了。

在这一层，在文明的人中，很容易发生复杂的问题来。文明人的冲动,比较很多,这种冲动,容易裁制那种冲动的发表,在那种情形下,不容易看出欲望是如何。当裁制的时候,第一个冲动,压制第二个冲动,所以别的冲动,不容易看得清楚,即或有欲望,也怕弄错了。

平常人认为无意识的欲望是自骗自,其实未必尽然,即或按着傅氏(Freud)所说有监督者守那无意识的欲望使不得出来的话,也不见得清楚。

自己错信了欲望,常常有的,但有时相信自己要什么,其实不要。只因自己的信仰,那种欲望就会真发生。然而这宗假目的即或达到之后,也不能心满意足。

因为自己信有什么欲望,那种欲望后来就会真发生,这种奇怪的原因,约有数种:(甲)用字的关系,用了几个字,就可以引出别的意思,引起别的感情。如演说家演了一段激昂慷慨的演说,听的人都以为津津有味,句句动容,受了强烈的感动,都信所说的是真的,其实他自己未必原始相信,只因别人相信以为真确,自己也就信以为真确了。(乙)当自己不舒服时,未必就有具体的欲望,亦无有什么目的。只因相信,便可达到目的。目的已达,自然也就舒服了。譬如当不安时,自己想是抽烟罢,于是拿起烟一抽,立刻就安定了。

以上所说的,未把初级的欲望和第二级的欲望明明点清,凡是真实有意的欲望,便叫做初级的欲望(Primary desire)。相信而生出的欲望,便叫做第二期的欲望(Secondary desire)。两种欲望,都在行为上发生影响,第一期的欲望,是真实的,有了欲望,便可因举行欲望的行为,达到目的,第二种欲望,如上说吸烟故事,本来不想吸烟,只因相信自己吸烟,吸了而后就成了真目的,这两种欲望在行为论家看来,不必分的太清,也不关乎重要。

例如有人在爱情上失了希望——(他爱人人不爱他)——这是人负了他,只因他有骄矜之气,不肯承认自己受了屈,又因自己受过教育,不肯因这些小事,把那人害死,于是就任凭他人行动去了。但是外面虽然如此,心中总觉不安。又口中说不出什么来,后来忽然想起一种新事业,想环绕地球一回罢。这种新事业,在表面看来,似与前事漠不相涉,其实不尽然,这种欲望,叫做第二期的欲望。因为先有失望,暗受了委曲,不得已生出末后的欲望,志在环游地球,这环游是实在的事迹,然而真目的,却不在此。不过这是后起的欲望罢了,这叫做第二期的欲望。

无意识的真欲望,虽然有时可被错信遮住,但不知不觉的时候,终必显露出来。(甲)在醉时,梦中病中及其他不能管束自己的时候,话中准可说出报仇的话来。(乙)环游地球时,虽为寻找快乐,个中实有苦衷。除非他听见所爱的人也受了同样的委曲,那时候就和他有了影响。假如他所爱的人,真遇见同一的光景,他以为他命途多舛,就和他那个人表示同情。在那时凡他向所遇的索无兴味的外国风景,刹那间焕然一新,面目一概改变了。这样看来,可知第一期的真欲望未得到目的时,就是达到第二期的欲望,他心中总是不满意的。我们所以叫他为第二期的欲望的理由,就因他在行为上能发生影响,不过第一期的欲望不得达时,即或他达到目的,人的心中究竟不满意,这是第一期的欲望和第二期的欲望不同的地方。

西方伦理学家常说人的希望都是空虚的,虽然得到了,人心中仍觉不满意,不知中国的伦理学家有这样的说法没有? 我想这句话,大半不错。第二期的欲望达到了,心仍觉不满足,这是因为错认了自己的欲望,受假的欲望遮蔽着真的欲望,所以任凭达到目的,心中总觉不如意。

话说到此,才知道无意识的欲望未必是自骗自有的;现在特讲自骗自的无意识的欲望是怎样。假如说自己信什么,其实未必真信能够做到。只因以为信他就能够做得到,后来果然就真信了。这个是感情上的事,不本乎理解的。常时有许多的欲望,明知不易达到目的,于是就用信仰的作用来代实事,因为用信仰来代替欲望是最省事的方法,有时也真能代替了欲望。

假如有人问心究竟有何欲望,恐人不能说出有来;如有人希望全世人都赞扬他,并且愿意人人都得受着快乐的机会,除了他的仇人外,都是这样的希望他人。假如他的仇人受了相当的训练后,已改过迁善,也可有那种快乐的机会,这是他的欲望;但这种欲望未免太大了。怎能做到呢? 于是另设他法往前进行,虽然不易做到,也可在其中得些愉快,这末一来,就弄到信仰上去,以为只要信,什么都可做,即或目的达不到,还可得两三分的愉快,所以就用信仰去代替欲望了。

这种以信仰代欲望的事,和想要达到的真事不符,或者可以说他不想达到真欲望。只要信仰达到就可以了。这是第二期的欲望之特点情形,前面已经提到。虽然这种欲望好像是真的欲望,但目的达到之后,心中仍不满足。譬如那环游地球的人,在未见着或听着他的爱者受了同一的苦痛时,任凭到何处,总是不满意,那么这种欲望与真的欲望绝不相同了。

以信仰代替欲望的结果,已知不能满足人的心意,然而有这种信仰欲望的人,常常自己矜夸,以为世界上惟他独尊,他对于世界就持一个乐观主义。如许多的宗教家都信世界是美善的一样。假使有人不信宇宙是好的,起来反对他们的信仰,他们中间的有权柄者,必要滥用威权,把反对的人杀害,或把他们监禁起来,历史上许多的教祸,大概因为反对信仰的缘故。

因为信仰和欲望有这么重大的关系,所以竟把真的欲望消灭不清了,又因欲望受了意识的影响,所以又生出复杂的难题来了。欲望因受了假信仰影响的缘故,他的真性,就和表面所现出的不同。所以用行为论的方法而研究来的结果,好像很奇怪了。

现在将上回和这回吾们研究欲望所得的结果总起来给行为的循环下个定义:任凭有那一种心理的遭遇,想象,感觉,情绪,信仰等等,可发生一串的行动,这行动一直连续下去,苟非有物在中途作梗把他隔断不能走了,不然他直往下行一直得到了结果而后已,这样的程序叫做"行为的循环"。

这种行为的循环究竟何时停止呢?经过多少的结果?这就专看情形而定,有时多,有时少,如动物饿了,吃了东西就得了;假如又见了一块肉,非要吃了不可,此时的结果,就是在吃肉上,吃了东西是一种结果,吃了肉又是一种结果,二者不同,所以欲望的满足所经过结果的多少,是看情形而定的。

在某种情形下使动物发生了行为的循环,那种情形在早先叫做苦痛。而今叫做不安宁(苦痛二字在心理学上很含糊不清故改了)。假如经过一种结果,行为循环立即停止,即或不停,也不过按旧道连续下去,在这种情形下就叫做愉快。

行为循环的动作,不算是纯粹机械的动作,机械的运动和有生命的运动的不同处前已讲过。机械的运动是按物理的公律,他的运动和死物一样。有生命的运动,在不稳固的平衡下储藏着好多的能力,稍稍一碰,就发生很大的运动。有生命的运动在行为范围之内,发自神经系,而机械的运动在行为中多不算他。

行为循环达到一个结果,就不能再动,即或动也不改变起初的形状,到了结果时就叫做达到目的,在没达到目的之前,只可说他有最后目的欲望,这是用行为循环的观念来给欲望下个定义。

有一种欲望,关于欲望的目的,有一种真信仰,这便叫做有意识的欲望。没有真信仰,就叫做无意识的欲望。种种第一期的欲望,都是无意识的,以信仰而发生的欲望,常是错的。这种错信的欲望,多是第二期的欲望,但自根本上说来,人类的欲望和动物的欲望大概一样。

欲望的问题,已讲完了,现另换一个新题目,叫做过去的历史影响于有机的生物现在所做的什么事情,先把一部分讲清,余者下次再讲。

这题目就讨论生物和死物的不同处,所讨论的结果,常拿来分别活物和死物的区别的所在。在物理学中常说有何种原因,便生何种结果,因果只就当时的情形说,不受过去历史的影响,也不影响于将来。然而有生机物却不如此,他不单靠着现在的情形,也靠已过的情形,但已过影响他的东西在现在的生物体上看不出形迹来,这看出来的字眼很要紧,当特别注意他。

现在可用英国一句成语来表明那一句话,成语就是"受过烫的小孩儿,较比没有受过烫的小孩怕火"。如果手上有烫的痕记,自然见了火就害怕,但手已痊愈了,一点也无有伤痕,再见火时,亦是不同。然而有好多生理学家说手虽然痊愈,脑子里却有了痕迹,脑子里究竟有没有痕迹,我们尚不知道。生理学家的话,我固然也不反对,但是生理的知识,尚不发达,不能证明脑子是否有痕迹。所以这不过是一种假定罢了。

对于这假定我按事实看来,也很赞成,小儿受火烫了,再见火时,就要缩手,是因现在的火,影响了已过去的受烫,除此事外,关于脑子内,究竟怎样,有何变更,尚不可知。

这种事情,不单生物如此,死物亦然,如钢铁通过了电流,就成了磁石,在外面上也没形迹可见。在无生物界中过去的事能影响现在的事不多,然而在生物界中,所受的影响很大,亦很紧要。钢铁过了电,可以说他的分子改变了方向,而成了磁石。凡此等等现象,都可用现在的情形,去解释一切已过的事。但在生物界中所有的心象和物体的动作,都受过去历史的影响,并且本已往的经验,改变他现在行为的方针,都和自己和他的种族有很大的关系。

德国著作家叫西孟(Semon)的做了两部书。一部在一九〇四年出版的,名子叫做念旧。一部在一九〇九年出版的,叫做念旧的感觉。按他的说法,关于这种现象,也给他起名叫做念旧的现象,怎么说呢?就是现在所发生的情形,不是发现的原因,必有已过的事实,做为发生现在情形的原因。所以要明白现在现象发生的真相,必得明白现在的情形,再洞知已过的历史。不然,绝对不能有圆满解释的。这种现象,叫做念旧的现象(Mnemic Phenomenon)。

凡是念旧现象的原因,用最近的原因不能说明,至少也要有一两件过去的历史,才能把他说明,这种说明是实在的,不是虚空的。假如用空名词,说已往的事,在脑子内留了印记,到现此会发生出来,这样也可适用现在的情形,不过只是一个假定而已,未必与实事相合。

比方嗅着烟味,在一个早先嗅过的人,就可使他想起已往的事来。在向没有嗅过的人,就不发生影响,二人很不相同,所以感觉分成两件事:(甲)现在嗅的烟味,(乙)前此嗅过之烟味的影响。我固然不知脑子生出何种的变化,因为科学不精,不敢准说怎样,所以只能说现在的情形,现在的味,只靠现在的烟,和已嗅过的烟。

　　按因果的公律说同样的原因,发生同一的结果。早先嗅过烟的人,和现在初次嗅的人,总不一样。嗅过的人的再嗅,半是现在的情形,半是过去的影响。总之这种现象,叫做念旧的现象,他是有机物和无机物的区分点,也是在这次演讲中,占一中心的地位。

赵元任译事年表

1915 年(24 岁)

译铁岂纳(E. B. Tichener,今译铁钦纳)的《科学与经历》("Science and Experience")一文,发表于《科学》第 2 期。

译罗伯特·W. 金(Robert W. King)的《无线电》("Wireless Telegraphy")一文,发表于《科学》第 5、6 期。

译赖因斯(David Rines,今译赖恩斯)的《海王行星之发见》("The Discovery of Neptune")一文,发表于《科学》第 12 期。

1916 年(25 岁)

译呵柯讷(J. O'Conner,Jr.,今译小奥康纳)的《煤烟之四害》("Four Points in the Smoke Nuisance")一文,发表于《科学》第 8 期。

1918 年(27 岁)

译坡氏(Edgar Alan Poe,今译爱伦·坡)的《七天中三个礼拜日》("Three Sundays in a Week")一文,发表于《科学》第 4 期。

1919 年(28 岁)

译歌曲《湘江浪》。

1920 年 (29 岁)

1920 年 10 月至 1921 年 7 月,担任罗素(Bertrand Russell)在中国演讲的翻译,口译文经过记录、整理和校对,发表在《罗素月刊》上,如《哲学问题》《中国的到自由之路》《宗教之信仰》《心的分析》等等。

1921 年 (30 岁)

3 月始,着手翻译英国刘易斯·卡罗尔的《阿丽思漫游奇境记》(*Alice's Adventures in Wonderland*),于年底前译完。1922 年 1 月,商务印书馆正式出版了该书。

1924 年 (33 岁)

译歌曲《鲜花》。

1926 年 (35 岁)

着手翻译瑞典汉学家高本汉的《谐声学》("Theory of Phonetic Compounds"),后于 1927 年以《高本汉的谐声说》为题发表在《国学论丛》第 1 卷第 2 号。

1927 年 (36 岁)

3—4 月,编译英国作家米尔恩(A. A. Milne)的剧本《最后五分钟》(*The Camberley Triangle*),后于 1929 年由上海中华书局出版。

1928 年 (37 岁)

3 月底,回信给瑞典汉学家高本汉,同意翻译他的《中国音韵学研究》(*Etudes sur la Phonologie Chinoise*)。

1929 年 (38 岁)

8 月始,翻译英国刘易斯·卡罗尔的另一部著作《走到镜子里》

(*Through the Looking Glass and What Alice Found There*)。

8—9 月,译高本汉的《上古中国音当中的几个问题》("Problems in Archaic Chinese"),后于 1930 年发表于《历史语言研究所集刊》第一本第三分。

1931 年(40 岁)

1 月,完成《走到镜子里》的翻译。5 月校对商务印书馆送来的校样。

3 月,开始翻译戴维斯(H. H. Davies)的剧本《软体动物》(*The Mollusc*),5 月底译完。

秋,与罗常培、李方桂合作,正式启动《中国音韵学研究》一书的翻译。

1935 年(44 岁)

译《中国方言当中爆发音的种类》("Types of Plosives in Chinese")一文,此文被收录于 1935 年的 *Proceedings of the 2nd International Congress of Phonetic Science*。

9 月,完成《中国音韵学研究》一书的翻译,并对全部手稿进行校订加工。

1936 年(45 岁)

改译岐尔柏特作词的歌曲《中国人》。

5 月开始,对《中国音韵学研究》译文进行修改,撰写译者序,等等。

1937 年(46 岁)

由于原先译好并已有清样的《走到镜子里》在战火中烧毁,这一年开始重新翻译《走到镜子里》。此书于 1968 年由美国旧金山的亚洲语言出版公司出版,1988 年商务印书馆将此译本与《阿丽思漫游奇境记》以英汉对照形式合并出版,并将其书名改为《阿丽思漫游镜中世界》。

1940 年（49 岁）

《中国音韵学研究》由商务印书馆出版。

1943 年（52 岁）

译歌曲《有个弯腰驼背的人》。

1945 年（54 岁）

6 月，开始翻译其夫人杨步伟写的《一个女人的自传》，取名为 *Autobiography of a Chinese Woman*，1947 年由美国纽约的约翰·戴 (John Day Co.)公司出版。

编后记

2021 年 3 月上旬的一天,突然接到许钧教授的电话,约我编"中华译学馆·中华翻译家代表性译文库"之《赵元任卷》,真是喜出望外。阳春三月给我带来了明媚的春光,谢谢许老师对我的信任与提携。

过去,我曾对赵元任的翻译做过一些研究,发表了一些文章,编写出版了有关赵元任翻译的几本书,也应上海方梦之教授邀请,为他主编的《中国翻译家研究·民国卷》撰写了"赵元任"篇。但这次许老师的要求不一样,要编"译事年表"。过去的研究只是粗略地集中在《阿丽思》系列上,现在要编"译事年表",那就得按照年份做一些严谨的统计工作,要全,要完整,不能有遗漏。但由于手头资料有限,而且年代又有些久远,有些材料比较难找。

经过近几个月的"苦战"(所谓苦战,主要表现在资料的获取上,以及如何将历史的资料转化为现代汉语和 word 文档,个中辛苦,编者自知!也正如许钧老师所说,编辑出版这套书,纯粹是为翻译的学术研究做贡献!!),现在呈现在这里的可以说是比较完整和全面的有关赵元任翻译的情况了。过去我在讨论赵元任有关翻译论述时,指出他有两篇文章涉及翻译的理论。这次通过细致的排查和统计,发现赵元任还有两篇文章谈及翻译,而且还比较早。谢谢许老师给我的这个机会,使我更好、更深入、更全面地了解了赵元任的翻译。另外还要感谢以下各位同仁的支持与帮助(找资料,打字,提供再现古汉字和生僻字的工具等等),没有他们的帮忙,有些东西难以完整地再现在这里。他们是常州图书馆的石一梅同志、经京同志、朱隽同志，常州工学院老院长马树杉教授，常州工学院人文学院的吴健教授，常州工学院外国语学院办公室主任刘爱婷老师，等等。特别要感谢我女儿戎佩珏老师(常州幼儿师范高等专科学校)的付出，没有她的帮助和付出，有些历史资料转化为 word 文档几乎可以说是不可能的事。即使这样，我还是花费了大量的时间和精力盯着计算机屏幕一字一句地校对过去，直到弄到眼睛发花，才稍作休息，然后接着干。特别感谢浙江大学出版社的仝林女士。作为本书的责任编辑，她付出了不少汗水和艰辛，没有她的悉心编校，没有她的"咬文嚼字"，就没有现在呈现在大家面前的书稿模样，她兢兢业业、踏踏实实的工作作风值得我学习。

但即使这样，呈现给读者的《赵元任卷》依然可能还有文字方面的错讹，祈请读者诸君宽宥。

编　者

2021 年 9 月 28 日

于常州世茂香槟湖未厌斋

中華譯學館 · 中华翻译家代表性译文库

许　钧　郭国良／总主编

第一辑

第二辑

鸠摩罗什卷

玄　奘卷

林　纾卷

严　复卷

鲁　迅卷

胡　适卷

林语堂卷

梁宗岱卷

冯　至卷

傅　雷卷

卞之琳卷

朱生豪卷

叶君健卷

杨宪益　戴乃迭卷

徐光启卷

李之藻卷

王　韬卷

伍光建卷

梁启超卷

王国维卷

马君武卷

冯承钧卷

刘半农卷

傅东华卷

郑振铎卷

瞿秋白卷

董秋斯卷

第三辑